ライブラリ 法学基本講義 15

基本講義
労働法

土田道夫 著

新世社

編者のことば

　21世紀を迎え，わが国は，近代国家としての歩みを開始して足かけ3世紀目に入った。近代国家と法律学は密接な関係を有している。当初は藩閥官僚国家と輸入法学であったものが，とりわけ第2次大戦後，国家と社会の大きな変動を経て，法律がしだいに国民生活に根ざすようになるとともに，法律学各分野はめざましく発展し，わが国独自の蓄積を持つようになってきている。むしろ，昨今は，発展途上国に対して，法整備支援として，法律の起草や運用について，わが国の経験に照らした知的国際協力が行われるまでに至っている。他方で，グローバリゼーションの急速な進展は，海外の法制度とのハーモナイゼーションをわが国に求めており，外国法の影響も明治の法制度輸入期とは違った意味で大きくなっている。

　そのような中で，2001年6月に出された司法制度改革審議会意見書は，2割司法と言われた従来の行政主導・政治主導型の国家から，近代国家にふさわしい「より大きな司法」，「開かれた司法」を備えた国家への転換を目指そうとしている。このためには，司法制度整備，法曹養成，国民の司法参加のいずれの面においても，法律学の役割が一層大きくなることが明らかである。

　このような時期に「ライブラリ法学基本講義」を送り出す。本ライブラリの各巻は，教育・研究の第一線で活躍する単独の中堅学者が，法律学の各基本分野について，最新の動向を踏まえた上で，学習内容の全体が見通しやすいように，膨大な全体像を執筆者の責任と工夫においてコンパクトにまとめている。読者は，本ライブラリで学習することによって，法律学の各基本分野のエッセンスを習得し，さらに進んだ専門分野を学ぶための素地を養成することができるであろう。

　司法改革の一環として，大学法学部とは別に，法曹養成のための法科大学院（ロースクール）が新たにスタートすることとなり，法学教育は第2次大戦後最大の変動期を迎えている。より多くの読者が，本ライブラリで学んで，法曹として，また社会人として，国民として，開かれた司法の一翼を担うにふさわしい知識を身に付けられることを期待する。

　　2001年7月

　　　　　　　　　　　　　　　　　　　　　　　　　　　　松本　恒雄

はしがき

　本書は，労働法に関する入門書です。読者としては，労働法をはじめて学ぶ学生の皆さんや，社会において働いている皆さんを想定しています。

　本書の執筆方針は，「ライブラリ法学基本講義」全体の執筆方針に倣っています。つまり，読者の皆さんに労働法のエッセンスを提供し，さらに進んだ専門分野を学ぶための基礎を修得していただくというものです。

　そのため，本書では，労働法の膨大な内容のうち，基本的な事項をピックアップし，正確な情報を伝えるとともに，できるだけわかりやすく解説することを心がけました。また，労働法における問題の所在にアクセスしやすくするために，各所に〔case〕を設け，図表・データを挿入するといった工夫を試みました。特に，〔case〕は，職場で実際に起きている（起きていそうな）事例を掲げたもので，これによって，労働法がグンと身近に感じられるのではないかとひそかに自負しています。

　このようなわけで，本書では，参照する判例・裁判例は基本的で重要なものを精選し，学説の網羅的な紹介も避けました。ただし，より詳しく勉強してほしい箇所については，私自身が執筆した教科書（『労働法概説』弘文堂，2008年）と体系書（『労働契約法』有斐閣，2008年）を引用しています。さらに深く勉強したい読者は，これら2冊のほか，凡例に掲げた諸文献を参照して下さい（レベルや用途に応じて分類しています）。

　私が本書に込めた思いは，「できるだけ多くの人に労働法を学んでほしい」ということに尽きます。その理由は2つあります。

　第1に，労働法は，市民・学生にとって最も身近な法です。多くの人は働いて生活し，または人を雇用して生活していますが，そこで発生する問題の多くは，労働法によって解決されます。その意味で，労働法は「空気」に似ています。空気がなければ困るのと同じように，労働法がなけれ

ば困ることが多いのです。

　第2に，労働法は，企業を運営していく上でも重要な法です。企業運営の要となるのは働く人々であり，それらの人々に生き甲斐を持って働いてもらうためには，人事管理の仕組みが必要です。そして，人事管理を適正に進めるためには，労働法が不可欠となるのです。

　それにもかかわらず，労働法をきちんと知っている人（または会社）はどれくらいいるでしょうか。たとえば，2008年に端を発した世界的金融不況は日本の雇用社会を直撃し，派遣従業員や期間従業員のリストラなどの雇用不安をもたらしていますが，その法律上の問題点を正確に認識している人（または会社）はどれくらいいるでしょうか。あるいはまた，従業員に法定労働時間を超えて時間外労働をさせたのに，割増賃金（25％増し）を支払わないという取扱い（いわゆるサービス残業）をした場合，労働法上は違法となりますが（⇨86頁参照），これが違法だというごく基本的なことを，どれくらいの人（または会社）が知っているでしょうか。

　こうした状況をふまえ，多くの方々（学生，労働者，経営者，市民）に労働法を正確に理解していただくことは，とても重要なことだと思います。本書がその一助となれば，これに過ぎる喜びはありません。

　本書が成るにあたっては，新世社の御園生晴彦氏と佐藤佳宏氏に大変お世話になりました。御園生氏は，他の仕事や諸事に紛れて執筆がはかどらない私を暖かく励まし，的確なサポートをして下さいました。心から感謝申し上げます。

　また，本書については，法令・文献・裁判例の照合や事項索引の作成等について，同志社大学大学院法学研究科博士後期課程山本陽大氏，同前期課程新井陽介氏，河野尚子氏，中川愛氏，大谷歩氏，鈴木麻文氏，鶴見佳苗氏にお世話になりました。ありがとうございました。

　2010年7月

京都・同志社にて
土田　道夫

目　次

第1章　労働法の意義とシステム　　1

1.1　労働法とは何か　　1
働くことと労働法／労働法のプロフィール

1.2　労働法のシステム　　3
雇用関係法／集団的労働法／雇用保障法

1.3　労働法を学ぶ意義　　7

1.4　労働立法の動向　　9

1.5　労働条件の決定システム　　10

1.6　労働契約の意義と性格　　14
労働契約の意義／労働契約の特色

1.7　労働法のパートナー——労働者・使用者・労働組合　　16
労働者／使用者／労働組合

1.8　労働法の基本原則　　24
労働条件対等決定の原則／均等待遇原則／賠償予定の禁止

1.9　労働基準法の規制システム　　26
刑事制裁／私法的規制／監督制度

第2章　雇用のスタート——採用・採用内定　　29

2.1　募集・職業紹介　　30

2.2　採　　用　　31
採用の自由とその制限／契約締結の自由

2.3 採用内定 ……………………………………………………………… 33
　　意義／採用内定の法的性質／内定取消

2.4 試用期間 ……………………………………………………………… 36

2.5 労働条件の明示義務 ………………………………………………… 37

第3章　雇用の展開――労働契約上の権利と義務　　39

3.1 労働者の基本的義務　労働義務 …………………………………… 39
　　労働義務と指揮命令権／仕事への集中　「誠実労働」の意味

3.2 労働者の付随義務 …………………………………………………… 42
　　誠実義務／兼職，守秘義務，競業避止義務

3.3 使用者の義務 ………………………………………………………… 44
　　賃金支払義務／労働者の人格的利益の保護／労働受領義務（就
　　労請求権）

3.4 労働者の義務違反の効果 …………………………………………… 46

3.5 就業規則と雇用関係 ………………………………………………… 47
　　就業規則の作成／就業規則の効力／就業規則と労働契約の関係
　　労働条件を設定する根拠／労働契約法7条の規制

3.6 労働協約と雇用関係 ………………………………………………… 53

3.7 労使協定と雇用関係 ………………………………………………… 54

第4章　賃　　金　　55

4.1 賃金の法的意義 ……………………………………………………… 55

4.2 賃金の仕組み（賃金体系）…………………………………………… 56

4.3 賃金の決定・変動・消滅 …………………………………………… 58
　　賃金請求権の発生／賃金の最低基準の決定　最低賃金法／賃金
　　の変動／賃金請求権の消滅

4.4　賃金支払の4原則 …… 61

通貨払の原則／直接払の原則／全額払の原則／全額払の原則
賃金の相殺／毎月1回以上定期払の原則

4.5　就労できない場合の賃金・休業手当 …… 65

賃金請求権／休業手当

4.6　成果主義賃金・人事 …… 66

成果主義賃金・人事の意義／人事考課／「公正な評価」とは／
年俸制

4.7　賞与・退職金 …… 71

賞与／退職金／退職金の不支給・減額

4.8　賃金の立替払 …… 74

第5章　労働時間と休暇・休業　75

5.1　労働時間規制の意義 …… 75

5.2　労働時間規制の原則 …… 77

労働時間の原則／労働時間の通算制

5.3　休　　憩 …… 78

5.4　休　　日 …… 80

休日の意義／休日振替

5.5　時間外・休日労働 …… 81

法定時間外・休日労働／三六協定／時間外・休日労働義務／法定内時間外労働・法定外休日労働／割増賃金／割増賃金の対象・計算

5.6　労働時間の概念 …… 88

労基法上の労働時間とは／具体的事例

5.7　変形労働時間制 …… 91

変形労働時間制とは／1か月単位の変形労働時間制

5.8　自律的な働き方と労働時間制度 ……………………………………… 93

　　　フレックスタイム制／裁量労働のみなし制　意義／専門業務型
　　　裁量労働制／企画業務型裁量労働制

5.9　労働時間制の適用除外　「名ばかり管理職」問題 ……………………… 98

5.10　年次有給休暇 ………………………………………………………………100

　　　意義／年休権の内容／6か月継続勤務・全労働日の8割以上出
　　　勤／時季指定権／時季変更権／年休の利用目的／計画年休／年
　　　休取得と不利益取扱い

5.11　育児休業・介護休業 ………………………………………………………105

　　　休業の意義／育児休業／育児休業以外の措置／介護休業

第6章　人事異動　109

6.1　昇格・昇進・降格 ……………………………………………………110

昇格・昇進／降格

6.2　配転（配置転換）……………………………………………………112

配転とは／配転命令の根拠と要件／職種・勤務地限定の合意と
就業規則の配転条項／権利濫用の規制

6.3　出向・転籍 ……………………………………………………………118

出向・転籍の意義／出向命令権の根拠／出向命令権の濫用／出
向中の雇用関係・労働条件／転籍

6.4　休　　　職 ……………………………………………………………123

休職の意義／休職の成立／休職の終了

第7章　懲　戒　125

7.1　懲戒の意義と根拠 ……………………………………………………125

7.2　懲戒の要件・効果 ……………………………………………………126

7.3　懲戒の種類 ……………………………………………………………128

　　　　戒告・譴責・減給・出勤停止／懲戒解雇・諭旨解雇

　7.4　懲戒事由 ……………………………………………………………130

　　　　経歴詐称／職務上の非違行為・業務命令違反／職場規律違反・
　　　　不正行為／企業外の行動　犯罪行為／企業外の行動　内部告発

　7.5　懲戒処分の相当性・手続の相当性 ……………………………134

　　　　処分の相当性　懲戒権の濫用／適正手続

第8章　労働災害の救済　　　　　　　　　　　　　　　　　137

　8.1　労災保険制度 ………………………………………………………137

　　　　労災保険の意義／給付手続・給付内容／業務災害　「業務上」の
　　　　定義／脳・心臓疾患の業務起因性　「過労死」問題／通勤災害

　8.2　労働災害と安全配慮義務 ………………………………………144

　　　　安全配慮義務の意義／安全配慮義務の立法化　労働契約法5条
　　　　／安全配慮義務（労働契約法5条）の内容／帰責事由・因果関
　　　　係・過失相殺／安全配慮義務の適用範囲の拡大

第9章　労働条件・雇用関係の変動　　　　　　　　　　　　151

　9.1　就業規則による労働条件の変更 ………………………………151

　　　　労働条件の変更とは／判例法の展開／労働契約法の規制／労働
　　　　条件変更の合理性の判断基準／成果主義人事の導入／特約優先
　　　　規定

　9.2　労働協約による労働条件の変更 ………………………………161

　　　　労働条件の変更と労働協約の規範的効力／規範的効力の限界／
　　　　労働協約の拡張適用

　9.3　個別的合意による変更 …………………………………………164

　9.4　変更解約告知 ………………………………………………………165

　　　　変更解約告知の意義と要件／留保付承諾

　9.5　企業変動と労働契約 ………………………………………………166

合併と労働契約／会社解散と労働契約／事業譲渡と労働契約／
　　　会社分割と労働契約

第10章　雇用の終了　　　　　　　　　　　　　　　　　　　173

10.1　退　　職 …………………………………………………173

10.2　定 年 制 …………………………………………………176
　　　定年制の意義／高年齢者雇用安定法の規制

10.3　解　　雇 …………………………………………………177
　　　解雇とは／法令による規制

10.4　解雇権濫用規制 …………………………………………179
　　　プロフィール／解雇の要件　解雇の合理的理由／解雇の要件　解
　　　雇の相当性／解雇の要件　解雇手続／解雇の効果／整理解雇

10.5　退職後の守秘義務・競業避止義務 ……………………189
　　　退職後の守秘義務／退職後の競業避止義務／引抜き

第11章　男女の雇用平等　　　　　　　　　　　　　　　　　193

11.1　男女同一賃金の原則 ……………………………………193
　　　意義／要件・効果

11.2　男女雇用平等法理 ………………………………………194

11.3　雇用機会均等法 …………………………………………196
　　　1985年法・1997年法／2006年改正法の概要／募集・採用／労働
　　　契約の展開・終了／婚姻・妊娠・出産等を理由とする不利益取
　　　扱いの禁止／間接差別の規制／コース別雇用管理の適法性／ポ
　　　ジティブ・アクション／紛争解決システム

11.4　セクシュアル・ハラスメント …………………………203
　　　意義／加害者・使用者の法的責任／雇用機会均等法の規制

11.5　女性保護 …………………………………………………205

女性保護の撤廃／産前産後休業／危険有害業務の禁止ほか

第12章　多様な働き方　　207

12.1　非正社員も労働者であり，労働法の適用を受ける ……………207

12.2　有期雇用労働者 ……………………………………………………208
意義／雇止めの法規制／紛争の事前防止に向けて

12.3　パートタイマー ……………………………………………………212
パートタイマーとは／パートタイム労働法／労働条件の明示・就業規則／賃金／改正パートタイム労働法の規制／労働時間・年次有給休暇／正社員転換措置／説明義務・紛争処理システム

12.4　派遣労働者 …………………………………………………………220
派遣労働者とは／労働者派遣事業／労働者派遣契約／派遣期間／労働者派遣契約の中途解除／労働保護法の適用／派遣労働者の労働契約・紛争処理／派遣労働者の雇用努力義務・違法派遣時の雇用義務／紹介予定派遣

第13章　労働組合　　227

13.1　憲法28条の意義 ……………………………………………………227
労働基本権の保障／憲法28条の法的効果

13.2　労働組合法の意義 …………………………………………………229

13.3　労働基本権の平等保障 ……………………………………………229

13.4　労組法上の労働組合 ………………………………………………230
労組法上の労働組合の要件／主体性の要件・自主性の要件

13.5　労働組合の組織と運営 ……………………………………………233
加入と脱退／組合規約／組合民主主義の法原則／労働組合の統制権／チェック・オフ

13.6　ユニオン・ショップ協定 …………………………………………236

13.7　労使協議機関の必要性 ·· 238

第14章　団体交渉と労働協約　239

14.1　団体交渉 ··· 239
団体交渉とは／団体交渉の法的取扱い／団体交渉の当事者／団体交渉の対象事項／誠実交渉義務／団体交渉拒否の救済

14.2　労働協約 ··· 245
労働協約とは／当事者・期間／労働協約の規範的効力／労働協約の債務的効力／要式／労働協約の拡張適用／労働協約の終了

第15章　団体行動　255

15.1　組合活動 ··· 255
組合活動とは／組合活動の法的保護／組合活動の正当性　主体・目的・内容・態様

15.2　争議行為 ··· 261
争議行為とは／争議行為の法的保護／争議行為の正当性　目的／争議行為の正当性　主体・態様・手続／争議行為と賃金／ロックアウト

第16章　不当労働行為　269

16.1　不当労働行為制度の意義 ·· 269

16.2　不当労働行為制度の独自性 ··· 270

16.3　不利益取扱い ··· 271
不利益取扱いとは／「労働組合」「労働組合の正当な行為」／不利益取扱いの態様／「故をもって」　不利益取扱いの意思／黄犬契約（yellow dog contract）

16.4　団交拒否 ··· 274

16.5　支配介入 …………………………………………………………275

支配介入とは／経費援助／使用者の意見表明／組合活動と支配介入／複数組合併存下の不当労働行為／併存組合との団体交渉と不当労働行為

第17章　労働紛争の解決　　　　　　　　　　　　　　　281

17.1　労働紛争解決システムの意義 …………………………………281

17.2　個別労働紛争の解決システム …………………………………282

17.3　裁判外紛争処理　個別労働紛争解決促進法 ………………283

個別労働紛争解決促進法の意義／個別労働紛争解決促進法の仕組み

17.4　労働審判法 ………………………………………………………284

労働審判法の意義／個別労働紛争に関する司法手続／迅速な手続／専門的知見を有する者の参加／紛争の実情に即した解決／当事者の自主的解決　調停手続の組入れ／訴訟への移行

17.5　個別労働紛争の解決事例………………………………………288

17.6　集団的労働紛争の解決システム
　　　不当労働行為救済手続を中心に ……………………………289

労働委員会／不当労働行為の審査手続／救済命令の内容と限界／取消訴訟／不当労働行為の司法救済

事項索引……………………………………………………………297

判例索引……………………………………………………………303

凡　例

[法令名略語表]

労基	労働基準法
労基則	労働基準法施行規則
労契	労働契約法
労組	労働組合法
労災保	労働者災害補償保険法
労審	労働審判法
労調	労働関係調整法
労派遣	労働者派遣事業の適正な運営の確保及び派遣労働者の就業条件の整備等に関する法律
労委則	労働委員会規則
育介法	育児休業，介護休業等育児又は家族介護を行う労働者の福祉に関する法律
最賃	最低賃金法
雇均	雇用の分野における男女の均等な機会及び待遇の確保等に関する法律
職安	職業安定法
承継法	会社の分割に伴う労働契約の承継等に関する法律
パートタイム労働法	短時間労働者の雇用管理の改善等に関する法律
憲	憲法
行訴	行政事件訴訟法
国税徴	国税徴収法
民	民法
民訴	民事訴訟法
民執	民事執行法
会社	会社法
不競	不正競争防止法
健康保険	健康保険法
公益通報	公益通報者保護法
厚生年金	厚生年金保健法
刑	刑法

[行政解釈等略語]
　　基発　　　（厚生）労働省基準局長名で発する通達
　　厚労告　　（厚生）労働大臣告示
　　女発　　　（厚生）労働省女性局長名で発する通達
　　労告　　　労働大臣告示

[判例略語表]
　　最大判　　最高裁判所大法廷判決
　　最判　　　最高裁判所判決
　　最決　　　最高裁判所決定
　　高判　　　高等裁判所判決
　　高決　　　高等裁判所決定
　　地判　　　地方裁判所判決
　　地決　　　地方裁判所決定

[判例集・雑誌略語表]
　　民集　　　最高裁判所民事判例集
　　労民集　　労働関係民事裁判例集
　　労判　　　労働判例
　　労経速　　労働経済判例速報
　　知財例集　知的財産裁判例集
　　判時　　　判例時報
　　判タ　　　判例タイムズ
　　労旬　　　労働法律旬報

[引用文献]
　　土田　　　　　　　土田道夫『労働法概説』(弘文堂, 2008年)
　　土田・契約法　　　土田道夫『労働契約法』(有斐閣, 2008年)
　　土田＝豊川＝和田　土田道夫＝豊川義明＝和田肇『ウォッチング労働法
　　　　　　　　　　　［第3版］』(有斐閣, 2009年)

[参考文献]　発行年順に掲載した。
(1)　労働法の入門書
　森戸英幸『プレップ労働法［第2版］』(弘文堂, 2008年)
　浜村彰＝唐津博＝青野覚＝奥田香子『ベーシック労働法［第3版］』(有斐

閣，2008年)

(2) 労働法全体に関する基本書
　奥山明良『基礎コース労働法』(新世社，2006年)
　野川忍『労働法』(商事法務，2007年)
　浅倉むつ子＝島田陽一＝盛誠吾『労働法［第3版］』(有斐閣，2008年)
　土田道夫『労働法概説』(弘文堂，2008年)
　両角道代＝森戸英幸＝梶川敦子＝水町勇一郎『リーガルクエスト労働法』(有斐閣，2009年)
　中窪裕也＝野田進＝和田肇『労働法の世界［第8版］』(有斐閣，2009年)
　安枝英訷＝西村健一郎『労働法［第10版］』(有斐閣，2009年)

(3) 労働法全体に関する詳細な内容の基本書
　西谷敏『労働法』(日本評論社，2008年)
　大内伸哉『労働法実務講義［第2版］』(日本法令，2005年)
　荒木尚志『労働法』(有斐閣，2009年)
　菅野和夫『労働法［第9版］』(弘文堂，2010年)
　水町勇一郎『労働法［第3版］』(有斐閣，2010年)

(4) 雇用関係法分野に関する基本書
　下井隆史『労働基準法［第4版］』(有斐閣，2007年)
　山川隆一『雇用関係法［第4版］』(新世社，2008年)
　荒木尚志＝菅野和夫＝山川隆一『詳説労働契約法』(弘文堂，2008年)
　土田道夫『労働契約法』(有斐閣，2008年)

(5) 労働基準法のコンメンタール（条文注釈書）
　東京大学労働法研究会編『注釈労働基準法（上）（下）』(有斐閣，2003年)
　金子征史＝西谷敏編『基本法コンメンタール労働基準法［第5版］』(日本評論社，2006年)

(6) 集団的労働法分野に関する基本書
　山口浩一郎『労働組合法［第2版］』(有斐閣，1996年)
　盛誠吾『労働法総論・労使関係法』(新世社，2000年)
　西谷敏『労働組合法［第2版］』(有斐閣，2006年)

(7) 判例解説・ケースブック
　唐津博＝和田肇編『労働法重要判例を読む』(日本評論社，2008年)
　荒木尚志＝島田陽一＝土田道夫＝中窪裕也＝水町勇一郎＝村中孝史＝森戸英幸『ケースブック労働法［第2版］』(有斐閣，2008年)
　村中孝史＝荒木尚志編『労働判例百選［第8版］』(有斐閣，2009年)
　大内伸哉『最新重要判例200［労働法］』(弘文堂，2009年)
　野川忍『労働判例インデックス』(商事法務，2009年)
　野田進『判例労働法入門』(有斐閣，2009年)
　菅野和夫監修　土田道夫＝山川隆一＝大内伸哉＝野川忍＝川田琢之編著『ケースブック労働法［第6版］』(弘文堂，2010年)

(8) 演習書ほか
　菅野和夫＝安西愈＝野川忍『実践・変化する雇用社会と法』(有斐閣，2006年)
　水町勇一郎編『事例演習労働法』(有斐閣，2009年)
　土田道夫＝豊川義明＝和田肇『ウォッチング労働法［第3版］』(有斐閣，2009年)
　角田邦重＝毛塚勝利＝浅倉むつ子編『労働法の争点［第3版］』(有斐閣，2004年)

(9) 労働法の将来を展望する文献
　水町勇一郎＝連合総研編『労働法改革——参加による公正・効率社会の実現』(日本経済新聞出版社，2010年)

第1章
労働法の意義とシステム

1.1 労働法とは何か

1.1.1 働くことと労働法

　労働法とは,「人が雇用されて働く上で発生する問題を法的に解決するためのシステム」をいいます。

　本書は,学生や社会人を読者として想定していますが,学生の中には,アルバイトをしている人も多いでしょう。また,社会人の中には,「正社員」や「正規職員」として企業や役所で働いている人もいれば,「非正社員」「非正規職員」として働いている人もいるはずです。これらすべての人に共通するのは,「雇用されて」働いているということです。労働法は,これら「雇用されて」働くすべての人々（2009年現在,約5,460万人といわれています）に適用される法分野をいいます。

　「雇用する」「雇用される」ことは,法的には,労働契約を締結することを意味します。「労働契約」といっても,実際に雇用に際して「労働契約書」が作成されることは稀ですから,実感が湧かないかもしれませんが,人が企業等に雇用されて働く以上,必ず労働契約を締結していることになるのです。そして,「雇用される」人々は,法的には「労働者」と呼ばれ,「雇用する」側の企業等は「使用者」と呼ばれます。つまり労働法は,「労働者」と「使用者」を当事者（パートナー）とする法です。

　「雇用されて（＝労働契約を締結して）働く上で発生する問題」には様々

なものがあります。アルバイトをしている学生の中には，給与額が約束した額より少ないという経験をした人がいるかもしれません。またたとえば，学習塾のアルバイトで，授業時間の前後に準備や答案整理をしているのに，労働時間にカウントされず，給与も発生しないという経験をした人がいるかもしれません。

また，正社員の人々からは，「忙しくて休みが取れない」「体がもたない」という話をよく聞きます。最近では，「名ばかり管理職」問題といって，某有名ファストフード・チェーンの店長が「管理職」という名目で残業代（割増賃金）を支払われていないとして訴訟を起こし，割増賃金の支給を獲得した例も登場しています（⇨98頁）。人間，働き過ぎると必ず健康に影響しますし，第一，人生は仕事だけではないはずです。「仕事と生活の調和」（ワーク・ライフ・バランス）はとても重要なことです。

さらに，最近の日本では，雇用の多様化が進行し，いわゆる非正社員と呼ばれる人々（アルバイトのほか，フリーター，パートタイマー，派遣）が激増しています。雇用の多様化というと聞こえはよいのですが，負の側面としては，労働者（国民）間の所得格差が拡大し，「格差社会」問題や「ワーキング・プア」問題が発生しています。派遣については，大手派遣会社で横行した「偽装請負」や「日雇い派遣」問題によって，いったん規制を緩和したはずの規制の強化が再検討されています（⇨221頁）。

1.1.2　労働法のプロフィール

労働法は，こうした問題の解決を一手に引き受ける法です。とはいえ，憲法や民法と異なり，「労働法」という単一の法典があるわけではありません。労働法は，労働基準法，労働契約法，労働組合法，雇用機会均等法，労働者災害補償保険法，職業安定法などの多くの法律から成る法分野を総称する名称です。

労働法が登場したのは，おおむね19世紀前半以降という比較的新しい時期で，それ以前は，民法（契約法）の一部に属していました。労働法は，労働条件の最低基準を定める立法（最低賃金・8時間労働制など）から出発し，その後，労働組合の活動を促進する立法や，雇用の安定を確保する雇

用政策立法を加えて今日に至っています。日本において，労働法が本格的に開花したのは第2次大戦後のことです。すなわち，労働基準法，労働組合法，労働関係調整法などの基本立法が整備され，その後，社会経済状況の変化に応じて，多くの新たな立法を加えて今日の姿を整えています。

　では，なぜ労働法は民法から独立したのでしょうか。いいかえると，なぜ民法だけでは不十分だったのでしょうか。これを解く鍵は，民法の契約自由の原則にあります。もともと雇用関係は，民法の雇用契約として規律される法律関係でした（民623条以下）。そして民法においては，個々の労働者と使用者は対等な契約当事者と把握され，労働条件についても，労働者と使用者が対等な立場で自由に決定できるという原則（契約自由の原則）が適用されます。

　しかし，この契約自由の原則は，実際には労働者に不利に働きます。たとえば，新卒の若者が就職する（労働契約を締結する）ときに，労働条件を自分の意思で，使用者と対等の立場に立って決定できるかといえば，それはまず無理でしょう。実際には，彼（女）は使用者が提示した労働条件を受け入れるか，それが嫌なら就職をあきらめるかの自由をもつだけです。もちろん，労働条件があまりに低い企業には誰も入社しないので，労働条件は業界の平均的な水準に落ち着きますが，労使の間ではあくまで使用者が一方的に決定します。つまり雇用関係においては，労働者と使用者の交渉力に大きな格差があるため，使用者による労働条件の決定が事実上優越し，労働者に不利に作用する結果となります。

　そこで登場したのが労働法です。すなわち労働法は，民法の契約自由の原則がもたらした弊害を是正し，労使の実質的対等関係を実現することを目的に登場した法ということができます。労働法は，雇用関係法，集団的労働法，雇用保障法の3つの領域に分かれます。

1.2　労働法のシステム

　そこで，労働法の3つの領域を概観しておきましょう。7頁の図1も参照して下さい。

1.2.1 雇用関係法

　雇用関係法は，個々の労働者と使用者との間の雇用関係（労働契約）を規律する法をいいます。

　まず，国が立法で労働契約に直接介入し，これを下回る（＝労働者に不利な）労働条件は認めないという基準（労働条件の最低基準）を定めています。これを労働保護法ともいい，労働基準法（労基法），最低賃金法，労働安全衛生法，労働者災害補償保険法などの法律があります。すでに述べたとおり，労使の関係を放っておいたのでは，企業の圧倒的な力の前に，個人は弱いものです。そこで労働法は，「労働条件の最低基準」(その基準を下回ることは認めないという強行的基準）を定めて契約自由の原則を修正し，労働者をバックアップしているのです。

> 〔case 1〕　Wさんは大阪市でアルバイトをしているが，①時給は500円であり，低過ぎると考えている。また，②忙しい日には，8時間を超えて仕事をすることもあり，プライベートに差し支えている。法的には問題があるか。

　①・②ともに問題があります。①は，最低賃金法に違反しています。最低賃金法は，地域別最低賃金というものを定め，それを下回る賃金を禁止しています。大阪府の場合は時給762円（平成21年度）ですから，500円という金額は違法です。「違法」ということの意味は，その賃金額が無効となり，最低賃金額を合意したものとみなされるということです（最賃5条2項）。したがって，Wさんは最低賃金額との差額を請求することができます。次に，②については，労基法32条が1週40時間・1日8時間制の原則を定めており，使用者は本来，これら時間を超えて労働者を働かせてはなりません。これに違反した使用者は処罰されます（労基119条）し，Wさんは，8時間を超えて仕事をすることを拒否することができます。

　次に，労働契約においては，労働法上，具体的な規定のない問題が発生することも少なくありません。次の事例はどうでしょうか。

> 【case 2】 B氏は，V社でパートの仕事をしているが，契約書には，時給900円とあるのに，実際には800円しか支給されていない。これは違法だろうか。

2つの意味で違法です。まず，賃金額の最低基準としては，上記の最低賃金法がありますが，〔case 2〕は，これをクリアしているため，法律違反は問題となりません。したがって，これは労働契約の内容の問題となります。①労働契約の問題である以上，前述した契約自由の原則が妥当しますが，採用時に合意した賃金が支払われていないのであれば，それは労働契約違反となるため，B氏は，V社に対して，合意した賃金を支払えと請求することができます。次に，②V社の措置は，賃金全額払の原則（労基24条1項）に違反しています。この原則は，使用者による賃金の不当なカットを禁止し，賃金の全額が労働者の手に渡るよう保障したものであり，V社は同原則違反として処罰されます（労基120条。⇨62頁）。

このうち②の問題は，前述した労働保護法のマターです。これに対し，①の問題のように，労働法の規定がなく，もっぱら労働契約の内容・解釈によって解決される法律問題も非常に多く，労働法の中心は，むしろこちらにあるといえるでしょう。この領域においては，裁判例が重要な役割を果たしており，労働契約の開始・展開・終了をめぐる多くの法律問題に関して，膨大な判例法理が積み重ねられています。採用内定，賃金等の労働条件の決定・変更，人事考課，配転・出向・降格等の人事異動，懲戒処分，退職・解雇，兼業・守秘義務・安全配慮義務等の付随義務など，労働契約をめぐる法的ルールの多くは，判例法理に委ねられています。労働法は長らく，上述した労基法等の最低基準立法を立法の中心としてきたため，それ以外の分野は判例に委ねられ，立法に代わって多くの基本的なルールを創造し，発展させてきたのです。したがって，労働法においては，判例を学ぶことが特に重要であり，本書でもできるだけ引用しています。

もっとも，最近では，労働契約の内容に関する立法の整備が進んでおり，2007年，労働契約法が成立しました。この法律は，従来の判例法理を立法化した規定を中心的内容としています（⇨9頁）。

では，WさんやB氏は，どこに救済を求めればよいのでしょうか。そうした機関としては，労働基準監督署等の行政機関や裁判所があり，労働審判法，個別労働紛争解決促進法などの立法が登場しています（⇨第17章）。

1.2.2　集団的労働法

労働法の第2の領域は集団的労働法です。〔case 1〕や〔case 2〕で，WさんやB氏がより高い給与を得るためにはどのような方法があるでしょうか。一つの方法は，会社と個人的に交渉すること（個別交渉）ですが，会社との間に交渉力・情報格差があるため，難しいのが普通です。いきなり会社の人事部に行って，「自分の給料を上げろ」と求めても，「その予定はありません」とにべもなく断られてしまうでしょう。

そこで登場するのが労働組合です。つまり，一人ひとりの労働者の交渉力が弱いことははっきりしているのだから，労働者が労働組合という団体を結成し，集団の力で交渉（団体交渉）すれば，交渉力の弱さをカバーすることができます。たとえば〔case 2〕の場合，B氏は裁判所や労働基準監督署に救済を求めることもできますが，同じ状況にあるほかのパートタイマーとともに労働組合を結成し（または加入し），V社と団体交渉すれば，処遇の改善を得ることができます。企業も，個人はともかく，団体の力は無視できません。こうして労働組合は，労働者・使用者と並ぶ労働法の第3の主役となります（⇨23頁）。

もっとも，いくら労働組合を結成し，活動しても，それを理由とする解雇を禁止したり，団体交渉に応ずることを使用者に義務づける法的な仕組みがなければ意味がありません。そこで，このような労働組合の結成，団体交渉，団体行動（ストライキ等）を基本的人権（団結権，団体交渉権，団体行動権）として保障したのが憲法28条です。また，憲法の保障を具体化した法律が労働組合法（労組法）であり，同法を中心に，労働組合を当事者とする法を集団的労働法といいます。

1.2.3　雇用保障法

労働法の第3の領域は，雇用保障法です。労働者の就職をサポートした

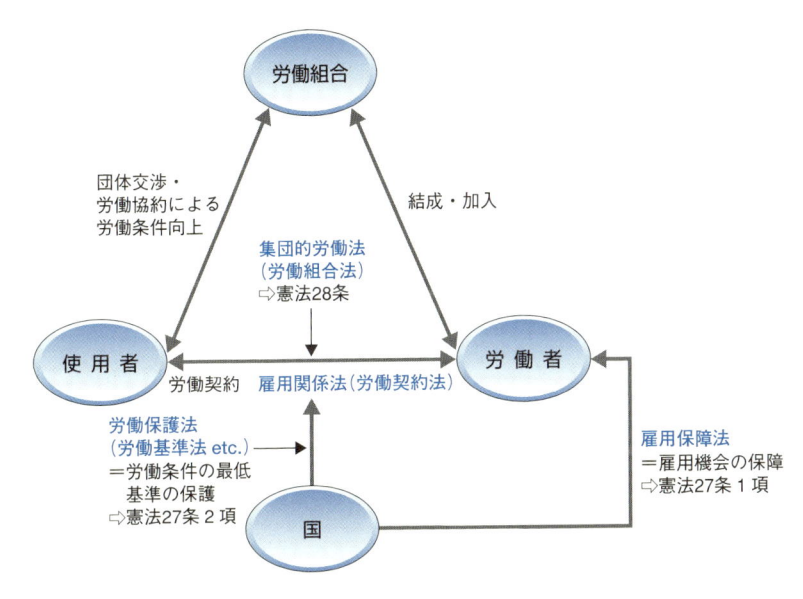

```
                    労働組合
                   ╱        ╲
         団体交渉・          結成・加入
         労働協約による
         労働条件向上
              ╱   集団的労働法      ╲
             ╱    (労働組合法)        ╲
            ╱    ⇨憲法28条             ╲
      使用者 ←――――――――――→ 労働者 ←―
              労働契約                    │
                   雇用関係(労働契約法)    │
         労働保護法                       雇用保障法
         (労働基準法 etc.)                =雇用機会の保障
         =労働条件の最低                  ⇨憲法27条1項
          基準の保護
         ⇨憲法27条2項
                     ＼      ／
                        国
```

図1　労働法のシステム

り，職業能力開発を支援したり，労働者が不幸にも失業してしまった場合の生活を支えるためのルールを定める領域であり，職業紹介を規整する職業安定法や，失業保険の給付について定める雇用保険法などがあります。憲法27条1項の勤労の権利を具体化し，労働者が雇用のステージに上っていない段階での雇用政策を定める領域です。

1.3　労働法を学ぶ意義

　以上のように，労働法は，人が働く上で生ずる多くの問題を法的に解決することを目的としており，採用から退職に至る雇用の全ステージを対象としています。その意味で，労働法は「身近な法」といえます。

　労働法を学ぶ第1の意義は，この雇用社会の基本ルールを学ぶことにあります。雇用労働者は約5,460万人に及び，そのすべてに労働法が適用されます。働く上で何か問題が生じたときに，労働法は頼りになる「弁護士」となりますし，同様に，企業を経営していく上でも労働法の知識は不

可欠です。この意味で，労働法を学ぶことは，市民として知っておくべき「法的常識」を学ぶことでもあります。

労働法を学ぶ第2の意義は，雇用社会の現実の動きを知ることにあります。もともと法は，紙の上に存在するものではなく，社会の動きと密着して存在し，変化しています。特に労働法は，雇用社会という生活の場を舞台とするため，その動きと密接に関連し，今後の雇用社会をリードする役割を果たしています。

そして現在，この雇用社会が大きく変化しています。日本では従来，終身雇用制（正社員の定年までの雇用を保障し，解雇を回避する慣行）・年功制（年齢・勤続年数によって賃金処遇を行う制度）・企業別組合を中心に，安定的な長期雇用システムが形成されてきました。

しかし今日，このシステムには大きな変化が生じています。たとえば，①賃金については，年功賃金が後退し，個人の能力・成果を評価軸とする成果主義賃金・人事への転換が進んでいます。また，②社内公募・FA制，職種・勤務地限定制度，フレックスタイム制・裁量労働制など，労働者個人に着目した人事管理（個別的人事管理）が進展しています。一方，③転職による自発的労働移動の活発化（雇用の流動化），④人員削減に伴う解雇・退職等の非自発的労働移動の増加，⑤非正社員（パートタイマー・派遣社員・フリーター等）の急増（雇用の多様化）によって，長期雇用（終身雇用）のスリム化が進んでいます。さらに，⑥企業再編（合併，分社，事業譲渡）に伴う雇用・労働条件の変化，⑦女性の職場進出に伴う雇用平等の進展，⑧外国人労働者の受入れの可否といった問題も生じています。この結果，労働契約をめぐる紛争（個別労働紛争）が年々増加しています。

労働法も，こうした変化を反映して大きく変化しています。雇用社会の変化を反映した新たな法律問題や，個別労働紛争に関する裁判例が次々と登場するとともに，立法の世界でも，労働契約法（2007年），労働審判法（2004年），改正雇用機会均等法（2006年）など，新たな基本法というべき重要立法が成立しています。労働法を学ぶことで，このような雇用社会のダイナミクスを法的側面から学び，理解することができます。

第3に，労働法を学ぶことは，多くの法領域と関連する応用法学を学ぶ

ことを意味します。特に，労働法は憲法・民法と深い縁にあります。憲法との関係では，雇用機会均等法を中心とする雇用平等法は，憲法14条の法の下の平等を基礎としていますし，労働者の転職に関しては，憲法22条の職業選択の自由の視点が欠かせません。

また，憲法以上に縁が深いのは民法です。前記のとおり，労働法の源は民法にあり，民法が定める「雇用」(第3編第2章第8節)の規定を修正して成立した法です。つまり，労働法は，社会の変化に応じて契約法を発展させた現代契約法としての性格を有しており，労働法を勉強することは，民法を学ぶ上でも役立ちます。加えて，労働法は商法・会社法と交錯し（特に会社分割，事業譲渡など），知的財産法と交錯し（不正競争防止法，特許法における職務発明の取扱いなど），民事訴訟法と交錯します（労働訴訟は民事訴訟法の一適用領域にほかなりません）。その意味で，労働法の勉強は大変ですが，やりがいもあります。積極的に学んで下さい。

1.4 労働立法の動向

前述した雇用社会の変化に伴い，労働法の改正や新立法の整備が進んでいます。その多くは，伝統的な労働保護法（罰則を備えた労働条件の最低基準立法＝公法）ではなく，労働契約の内容や個別労働紛争処理に関する立法であり，私法的性格を備えています。会社分割に伴う労働契約承継法の制定（2000年），解雇権濫用法理の立法化（2003年労基法改正）に引き続き，2007年には，労働契約を広くカバーする立法（労働契約法）が制定されました。また，個別労働紛争の急増に対処するための手続法（労働紛争処理法）としては，裁判外紛争処理法（ADR）としての個別労働紛争解決促進法（2001年）に続いて，2004年に労働審判法が成立しました。

さらに，雇用平等の領域では，2006年に抜本改正された雇用機会均等法や，2007年に改正されたパートタイム労働法が重要です。加えて，企業のコンプライアンスに関して，公益通報を行った労働者の保護を内容とする公益通報者保護法が制定されたり（2004年），仕事と生活の調和（ワーク・ライフ・バランス）に対処するための立法が整備される（特に，育児・介護休

業法の逐次改正）など，新たな立法が次々と誕生しています。

このような労働立法の背景には，法の支配の理念（「公平な第三者が適正な手続を経て公正かつ透明なルール・原理に基づいて判断を示す」こと。2001年の司法制度改革審議会報告書）があります。労働法のルールの多くは判例法理として示されてきましたが，判例法理は，制定法に比べると社会への浸透力が弱く，実効性は必ずしも高くありません（いわゆる「六法」に載っているのは立法だけであり，判例は載っていません）。最近の労働立法は，労働契約のルールを判例任せにせず，明確なルール（立法）として確立するものであり，法の支配を雇用社会に反映させる意義を有しています。もちろん，労働契約は契約ですから，がんじがらめに規制することは適切ではありませんが，基本的なルールを立法で明示し，市民の共有財産とすることはきわめて重要なことです。

1.5 労働条件の決定システム

〔case 3〕　H君は，就活を熱心に行い，2009年，晴れて第一志望のD社に入社した。①D社では，2008年度の大卒者初任給は19万5,000円だったが，2009年度は1,000円アップして19万6,000円だという。この初任給はどうやって決まるのだろうか。また，②D社における所定労働時間は，始業9：00，終業17：00，休憩1時間で，1日7時間制だという。この所定労働時間は，誰が，どのように決めたのか。

①の初任給は，法的には賃金（労基11条。⇨56頁）であり，②の所定労働時間とともに，最も重要な労働条件です。では，この賃金（初任給）や労働時間はどうやって決まるのでしょうか。

(1) 労働契約　　まず，初任給・労働時間を決めているのは労働契約です。先にも述べたとおり，雇用されて働くときの基本は労働契約であり，H君がD社に入社したということは，法的には，D社と労働契約を締結したことを意味します。ですから，H君の初任給や労働時間も，D社との労働契約で決まった（合意した）ことになるのです。このように，労働

条件を決める第一の根拠は労働契約にあります。

(2) **法　　令**　　しかし、この労働契約には様々な規制が及びます。まず、労基法をはじめとする労働条件の最低基準規制が挙げられます。前にも述べたとおり（⇨4頁）、①の賃金に関する最低基準規制としては、最低賃金法があり、これを下回る（＝労働者に不利に決める）ことはできません。また、②の労働時間に関しては、労基法32条2項が、1日の労働時間を8時間と定めています。したがって、たとえばH君が9時間の労働時間を申し出て契約したとしても、この合意は、8時間を下回る合意として無効となり、32条2項の8時間の基準によって自動的に補充されます（労基13条。⇨27頁）。

これに対し、労働契約において、労基法等の法令の最低基準を上回る（＝労働者に有利な）労働条件を定めることは自由です。〔case 3〕の場合、①の初任給19万6,000円は、最低賃金法の基準を上回る額ですから、法令との関係では何ら問題はありません。②についても、1日の労働時間を労働契約で7時間と定めることは自由です。

(3) **就業規則と労働協約**　　しかし、それなら労働契約で全く自由に定めてよいのかというと、そうではありません。ここで登場するのが就業規則と労働協約という集団的なルールです。というよりは、初任給を会社と新入社員が個別的に交渉して決めるということはほとんどありません。初任給は、労働組合がある企業では、企業と労働組合との間で締結された労働協約で、労働組合がない企業では、企業（使用者）が作成する就業規則で決められるのです。〔case 3〕でも同じことがいえます。

では、なぜ労働契約ではなく、就業規則で決めるのか。これはなかなか難しい問題ですが、一口にいえば、交渉を効率化し、労働者の保護を図るということでしょう。賃金や労働時間を一人ひとりの労働者と交渉して決めることになれば、時間はかかりますし、労働条件が個人ごとに異なってしまうと、組織はうまく動きませんし、労働者間の公正を欠く結果ともなります。そこで、就業規則という統一的なルールで労働条件を決める方法が普及したのです。

また、就業規則による決定は結局、労働者と労働条件を保護することに

もなります。労働者個人の交渉力は弱いため、労働条件を個々の交渉で決めるとなると、使用者（企業）に押し切られがちですが、就業規則という統一的なルールで決めるとなれば、相手は多数の労働者ですから、使用者も無茶はできません。つまり、それなりの合理的な相場で労働条件（①の初任給、②の労働時間）が決まることになるのです。

(4) **就業規則の意義**　労基法および労働契約法は、就業規則のこのような機能に着目して、一連の法規定を設けています。まず労基法は、常時10人以上の労働者を使用する使用者に対して就業規則の作成・届出を義務づけており、その記載事項は労働条件の全般にわたっています（労基89条）。また労働契約法は、就業規則と労働契約の関係について規定を設け、就業規則の規定内容の合理性と労働者への周知を要件に、就業規則が労働契約内容となると定めています（労契7条。就業規則の**契約内容補充効**）。①の初任給と②の労働時間は、労働市場や労働時間の現状からいって合理的といえますから、H君に周知されていれば、D社とH君の間の労働契約内容となります。つまり、労働条件は労働契約で決められますが、実際には、就業規則が労働契約内容を決定する役割を果たしているのです。

また、就業規則は、労働契約による労働条件の切り下げを防止する役割も付与されています。すなわち、労働契約法12条によれば、就業規則を下回る労働条件を定める労働契約は無効となり、無効となった部分は就業規則の定めによります。つまり就業規則は、労基法と同様、労働条件の最低基準を保障する強い効力（**最低基準効**）を認められているのです。したがって、仮に〔case 3〕において、就業規則では初任給が19万6,000円であるのに、H君が18万円で契約したとしても、これは無効となり、19万6,000円に置き換えられます。

もっとも、就業規則の最低基準効は、労基法と同様、あくまでそれを下回る（＝労働者に不利な）労働契約を排除する効果を意味します。したがって、労使がそれを上回る（＝労働者に有利な）労働条件を決めることは自由であり、〔case 3〕の場合、H君が20万円の初任給を合意することは何ら問題ありません（この場合、上述した就業規則の契約内容補充効は働きません〔労契7条但書〕。⇨53頁）。

なお、就業規則は、使用者が一方的に作成する規則ですから、法令および労働協約に反することはできません（労基92条、労契13条）。ただし、労基法は最低基準立法であるため、就業規則で労基法を上回る労働条件を定めることは差し支えありません。

(5) **労働協約の意義**　もし、〔case 3〕で、D社に労働組合があるとしたら、①の初任給および②の労働時間は、D社と労働組合との間の労働協約で決まっている可能性が高くなります。**労働協約**とは、労働条件その他の労働者の待遇に関して、労働組合と使用者が**団体交渉**を行い、締結した協定をいいます（労組14条）。団体交渉が担う第一の役割は労働条件の交渉であり（⇨239頁）、その成果が労働協約ですから、労働組合が存在する限り、初任給を含む賃金や労働時間といった基本的労働条件は、団体交渉と労働協約で定められるのが普通です。

そして、この労働協約は、**規範的効力**という強い効力を認められています。すなわち、労働協約に違反する労働契約は無効となり、無効となった部分は協約の定める基準によって補充されるほか、労働契約に定めがない部分についても同様とされます（労組16条）。〔case 3〕の場合、H君のような新入社員については、初任給や労働時間を個々の労働契約で定めることはほとんどなく、「労働契約に定めがない部分」にあたりますので、労働協約で決めれば、それが労働契約の内容ということになります。つまりここでも、労働契約に代わって、労働協約という集団的ルールが労働条件を決定しているのです（詳細は⇨246頁）。

以上のように見てくると、読者の皆さんは、労働契約というものの存在の希薄さに気づくことでしょう。労働契約は、労働者と使用者をつなぐ基本的な法律関係であるにもかかわらず、労働条件を決定する実際の機能の面では、就業規則や労働協約に取って代わられているのです。しかし、労働契約もまんざら捨てたものではありません。次節では、この点を考えることにしましょう。

1.6 労働契約の意義と性格

1.6.1 労働契約の意義

〔case 4〕　労働契約といっても，就職するときに労働契約書を作成するわけではなく，入社式の後，「○○支店□□部勤務を命ずる」と書かれた辞令を受け取るだけである。労働契約にはどのような意義があるのか。また，それはほかの契約に比べていかなる特色を有しているのだろうか。

　前節で述べたように，労働契約は，労働条件の決定要因としては法令，労働協約，就業規則よりも低い地位にあります。しかし，雇用関係の展開にとって，労働契約は絶対に欠くことのできない重要な概念です。

　現代社会においては，人と人との関係は，法的には契約という形をとります。たとえば，電車やバスに乗ることは運送契約の締結を意味しますし，駅の売店で雑誌を買うことは売買契約の締結を意味します。

　同様に，雇用関係にとっても契約の締結は不可欠であり，これが労働契約です。労働契約という当事者間の合意を媒介せずに人を労働させることは一種の強制労働であって，許されません。人が就職し，長期にわたって職業生活を営み，定年退職するという雇用関係の過程は，法的には労働契約の締結，展開，終了を意味するのです。もっとも，〔case 4〕で述べたように，労働契約が書面に作成されることは稀ですから，実感が湧かないかもしれません。しかし，労働契約は当事者の意思表示の合致のみで成立し，特別の方式を必要としないので（これを諾成・不要式の契約といいます），労働者と使用者との間に「雇う」「雇われる」という合意があれば，それだけで労働契約が成立するのです。

　労働契約は，「仕事をすること」と「賃金を支払うこと」を基本的内容とする有償の双務契約であり，労働者の労働義務と，使用者の賃金支払義務が基本的義務となります（したがって，いわゆるボランティアは労働契約で

はありません)。労働契約法6条は,「労働契約は,労働者が使用者に使用されて労働し,使用者がこれに対して賃金を支払うことについて,労働者及び使用者が合意することによって成立する」と規定していますが,これは,上述した労働契約の性格を明示したものと解されています。

> 〔case 5〕　①〔case 3〕のH君はその後,能力とキャリアを高め,有能な営業社員として活躍していたところ,G社から,その能力を買われて,年俸1,200万円で中途採用された。同期同年齢の社員は年にして1,000万円程度なので,かなり高い。②H君の従兄弟のJ氏はG社の社員であるが,仕事も好きだが生まれ育った関西を離れたくないという思いが強く,勤務地を関西エリアに限定した勤務地限定総合職で働いている。

〔case 5〕は,労働契約の実際の機能が高まっていることを示す例です。①のような中途採用の場合は,新入社員と異なり,賃金を個別労働契約で合意することは少なくありません。また,②の職種や勤務場所のように,個人ごとに決定される労働条件については,個別的合意が重要となります。②の場合,J氏のような勤務地限定の合意があるか,一般の総合職のように全国勤務の合意があるかによって,配置転換の範囲が違ってくるのです。

さらに,最近では,成果主義人事や個別的雇用管理の進展に伴い,個別労働契約の重要性が増しているほか,労働時間に関しても,裁量労働制(労基38条の3・4)やフレックスタイム制(同32条の3)においては,個々の合意(労働契約)が重要な役割を果たしています。こうして今日,労働契約は,徐々に復権しつつあるということができます。

1.6.2　労働契約の特色

労働契約の特色としては,以下の諸点が挙げられます。

(1)　**他人決定労働**　　労働契約の第1のポイントは,労働者が使用者の**指揮命令**に従って労働する義務を負うということです。人が働くことを内容とする契約としては,ほかに請負契約(民632条)がありますが,請負の場合,請負人は仕事の完成(労働の成果)という義務を負うため,完成ま

■ 1.6　労働契約の意義と性格　　**15**

での過程でどのように労働するかは請負人が自分で決めることができます（たとえば，一戸建ての建築を請け負った大工さんは，仕事のペースや段取りを自分で決めることができます）。これに対して，労働契約の場合，労働者は請負人のように労働の内容を勝手に決定することはできず，使用者の指揮命令に従って労働しなければなりません（会社では，部下は上司の指示に従って仕事をします）。これを「**労働の他人決定性（使用従属関係）**」といい，請負契約や委任契約（民643条）における労務（独立労働）から区別される労働契約の特色となります。

また，労働契約においては，使用者は労働者に対して社会的・経済的に優位にあり，労働者が従属的地位に立つという構造があります。つまり，労使間の交渉力・情報には大きな格差があるため，労働者は事実上，使用者が決めた労働条件を受け入れざるをえないことが通例です（**交渉力・情報格差**）。労働法の登場をもたらした大きな要因はこの点にあります。

(2) **継続的性格**　労働契約は，1回限りで終わる契約ではなく，長期間にわたって継続する契約です。特に，日本の長期雇用制度（終身雇用制）の下では，正社員の労働契約は期間の定めのない契約となり，定年まで維持されることが多く，これが労働契約の**継続的性格**を強化しています。この結果，日本の労働法においては，使用者による解雇が厳しく規制される（⇨179頁）反面，労働条件の柔軟な変更（就業規則による労働条件の変更，配転・出向等の人事異動）が許容されています（⇨109頁，⇨152頁）。

(3) **人格的性格**　労働契約の第3の特色は，労働義務が労働という行為を行う債務であるため（これを**なす債務**といいます），労働の提供と労働者の人格とを切り離せないということです。使用者が，労働者の生命・健康を保護するよう配慮する義務（安全配慮義務。労契5条）を課されたり，労働者の人格的利益（プライバシー・名誉）の保護が重要となるのは，この**人格的性格**に基づいています。

1.7　労働法のパートナー——労働者・使用者・労働組合

ここでは，労働法のパートナーである労働者・使用者・労働組合につい

て説明しましょう。

1.7.1 労働者

> 〔case 6〕 K氏は，バイク便会社L社との間で請負契約を結び，個人請負事業主としてメッセンジャーの仕事をしている。報酬は完全歩合制で，業務用品も自ら用意し，労災保険の適用もないが，実際には，L社の指揮命令の下で仕事をしている。2010年，L社は，歩合給の引下げを通告してきたため，K氏は，同業者とともに労働組合を結成して，引下げの撤回や労働契約への切り替えを求めて団体交渉を申し入れた。
> しかし，L社は，K氏は個人請負事業主であり，労働者ではないから，団体交渉に応ずる義務などないとして応じない。それどころか，L社は，不満があるなら仕方がないとして，請負契約の解除を通告してきた。

労働者を定義することは，労働契約の当事者として労働法を適用される人の範囲を画定することを意味します。労働者であってはじめて労働法の保護を受けることができるので，ある人が労働者か否かはきわめて重要な問題です。労働者については，労基法・労働契約法上の労働者と，労組法上の労働者に分けて考えることができます。

(1) **労基法上の労働者・労働契約法上の労働者** まず，労基法9条は，「労働者」を「職業の種類を問わず，事業又は事務所……に使用される者で，賃金を支払われる者をいう」と定義しています。職業の種類を問わないのですから，いわゆる正社員だけでなく，アルバイトやパートタイマーも労働者にあたります。またこの定義は，最低賃金法（2条），労働安全衛生法（2条2項），労災保険法（1条）などの関連法規を適用される「労働者」の定義でもあります。さらに，労働契約法2条1項は，労基法を継承して，労働者を「使用者に使用されて労働し，賃金を支払われる者をいう」と定義しています。

労働者の決め手は，事業に「使用されること」であり，「労働者が使用者の指揮命令に服して労働すること」を意味します。これは，前述した労働の他人決定性と同じ意味と解されており，使用従属関係とも呼ばれます。

■ 1.7 労働法のパートナー **17**

もっとも，最近は，サービス産業の増加や情報化の進展によって雇用形態が多様化し，労働者か否かの割り切りが難しい例が増えています。たとえば，映画技師，俳優，SOHO（Small Office/Home Office）で働く在宅勤務者，楽団員，傭車運転手といった人々は，仕事をする過程で拘束性が低く，自己の計算と責任において事業を遂行するという性格が強いため，直ちに労働者といえない面があります。また，〔case 6〕のように，実態は労働者でありながら，個人請負事業主として請負契約を結ぶケースも増えています。

そこで，このようなグレーゾーンの人々については，前述した指揮命令関係に加えて，報酬の性格や事業者性を加味して労働者か否かが判断されます。具体的には，①契約の締結段階における他人決定性（契約締結の諾否の自由，専属性，企業組織への組入れ），②契約の履行過程における他人決定性（労働の基本的内容・労働目的の一方的決定，勤務時間・場所の拘束性の有無，労働遂行過程での指揮命令関係・服務規律の適用），③報酬の労働対償性（額や性格），④事業者性（器具や材料の経費負担，損害の負担）を総合して判断されています（新宿労基署長事件・東京高判平成14・7・11労判832号13頁〔映画の撮影カメラマンにつき，①・②を重視して労働者と判断したケース〕）。また，その判断に際しては，契約の名称や形式ではなく，①～④に即した就労の実態が重視されます（土田・契約法46頁）。

〔case 6〕の場合も，K氏の就労実態に即して，上記①～④によって使用従属関係が認められれば，契約形式は請負契約（個人請負事業主）であっても，労基法・労働契約法上の労働者と解され，K氏がL社との間で締結した契約は労働契約と判断されます。そして，そのように判断されれば，L社が行った請負契約の解除通告は解雇を意味し，解雇権濫用規制（労契16条）によって合理的な理由を求められることになるのです（⇨180頁）。

(2) **労組法上の労働者**　これに対して，労組法上の労働者とは，労働組合を結成する主体となり，労組法の保護を受けることができる労働者をいい，労組法3条が「職業の種類を問わず，賃金，給料その他これに準ずる収入によって生活する者」と定義しています。

労組法上の労働者は，労基法9条の労働者と常に一致するわけではあり

ません。労基法上の労働者は，労働契約の当事者となり，労基法の労働条件保護を及ぼす必要のある人の範囲を画定する規定であるのに対し，労組法3条は，団体交渉を中心に，労組法上の保護を及ぼす必要のある人の範囲を画定する規定であり，立法趣旨を異にするからです。

　そこで，労組法上の労働者は，労基法上の労働者より広い概念となります。団体交渉とは，労働条件や労使関係のルールに関する労働組合・使用者間の交渉をいいますが（⇨239頁），労基法の保護を及ぼす必要がなくても，団体交渉に関する法的保護を及ぼす必要のある人は存在するからです。たとえば，プロ野球選手がそうです。プロ野球選手は，高額の年俸を支給され（前記の③），事業者性も高い（④）ので，労基法上の労働者かどうかについては意見が分かれますが，労組法上は，最低年俸，トレード制度，ドラフト制度，FA制度などの選手契約に関する事項に関して，団体交渉による解決が有効に機能するため，労働者とされるのです（プロ野球選手会は，労働組合の資格認定を受けています）。

　また，上述したグレーゾーンの人々も，労基法上は労働者でないとしても，労組法上は労働者だと判断されることは大いにありえます。労組法上の労働者についても，上記①〜④の使用従属関係が要件となりますが，これを緩やかに解するとともに，経済的従属性（労務提供者が相手方から得る収入に依存して生計を立てているという特質）を重視して判断する必要があるでしょう。〔case 6〕でも，K氏らの労働者性が肯定される可能性は高いものと思われます。

　もっとも，最近の裁判例は，労組法上の労働者を限定的に解し，労基法上の労働者・労働契約法上の労働者と同一視して，グレーゾーンの人々の労組法上の労働者性を否定する傾向にあります（新国立劇場運営財団事件・東京高判平成21・3・25労判981号13頁〔オペラ公演に出演する1年契約制の合唱団員〕，INAXメンテナンス事件・東京高判平成21・9・16労判989号12頁〔会社製品の修理業務に従事する個人業務委託契約者〕）。しかし，このような考え方には多くの疑問があります（土田道夫「『労働組合法上の労働者』は何のための概念か」季刊労働法228号〔2010〕127頁参照）。

■ 1.7　労働法のパートナー　　19

1.7.2 使用者

(1) 労働契約上の使用者・労基法上の使用者　労働者と労働契約を締結するもう一方の当事者が使用者です。使用者は，個人企業の場合は企業主，法人企業の場合は法人それ自体をいいます。この労働契約上の「使用者」について，労働契約法2条2項は，「その使用する労働者に対して賃金を支払う者をいう」と定義しています。

これに対し，労基法10条は，使用者を「事業主又は事業の経営担当者その他その事業の労働者に関する事項について，事業主のために行為をするすべての者をいう」と定義し，管理職等の個人を使用者としています。これは，労基法違反の場合の刑事責任の主体を広くとらえようとする趣旨の規定であり，労働契約当事者としての「使用者」より広い概念です。これら管理職や上司も，労働契約法上は企業との関係で労働者とされるのです。

では，次のケースはどうでしょうか。

> 〔case 7〕　①H氏は，派遣会社であるKスタッフ社に登録して，Y会社に派遣されて就労している。H氏にとっての使用者は，Kスタッフ社かY社か。また，②Y社には，その親会社であるR社から出向して働いている社員が数名いる。これらの社員にとっての使用者は，Y社かR社か。

結論から述べると，①では，H氏（派遣社員）にとっての使用者はK社であり，②の出向社員にとっての使用者はR社です。一見すると，H氏や出向社員はY社において，その指揮命令の下で働いているのだから，Y社が使用者だと主張できそうです（K社やR社が倒産してしまったときなどに意味があります）が，法的にはそうはなりません。H氏や出向社員が明示的に労働契約を締結している相手方はK社（派遣元会社）またはR社（出向元会社）であり，Y社ではないからです（派遣については⇨220頁，出向については⇨122頁）。いいかえると，Y社との間の事実上の指揮命令関係（使用従属関係）が労働契約関係に直結するわけではありません。

もっとも，〔case 7〕でも，例外的に派遣社員や出向社員と受入企業

(Y社) との労働契約の成立が**黙示的**に（当事者が明示的に合意していなくても）認められることがあります。指揮命令関係に加え，労働者が受入企業 (Y社) を相手方として労務を提供し，しかも，受入企業が労働者に対して賃金を支払っていると認められる場合がこれにあたります。具体的には，派遣元や出向元が形骸化する一方，受入企業が指揮命令以外に配置や懲戒によって人事管理を行ったり，本来，派遣元会社等が決定すべき賃金を受入企業が決定するなど，受入企業が実質的に使用者と認められることが要件となります（サガテレビ事件・福岡高判昭和58・6・7労判410号29頁〔結論は否定〕）。ただし，こうしたケースはあくまで例外であることに注意して下さい。判例も，いわゆる**偽装請負**（実態は労働者派遣だが，業務処理請負・委託を偽装して行われる就労）に関して，派遣先会社と派遣労働者との間の黙示の労働契約の成否が争われたケースについて，上記の要件が満たされていないとして否定しています（パナソニックプラズマディスプレイ事件・最判平成21・12・18労判993号5頁）。

このほか，密接な関係にある親子会社で，親会社が子会社の実権を握っている場合に，子会社を解散させて労働者を解雇するようなケースでは，子会社の法人格が否定され，親会社が子会社従業員の労働契約上の使用者とされることがあります（**法人格否認の法理**）。法人格否認の法理とは，ある会社の独立の法人格を認めることが法人制度の目的に照らして著しく正義・衡平に反する場合に，特定の法律関係における法人格を否定し，その背後にある支配会社の法的責任を追及するための理論をいいます。特に，**法人格の濫用**が重要であり，この法理によれば，親会社が子会社の役員，従業員の人事，財政経理，営業方針など企業活動全般にわたって支配管理しつつ，子会社の労働組合を壊滅させる等の違法・不当な目的で子会社を解散させた場合は，法人格の濫用が肯定され，親会社の雇用責任が肯定されることがあります（土田30頁）。

(2) **労組法上の使用者**　これに対し，労組法は「使用者」について規定していません。しかし，**労組法上の使用者**は，労働契約上の使用者より広い概念です。

> 〔case 8〕 〔case 7〕のH氏ら派遣会社K社の従業員で組織するI労働組合は，派遣先のY社において十分休憩をとれないことに不満を抱き，K社との間で団体交渉を行ったが，K社は「当社ではどうしようもない」と答えるだけで埒があかない。この場合，I組合は，Y社に対し，休憩時間の改善について団体交渉を求めることができるだろうか。

〔case 8〕は，Y社が団交応諾義務（労組7条2号）の主体としての使用者にあたるか否かに関するものです。すなわち，労組法7条2号は，使用者が労働組合との団体交渉を正当な理由なく拒むことを不当労働行為として禁止していますが（⇨240頁），Y社はこの「使用者」にあたるか否かという問題です。この場合，もし不当労働行為における使用者が労働契約上の使用者と同一であるとすれば，Y社はH氏らとの間で労働契約を締結していないのですから，使用者になるはずはありません。

しかし，ここでは，団体交渉というものの特色を考える必要があります。前記（⇨19頁）のとおり，団体交渉は，労働条件や労使関係のルールに関する労働組合・使用者間の交渉をいい，労組法7条2号はそれを使用者に義務づける規定です。ですから，ある企業との間で団体交渉を行うことが必要かつ適切と認められれば，たとえその企業が労働契約上の使用者といえなくても，団体交渉の当事者としての使用者（労組法上の使用者）とはいえる場合があるのです。ある企業が労働契約上の使用者とされた場合，労働契約から生ずる全責任を負わなければならないのに対し，ここでは，団体交渉に応ずる義務を負うだけですから，このような柔軟な考え方が可能となるのです。

判例も，放送会社が請負企業の労働者の派遣を受けて番組制作業務に従事させていたケースについて，雇用主（労働契約上の使用者）以外の事業主であっても，「雇用主から労働者の派遣を受けて自己の業務に従事させ，その労働者の基本的な労働条件等について，雇用主と部分的とはいえ同視できる程度に現実的かつ具体的に支配，決定することができる地位にある場合には，その限りにおいて，右事業主は同条［注・労組7条］の『使用者』に当たる」と判断した上，放送会社が派遣労働者の勤務時間や労務提

供の態様を決定し，同社社員であるディレクターの指揮監督の下で就労させている場合は，上記の労働条件限りで使用者にあたると判断しています（朝日放送事件・最判平成7・2・28民集49巻2号559頁）。〔case 8〕についても，同様の判断が可能と考えられます（土田413頁参照）。

1.7.3　労働組合

労働組合とは，労働条件の維持改善その他の経済的地位の向上を目的として，労働者が結成する団体をいいます。労働組合といっても，実感が湧かないかもしれませんが，次のような事例を考えてみて下さい。

> 〔case 9〕　A社でパートタイマーとして勤務するB氏は，1年の有期労働契約を更新してきたが，2010年3月をもって労働契約を終了する旨の雇止め通告された。B氏は，知り合いの正社員であるC氏に相談し，2人で会社と交渉したが，埒があかない。そこでB氏は，A社の従業員で組織するD労働組合に加入し，D組合が雇止めの撤回を求めて交渉したところ，A社はわずか2回の交渉で，雇止めが拙速であったことを認めて撤回し，B氏は勤務を継続することができた。

これは，私が実際に見聞した事例であり，労働組合の重要性を痛感させる事例です。なぜ，B氏やC氏による交渉（個別交渉）はうまくいかず，D組合による交渉（団体交渉）は機能するのでしょうか？　それは，使用者（A社）が労働組合を労使関係の運営の相手方（パートナー）として認めているからです。労働組合が存在する限り，使用者は誰よりもまず組合と協議・交渉し，その意見を尊重しなければなりません。また労働組合は，労働者個人の利益（B氏の雇用）を代表し，実際に生じた紛争（雇止め）を解決することができます。このような労働組合の活動をサポートするのが，憲法28条の労働基本権の保障であり，それを具体化した労働組合法（労組法）です。詳しくは，第13章を見ていただくこととして，ここでは，労働組合の意義と役割についてコメントしておきましょう。

労働組合は，誰でも結成・加入でき，また自由に設立することができます（自由設立主義）。したがって，正社員はもちろん，パートタイマーやア

ルバイト等の非正社員も労働組合を結成できますし，正社員で組織する労働組合がこれら非正社員を加入させることも自由です。日本の労働組合の多くは，企業ごとに結成される組合（企業別組合）であり，ヨーロッパ諸国に見られる産業別組合と好対照を成しています。企業別組合は，労働条件の主張や要求が企業の業績に左右され，交渉力が弱まりがちというデメリットを抱える反面，使用者とのコミュニケーションを通して経営に参加し，企業行動を監視するというメリットを備えています（日本型コーポレート・ガバナンス）。

今日，労働組合は影が薄くなっているといわれます。確かに，生活水準が向上して労働組合の切実な必要性は薄れていますし，非正社員の増加によって，組合の組織率は年々低下しています（2009年には18.5%）。また，人事考課や裁量労働制のように，労働条件が個別労働者との間で決定される傾向が強まるに伴い，「春闘」に象徴されるような労働組合の集団的・平均的労働条件交渉の役割も低下しています。

しかし，だからといって労働組合の存在意義がなくなることは決してありません。〔case 9〕で見たように，個々の労働者に比べて，労働組合の交渉力ははるかに強力です。また，労働条件決定が個別化するといっても，それはあくまで企業の制度として整備されるのであり（たとえば，個々の労働者に関する人事考課は，企業の制度である人事考課制度に依拠して行われます），その制度設計に労働組合が関与するか否かは決定的に重要です。さらに，日本の企業別組合が果たしてきたコーポレート・ガバナンスの機能は，雇用環境が変化する今後，ますます重要となります。労働者が企業との対等のパートナーとして雇用関係を運営していくためには，労働者自らが労働組合に連帯し，活動することが不可欠となるのです。

1.8　労働法の基本原則

労基法は，第1章と第2章において，労働契約のあり方に関する基本原則を規定しています。ここでは，特に重要な労働条件対等決定の原則（労基2条1項），均等待遇原則（3条）および賠償予定の禁止（16条）を見てお

きましょう。

1.8.1　労働条件対等決定の原則

　労基法2条1項は,「労働条件は,労働者と使用者が,対等の立場において決定すべきものである」と規定しています。この規定は,労働者が形式的のみならず,実質的にも使用者と対等な立場で労働条件を決定すべきであるという基本理念を宣言したものです(労働条件対等決定の原則)。労基法や労働契約法が労働条件の決定を労使間の契約自由に委ねることなく,そこに介入して労働条件の強行法的基準を設定するのは,この原則に基づくものであり,法はこれらの規制を通して,労使間の実質的対等を保障しようとしているのです。

1.8.2　均等待遇原則

　使用者は,労働者の国籍,信条,社会的身分を理由として,賃金,労働時間その他の労働条件について,差別的取扱いをしてはなりません(労基3条)。憲法14条1項が基本的人権として定める「法の下の平等」を労働契約において具体化するために設けられた規定です。

　まず,国籍とは,人種や出身国も含む概念であり,国籍を理由とする差別の禁止は,外国人労働者の均等待遇にとって重要な規制です。

　次に,信条とは,信仰・思想など人の内面的精神活動や考え方を意味しますが,こうした内面的活動のみならず,特定の宗教活動への参加・不参加や特定政党への所属を理由とする差別的取扱いも労基法3条違反となります。

　社会的身分とは,自らの意思で左右できない固定的な地位を意味します。これに対し,パートタイマー等の職種は,本人が自ら選んだ地位であるため,社会的身分には該当せず,パートタイマー等の賃金格差を本条によって規制することはできないと解されています(⇨215頁)。

　労働条件は,雇用関係における労働者の待遇全般をいい,解雇も含みます。つまり均等待遇原則は,雇用の全ステージにおける法の下の平等を保障する原則であり,労働法の基本原則を意味します。ただし,労働者の採

用だけは，労基法3条が労働契約成立後の差別を禁止する規定であることから，本条の適用はないと解されています（⇨32頁）。

1.8.3 賠償予定の禁止

使用者は，労働契約の不履行について違約金を定め，または損害賠償額を予定する契約をしてはなりません（労基16条）。契約期間の途中で退職した場合の違約金を定めたり，使用者に損害を与えた場合の賠償額を予め労働者と契約しておくと，労働者はその意に反して雇用関係の継続を強制されることになるので，これを一般的に禁止した規定です。つまり，退職の自由の確保を目的としています。

賠償予定の禁止との関係で問題となるのは，使用者が費用を負担して研修・留学させた後，一定期間勤務すれば費用返還を免除するが，そうでない場合は費用を返還させるという制度（留学・研修費用返還制度）の適法性です。たとえば，アメリカのビジネス・スクールに留学してMBAを取得して帰国後，5年間勤務すれば費用返還を免除するようなケースです。多くの企業に普及していますが，雇用の流動化に伴い，留学後，短期間で退職する労働者が増えているため，紛争が増加しています。裁判例は，勤続期間の長短，返済免除の基準の明確さ，研修の業務性，研修に際しての自由度の有無などを考慮して個別的に判断しています（野村證券事件・東京地判平成14・4・16労判827号40頁。土田76頁）。

以上のほか，労基法第1章は，強制労働の禁止（5条），中間搾取の排除（6条），公民権行使の保障（7条）など，労働者の人権を保障する規定を定めており，上記の均等待遇原則とともに労働憲章と呼ばれています。

1.9 労働基準法の規制システム

法律でいくら立派な労働条件を定めても，その実効性を確保するためのシステムがなければ意味がありません。そこで，労基法は，3つのシステムを設けています。

1.9.1 刑事制裁

　労基法は，その多くの規定について，規定に違反した使用者に対する罰則（懲役刑や罰金）を設け，**刑事制裁**という強力な制裁によって法の実効性の確保を図っています（労基第13章）。最低賃金法，労働安全衛生法，労働者派遣法なども，重要な規定の違反について罰則を規定しています。

　前記のとおり，労基法が処罰対象とする「使用者」は，事業主（法人企業）だけでなく，事業主のために行為をするすべての者とされ（労基10条），現実の行為者（たとえば上司）が刑罰の対象となります（**行為者処罰主義**）。しかし，上司だけが処罰され，企業が処罰されないというのは不公平ですから（上司も企業との関係では労働者であり，企業の意を受けて違反行為を行うことが多いのです），労基法は**両罰規定**を設け，事業主も処罰の対象としています（同121条）。

1.9.2 私法的規制

　刑事制裁は強力ですが，刑罰権の行使である以上，簡単に発動することはできません。そこで，私法上の規制が重要となります。このため，労基法13条は，「この法律で定める基準に達しない労働条件を定める労働契約は，その部分については無効とする。この場合において，無効となった部分は，この法律で定める基準による」と規定しています。

　この結果，たとえば労働契約で1日9時間労働を合意したとしても，①本条によって無効となり（強行的効力），②労基法32条2項が定める8時間に自動的に修正されることになります（直律的効力）。労基法の強行規定に違反する労働条件を無効とするにとどまらず，法定労働条件に自動的に修正してしまうという強力な規制です。ただし，13条によって修正されるのは，労働契約のうち労基法に違反する部分に限られます。そこでたとえば，労働者が1日9時間労働，日給8,000円という労働契約を結んだ場合，労働時間は8時間となりますが，賃金は8,000円のままであり，8,000円を下回る額に修正されるわけではありません。

1.9.3 監督制度

　以上の規制は，いずれも労基法などの労働保護法違反に対する事後的な制裁ですが，労基法違反を事前に防止し，法の実効性を確保するためには，専門的な行政機関による指導・監督が不可欠となります。たとえば，アルバイト先の会社が賃金を支払わないというときに，まず誰に相談するかといえば，身近にある**労働基準監督署**でしょう。そこで，**厚生労働省**に労働基準局が置かれ，各都道府県に**都道府県労働局**が，都道府県管内に労働基準監督署が設置されています（労基97条1項）。そして，各監督機関には労働基準監督官が配置されます（同条1項・3項）。また，使用者が労働基準監督署に対する労基法違反の申告を理由として労働者を不利益に取り扱うことは禁止されています（同104条）。

　また，雇用機会均等法など，女性に関する雇用問題を取り扱う機関として，厚生労働省に**女性局**が置かれ，都道府県労働局に**雇用均等室**が設置されています（労基100条）。

　以上に対して，労働契約をめぐる民事紛争を管轄するのは，通常の裁判所であり，労働契約法の解釈適用も通常裁判所の管轄となります。しかし，通常の訴訟には時間とコストがかかるという欠点があります。そこで近年，新たな労働裁判制度としての労働審判法や，裁判外紛争処理としての個別労働紛争解決促進法が制定されています（⇨第17章）。

第2章

雇用のスタート
——採用・採用内定

　何はともあれ，働くためには，就職しなければなりません。「就職」とか「採用」は，法的には，労働契約の締結を意味します。本章では，この就職（企業から見ると採用）に関する法的ルールを学ぶことにしましょう。

　日本では，採用のプロセスは，正社員か，パートタイマー・アルバイト等の非正社員かによって大きく異なります。非正社員の場合は随時採用ですが，正社員の場合は，定期採用方式がとられています。新規学卒者の定期採用プロセスを示したのが下の図2です。これによると，まず，企業がその年の採用計画に従って労働者を募集し，学生がこれに応募します。そ

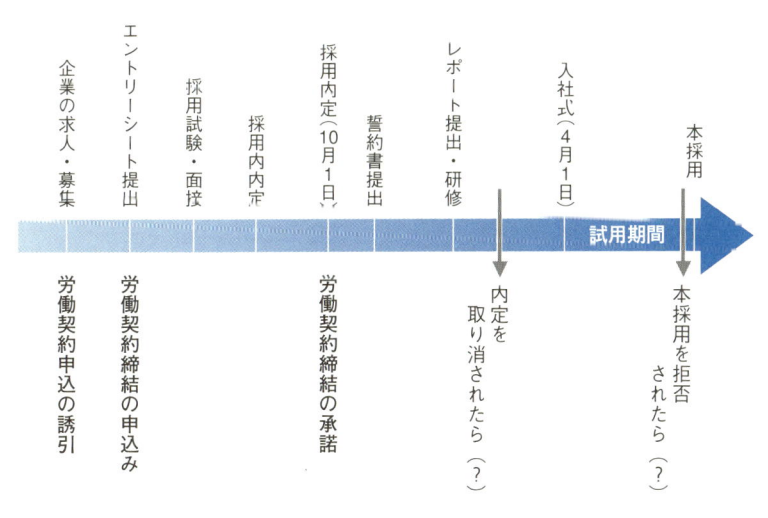

図2　新卒者の採用プロセス

時点	法的意味
企業の求人・募集	労働契約申込の誘引
エントリーシート提出	労働契約締結の申込み
採用試験・面接	
採用内定	
採用内定（10月1日）	労働契約締結の承諾
誓約書提出	
レポート提出・研修	内定を取り消されたら（？）
入社式（4月1日）〔試用期間〕	
本採用	本採用を拒否されたら（？）

の後，使用者が採用を決定して通知すれば労働契約が成立することになりますが，日本には採用内定という制度があり，これが正式入社の半年も前（10月1日）に通知されます（その前に採用内内定というものもあります）。また，入社してからも試用期間（テスト期間）があります（普通は3か月）。つまり，労働者としての地位の安定には時間がかかります。

では，この長い期間のどの段階で労働契約が成立するのでしょうか。労働契約が成立してはじめて，労働者としての地位が安定するといえますので，これは重要な問題です。

2.1 募集・職業紹介

採用（労働契約の締結）は，まず使用者が労働者を募集し，労働者が応募することによって始まります。募集は，使用者自身が労働者を勧誘する方法（狭義の募集）と，職業紹介機関を利用する方法（職業紹介）に分かれ，職業安定法によって規律されています。なお雇用機会均等法5条は，募集に関する男女の差別的取扱いを規制しています（⇨197頁）。

職業紹介とは，「求人及び求職の申込みを受け，求人者と求職者との間における雇用関係の成立をあっせんすること」をいいます（職安4条1項）。職業紹介は，公共職業安定所（ハローワーク）による無料の公的職業紹介（17条以下）と，民間業者が行う民営職業紹介（30条以下）に分かれます。民営職業紹介については，悪質な事業者の参入を防ぐため，厚生労働大臣による許可制がとられています（30条）。

募集であれ職業紹介であれ，労働者が応募するかどうかを判断するためには，労働条件が明確に示されることが重要です。そこで，職業安定法は，募集（求人）に際して，求人者（企業等）が労働条件を明示することを義務づけています（5条の3。賃金や労働時間等については，書面によって明示する必要があります）。また職業紹介の場合は，求人者は求人の申込みに際して職業紹介機関に対し，職業紹介機関は紹介に際して求職者に対して労働条件を明示しなければなりません（同条）。

2.2 採　用

2.2.1　採用の自由とその制限

(1)　**「採用の自由」の意義**　採用については，使用者（企業）は**採用の自由**を保障されています。つまり，誰を，どのような基準を用いて労働者（社員）として採用するかは使用者の自由です。前記のとおり，採用は労働契約の締結を意味しますが，契約の締結については，当事者双方に，契約を締結するか否かの自由（**契約締結の自由**）が保障されているからです。これは，自分が好まない人と法律関係を強制されないという法の大原則であり，これを使用者から見たのが**採用の自由**です（一方，学生や労働者も，どの会社に就職するかの自由を有しています）。最高裁も，三菱樹脂事件（最大判昭和48・12・12民集27巻11号1536頁）においてこのことを認めています。

(2)　**採用の自由の制限**　もっとも，採用の自由は無制限に認められるわけではありません。まず，性別については，**男女差別の禁止**があり，使用者は，採用に際して，男女双方に均等に機会を与えなければなりません（雇均5条。⇨197頁）。また，労働組合への所属や組合活動を理由とする採用拒否は**不当労働行為**として禁止されます（労組7条1号。⇨272頁）。さらに，**障害者**については，一定割合で障害者を雇用する義務が課されています（障害者の雇用の促進等に関する法律38条・43条）。

　また，求職者の**年齢**に関しては，2007年に改正された**雇用対策法**が，労働者の募集・採用に際して，「その年齢にかかわりなく均等な機会を与えなければならない」ことを規定しています（10条）。労働者が再就職しようとする場合，年齢制限の壁（たとえば「40歳まで」）にぶつかることがありますが，これでは，中高年者が再就職しようとしてもままならず，職業選択の自由（憲22条1項）は無意味となってしまいます。雇用対策法の改正は，この問題に対処するための改正であり，妥当と評価できます。

　さらに，**思想・信条**を理由とする採用拒否にも制限があります。憲法が保障する思想・良心の自由（19条），法の下の平等（14条1項）や，労基法

の均等待遇（3条）との関係が問題となります。

　この点，最高裁は，三菱樹脂事件において，憲法等への違反を否定し，採用拒否を適法と判断しています。この事件は，労働者が大学在学中に生協活動をしていたことを秘匿していたとして，試用期間中に本採用を拒否されたケースですが，最高裁は，①憲法14条・19条は国や公共団体と個人との関係を律するものであり，私人（会社と労働者）の関係を直接規律しない，②労基法3条は雇入れ（採用）以後の労働条件に関する制限であり，雇入れそのものを制約していないとして，採用拒否を適法と判断しました。

　しかし，②の解釈は正当としても（⇨25頁），①については，法の下の平等や思想・良心の自由は最も重要な基本的人権であり，私人間においても最大限尊重されるべきものです。したがって，憲法14条・19条は私人間に直接適用されないとしても，民法90条の**公序良俗**（「公の秩序又は善良の風俗」）の内容となって間接的に適用されるものと解し，思想・信条を決定的理由とする採用拒否については，同条違反によって違法となると考えるべきでしょう。民法は，まさに私人間に適用される法律であるため，このような解釈（**間接適用説**と呼ばれます）が可能となるのです。

2.2.2　契約締結の自由

　このように，使用者の採用拒否が違法とされる場合があるとしても，使用者は，労働者との間で労働契約の締結を強制されることはありません。つまり，採用差別が違法であるということは，**不法行為**（民709条）として使用者の損害賠償責任を発生させることを意味するにとどまり，労働者が労働契約上の地位を得るという効果まで発生させるわけではありません。使用者に労働契約の締結を強制するためには特別の立法が必要ですが，そうした立法は，日本では前述した例外（障害者雇用，不当労働行為）を除いて存在しないからです。常識的にはおかしいと思われるかもしれませんが，**契約締結の自由**（嫌な相手と契約を強制されない自由）が根幹的な自由である以上，これはやむをえないことです。

　そこで，採用の長いプロセスの中で，労働者の地位を安定させるためには，採用（＝労働契約の締結）の時期をできるだけ早い時期に認める必要が

あります。採用内定については、まさにこの点が問題となります。

2.3 採用内定

2.3.1 意　義

　採用内定とは不思議な制度です。正式に入社し，働き始めるのは4月1日なのに，それより半年前の10月1日に内定が通知されるのですから。この採用内定によって，学生は内定者としての地位を取得し，その代わり，入社前研修やレポート提出等によって拘束されることになります。中途採用（転職）の場合も，採用内定が行われることがあります。

　採用内定の背景には，日本の**長期雇用制度**（**終身雇用制**）があります。この制度の下では，企業は新卒者を定期採用し，長期的に育成して定年まで雇用する長期育成型システムを重視します。そこで，企業はできるだけ優秀な人材を早い時期に確保しようとし，ここから，在学中に内定通知を与える採用内定制度が普及したのです。正式内定開始日は10月1日とされていますが，実際には，それ以前の**採用内内定**（5月～6月が多い）によって学生を事実上，確保するのが一般です。

　では，労働契約は，①正式採用のときにはじめて成立するのか，それとも，②内定通知の時点で成立しているのでしょうか。この点は，企業が内定通知後，業績悪化などで内定を取り消したときに重要な問題となります。もし①とすれば，**内定取消**は採用拒否となるため，前述した**採用の自由**によって原則として自由であり，せいぜい損害賠償の救済が可能となる程度です。これに対し，②とすれば，内定取消は労働契約の解約となり，学生は，従業員たる地位の確認を求めることができます。こうして，採用内定の法的性質が問題となります。

〔case10〕　大学生のF君は，インターネット上にブログを開設している。最近の諸事件について過激なコメントを書き込んでいたところ，反論や中傷が殺到して炎上し，閉鎖を余儀なくされる事態となった。F

> 君は，P社への内定が決まっていたが，上記の件を聞き及んだP社は，内定通知書に記載した「当社社員として適当でないと認められる言動があったとき」との内定取消事由によって内定を取り消した。F君は真っ青である。

2.3.2 採用内定の法的性質

　まず，採用内定の法的性質を定めた実定法規はなく，その法的性質は個々の契約の解釈によって決定されます。しかし，原則としてどう考えるべきかは盛んに議論され，採用内定によって労働契約の成立を認める見解（解約権留保付労働契約成立説）が有力となりました。これによれば，内定取消は，すでに内定のときに成立した労働契約の解約となるので，解雇権濫用規制（労契16条）の類推によって合理的理由を要するとともに，内定者は，労働契約上の地位（従業員たる地位）の確認という強力な救済を求めることができます。

　判例も，この解約権留保付労働契約成立説を支持しています（大日本印刷事件・最判昭和54・7・20民集33巻5号582頁）。判決は，採用内定の実態は多様なので，その性質は個々の事実関係によって判断すべきであるが，通常の新卒者内定の場合は，内定通知以外に労働契約締結の意思表示は予定されていないので，①企業の募集は労働契約の申込みの誘引にあたり，②これに対する応募は労働契約の申込みであり，③企業の内定通知は申込みに対する承諾であって，この内定通知と誓約書提出によって解約権を留保した労働契約が成立すると判断しました。採用内定の実情に即した自然な判断といえるでしょう。新卒採用の場合，まさに内定通知と誓約書提出のときが「あなたを採用する」「貴社に入社する」という決定的な意思表示の時期といえるからです。F君の場合も，P社から内定通知を得た時点で労働契約が成立し，P社の従業員としての地位を取得することになります。

　これに対し，10月1日以前に行われる採用内内定（世間ではこちらを「内定」と呼ぶことも多いようです）は，原則として事実上の行為にとどまります。正式内定開始日が制度化されている以上，労働契約締結の確定的意思

表示は正式内定時まで留保されていると解するのが自然だからです。ただし，新卒予定者の期待権を侵害するものとして，不法行為が成立することがあります（コーセーアールイー事件・福岡地判平成22・6・2労経速2077号7頁）。

また公務員については，民間企業と異なり，公務員の地位の明確性の観点から，任用辞令の交付によってはじめて公務員関係が成立するとされ，内定通知は事実上の手続とされています（東京都建設局事件・最判昭和57・5・27民集36巻5号777頁）。公務員志望の人は注意して下さい。

2.3.3 内定取消

内定通知によって労働契約が成立するとすれば，内定取消は留保解約権の行使となり，労働契約の解約となります。そしてそれが認められるのは，「解約権留保の趣旨，目的に照らして客観的に合理的と認められ社会通念上相当として是認」できる場合に限られます（大日本印刷事件）。内定の取消事由は通常，内定通知や誓約書に定められますが（〔case10〕もその一例），それがそのまま認められるわけではなく，内定取消には「客観的に合理的な理由」を要するのです。この場合，「客観的に」がポイントで，企業が勝手に（主観的に）合理的と考えてもだめなのです。解雇に関する解雇権濫用規制（労契16条。⇨179頁）を応用したものです。

もっとも，正式採用後の解雇と比べると，内定中は学生としての身分に基づく特有の解約事由が生じ（留年など），また現実の就労が展開されない点で企業との結びつきが弱いことから，解約の自由が拡大されます。卒業できないこと（留年）や，健康状態の著しい悪化が内定取消事由として認められるのはこのためです。これに対し，経営状況の悪化を理由とする内定取消については，もっぱら企業側の事情に基づく取消ですから，その適法性は厳格に判断されます。

〔case10〕はどうでしょうか。確かに，F君の行動は，「当社社員として適当でないと認められる言動があった場合」との取消事由に該当するようにも見えます。しかし，F君の行動は，企業内部の非行（業務命令違反，企業財産の横領など）と異なり，企業外で行った私生活上の行動ですから，

直ちに内定取消事由となるとはいえません。もちろん，企業外の行動といえども，悪質な場合は「客観的に合理的な」取消事由となりますが，軽率な言動によってブログが炎上した程度では，適法な取消事由とはならないと考えるべきです。

　では，学生が複数企業から採用内定を受けた後に行う**内定辞退**はどうでしょうか。内定辞退は，法的には内定取消と同様，労働契約の解約にあたりますが，使用者と異なり，労働者による解約は自由とされているため，2週間の予告期間を置く限り法的責任は生じません（民627条1項）。ただし，内定辞退が著しく信義に反する態様でなされたときは，不法行為（民709条）が成立する余地があります。一方，事実上の行為である**採用内内定の辞退**には何ら問題はありません（以上の詳細は，土田・契約法179頁参照）。

2.4 試用期間

　日本では，労働者は正式採用後も**試用期間**（3か月～6か月）の下に置かれるのが一般的です。試用期間は，使用者が労働者の職務能力や適格性を判断し，正社員として本採用するかどうかを決定するための期間です。ここでは，使用者が試用期間満了時に適格性なしと判断した労働者の本採用を拒否し，労働者がその適法性を争うことが見られます。

　試用期間についても，その法的性質を定めた実定法規はないので，個々の契約の解釈の問題となります。しかし一般的には，試用に特別の意味を認める見解は少なく，試用目的に基づく解約権が付されているものの，本採用後と同様の労働契約（期間の定めのない労働契約）が成立していると解する見解（**解約権留保付労働契約成立説**）が有力です。判例（前掲三菱樹脂事件）も，この見解を支持しています。

　この考え方は，日本の試用制度の実態を基礎としています。一般に，日本の試用制度は，職務遂行能力の実験観察（テスト）という本来の性格を備えたものは少なく，むしろ，試用者といっても，採用した以上は正社員として長期雇用に組み入れて就労させるという機能を有しています。実際上も，企業は試用者を一般従業員と同一職務に従事させ，労働条件にも大

した違いがなく，本採用時にも特別の手続をとることはありません。このような実態をふまえれば，試用について通常の労働契約の成立を認める上記見解が自然となるのです。

この結果，通常の試用期間については，解約権が留保されているにせよ，当初から（採用内定を受けた場合は内定通知のときから）**期間の定めのない労働契約**が成立していることになります。また，試用期間満了前の本採用の拒否や解約は留保解約権の行使（解雇）を意味し，「客観的に合理的な理由」（労契16条）を要することになります。

2.5　労働条件の明示義務

人が働く上では，賃金・労働時間等の労働条件がきわめて重要です。しかし実際には，労働条件が不明確であるために労使間にトラブルが発生することは少なくありません。そこで，労基法15条は，使用者の**労働条件明示義務**を定めています。すなわち使用者は，労働契約の締結に際して，労働者に賃金，労働時間その他の労働条件を明示しなければなりません。労働契約の内容を明確化し，紛争を事前に防止するための規定です。

明示すべき労働条件は，労基法施行規則5条に列挙されています。このうち賃金，労働契約の期間，就業場所，従事すべき業務，労働時間，退職に関する事項については書面によって明示する必要があります（労基則5条2項・3項）。ただし，その多くは就業規則の必要記載事項（労基89条）と一致するため，労働条件の明示は，就業規則の提示によって行われるのが普通です。

労働条件明示の時期は，労働契約の締結時とされていますので，採用内定によって労働契約が成立する新卒採用の場合は，その段階で明示しなければなりません。しかし，採用年度より半年も前の内定時に翌年度の労働条件を確定的に明示することは困難ですから，この時期には，むしろ募集の際に求人広告や求人票で明示された労働条件が重要となります（職安5条の3・42条。⇨30頁）。

問題は，このようにして記載された労働条件と，実際の労働条件が食い

違う場合，労働者は記載労働条件を求めることができるか否かです。この点については，求人広告記載の労働条件が確定的に表示されたときは，それが労働契約内容となり，労働者はその履行を請求できると考えるべきです。これに対し，労働条件明示後，使用者がそれと異なる労働条件を提示し，労働者が同意した場合は，その労働条件が契約内容となりますが，その場合も，使用者は，労働条件変更の理由や変更後の内容について誠実に説明する必要があります。

〔case11〕　大手広告代理店U社に勤めるK氏は，中堅広告代理店T社のホームページの社員募集広告を見て，給与や職務内容に魅力を感じて応募し，首尾よく採用内定を受けた。採用面接の際には，特に労働条件に関する説明はなかったが，入社前の3月末になって，人事部から，会社の組織が変わったため，職務内容を見直し，給与も下げざるをえない，嫌なら採用内定を取り消すといわれた。この内定取消は適法か？

違法と考えられます。一般に，募集・求人広告は，労働契約申込みの誘引（お誘い）にとどまり，それ自体が契約内容となるわけではありませんが，労働者がその労働条件を見て応募し（契約締結の申込み），使用者が別段の労働条件を表示することなく採用内定を通知した（締結の承諾）場合は，その通知に，募集広告どおりの労働条件で労働契約を締結する旨の意思表示が含まれると解されるからです。T社としては，労働条件変更の申込みができるだけで，K氏がそれに応ずるかどうかは本人の自由ですし，K氏がそれに応じないことを理由とする採用内定取消は，とうてい「客観的に合理的な理由」に基づくもの（⇨35頁）とはいえません。

第 3 章

雇用の展開
——労働契約上の権利と義務

　すでに述べたとおり,「人を雇用すること」「会社に雇用されて働くこと」は, 労働契約の締結を意味します。では, **労働契約**に基づいて, 労働者と使用者は, それぞれどのような義務を負い, 権利を有するのでしょうか。

　この点, 労働契約は, 労働者が労働を提供し, 使用者がその対価として賃金を支払う契約ですから, 労働者は**労働義務**を, 使用者は**賃金支払義務**を負い, これらが両者の基本的義務となります。そして, 労働義務は, 使用者の指揮命令権と対応し, 賃金支払義務は, 労働者の賃金請求権に対応します。

　また, これら基本的義務に付随して, **信義誠実の原則**（労契 3 条 4 項）によって様々な義務が発生する点も労働契約の特色です（使用者の安全配慮義務, 労働者の誠実義務など）。労働契約は, 長期にわたって継続する契約ですから（⇨16 頁）, 当事者間の信頼関係が重要となり, これら付随義務が発生するのです。

3.1　労働者の基本的義務——労働義務

3.1.1　労働義務と指揮命令権

　労働義務の内容として重要なことは, どういう仕事を, どれだけの時間, どこで働くのかということです。これら労働義務の内容を決めるのは, 労働契約（個別的合意）のほか, 労働協約・就業規則といった集団的ルール

です（⇨11頁）。たとえば，A社で働くBさんは，①東京本社で，②総務の仕事に従事し，③1日7時間働いているとしましょう。このうち，①と②は労働契約で決まり，③は労働協約や就業規則で決まるのが普通です。また，労働時間については，労基法において最低基準が規定されています（1週40時間・1日8時間労働制〔労基32条〕）。

もっとも，総務の仕事をすることが労働契約で決まっているとしても，ある日にどういう仕事をするかまで契約で細かく決めておくことはもちろん無理です。そこで，このような労働義務の具体的内容を決定する権利として認められるのが使用者の**指揮命令権**（**労務指揮権**）です。つまり，労働者は，単に労働するだけではなく，使用者（具体的には上司）の指揮命令に従って，誠実に労働する義務を負うのです。したがって，労働者が指揮命令に違反すれば，懲戒処分を受けたり，解雇されることがあります。

〔case12〕　上記のBさんは，上司のC氏から仕事の段取りや進め方について指示を受けているにもかかわらず，これに従わず，自分のやり方で仕事を進め，再三の指導にも従おうとしない。このため，業務に支障が生じており，C氏から報告を受けたA社は，Bさんを戒告処分とした。

この戒告処分を含め，使用者が労働者の非違行為を理由に行う処分を**懲戒**といい，**戒告**は，最も軽い処分を意味します（⇨128頁）。Bさんが上司の指示（指揮命令権を意味します）に従わず，自己のやり方に固執し，業務に支障が生じているのであれば，戒告が認められることもあるでしょう。

もっとも，**指揮命令権**は万能ではありません。まず，労基法などの強行法規に反する指揮命令はできません。1日8時間を超える労働を命ずる指揮命令は，労基法32条2項違反として無効となりますし，ほかの法律に違反する命令（違法な取引を命ずる命令など）も同様です。

また，指揮命令権は労働契約に基づく権利ですから，労働契約の予定する範囲を超える仕事を命ずることはできず，労働者はそのような命令に従う義務はありません。生命・身体に危険を及ぼす仕事を命ずることも同様ですし（たとえば，崩落の危険がある場所での就労。電電公社千代田丸事件・最

判昭和43・12・24民集22巻13号3050頁参照），労働者の人格権（精神・身体の自由や名誉）を不当に侵害する指揮命令は，権利の濫用として**不法行為**（民709条）を成立させることがあります（土田・契約法90頁）。

3.1.2 仕事への集中——「誠実労働」の意味

では，労働者は，労働時間中は，その仕事に専念し，仕事以外のことには一切考えたり，注意を向けてはいけないのでしょうか。労働義務は，指揮命令に従い，誠実に労働する義務（**誠実労働義務**）をいいますから，形式的にはそのようにもいえそうです。現に判例は，旧電電公社（今のNTT）の職員が，勤務時間中に「戦争反対」を記したプレートを着用して仕事をしたことにつき，旧電電公社法が定める職務専念義務の概念を用いて，この義務を「勤務時間及び職務上の注意力のすべてをその職務遂行のために用い職務にのみ従事しなければならない」義務と解し，その違反が成立するためには，職務に現実の支障が生じたことを要しないと判断しています（電電公社目黒電報電話局事件・最判昭和52・12・13民集31巻7号974頁）。

しかし，労働者も一人の人間（市民）なのですから，このように，労働時間中は職務以外のことに一切注意を向けてはならないとすることは行き過ぎです。いいかえると，労働者が労働時間中に職務と無関係の行動をしたとしても，必要な注意を払って誠実に労働している限り，**誠実労働義務**や**職務専念義務**は満たしていると考えるべきでしょう。具体的には，会社の業種，労働者の職務の内容・性質，当該行動の態様などを総合して，労働者の行動が職務遂行に現実に支障を生じさせたか，またはその具体的危険がある場合に限って労働義務に違反すると考えるべきです。

では，労働者が会社のインターネットを私的利用することについてはどうでしょうか。

〔case13〕　N社は，就業規則において，「会社物品をみだりに私用に用いてはならない」と定め，その違反行為を懲戒事由として規定している。N社では最近，社員が労働時間中に業務用パソコンを用いて業務に関係のないホームページにアクセスしたり，私用メールを送受信す

> る現象が目立ってきた。そこでN社は，各人に貸与したパソコンの端末を予告なしに抜き打ち検査したところ，C氏が労働時間の内外を問わず，異常に頻繁に私用メールを送受信したり，業務に無関係のサイトを閲覧していることが発覚した。N社は，いかなる措置を講ずることができるか。

　この場合，C氏は，パソコン使用中は職務それ自体に従事していないため，労働義務違反とされてもやむをえないケースです。もちろん労働者も社会人ですから，社会生活を営む上で必要な範囲内でパソコンを私用することについてまで労働義務違反と考えるべきではありません（F社Z事業部事件・東京地判平成13・12・3労判826号76頁。使用者が黙示の許諾を与えていると解することができます）。しかし，労働者が社会通念上相当な範囲を超えてパソコンを私用することは労働義務違反となりますし，企業秩序違反行為ともなり，懲戒処分の対象となります（企業秩序違反の点は，仮に労働時間外の送信であったとしても同じです）。

3.2　労働者の付随義務

3.2.1　誠実義務

　労働者の義務は，働くこと（＝労働義務）だけではありません。それに付随して，信義則（労契3条4項）に基づき，様々な義務が発生します。これを包括する概念を誠実義務といい，「使用者の正当な利益を不当に侵害しないよう配慮する義務」と解されています。労働者・使用者はともに，信義則に基づき，相手方の利益を不当に侵害してはならない義務を負いますが，これが労働者側では誠実義務として現れるのです。

　誠実義務は，具体的には，守秘義務（秘密保持義務）や，兼職・競業を行わない義務として登場します。「信義則に基づいて発生する」とは，特別な合意や就業規則がなくても発生するということです。

3.2.2　兼職，守秘義務，競業避止義務

(1)　**兼職・兼業**　　労働者が労働時間外にほかの雇用関係で働いたり，自ら起業することを**兼職（兼業）**といいます。使用者としては，本来の仕事に集中してほしいことから，就業規則に兼職の許可制を定め，その違反を理由に懲戒処分を行うことがあります。

　しかし，兼職の規制は，無制限に認められるわけではありません。労働時間以外の時間をどのように利用するかは労働者の自由ですし，その時間に自分の労働力を利用する自由も**職業選択の自由**（憲22条1項）によって保障されているからです。そこで，兼職規制（許可制）は，その効力を一概に否定されないものの，労働者の自由を考慮して限定的に解釈されています。具体的には，兼職の目的（競業他社での就労か否か等），期間（継続的雇用かアルバイトか等），内容・態様（本来の業務に支障を生じさせるおそれがないか等）に即して，本来の業務に悪影響を及ぼしたり（深夜の長時間アルバイト等），企業秩序を著しく乱すような兼職（競業他社での就労等）のみが許可制違反とされるのです。

(2)　**守秘義務・競業避止義務**　　**守秘義務（秘密保持義務）**とは，使用者の営業秘密やノウハウをその承諾なく使用・開示してはならない義務をいいます。営業秘密やノウハウの中には，企業が多額のコストをかけて開発し，その死命を制する重要な秘密もありますから，労働者が在職中，この種の秘密を無断で使用・開示してはならない義務を負うことは当然です。つまり在職中の守秘義務は，就業規則があればもちろん，それがなくとも信義則上当然に生ずる義務（誠実義務）を意味します（メリルリンチ・インベストメント・マネージャーズ事件・東京地判平成15・9・17労判858号57頁）。

　また，使用者とライバル関係にある企業に就職したり，自ら事業を営まない義務として，**競業避止義務**という義務があります。在職中に競業他社の運営に積極的に関与することは，使用者の正当な利益を不当に侵害する行為ですから，それを控えることは，やはり，信義則上当然に生ずる義務（誠実義務）といえます（兼職の問題とも重複します）。競業会社を設立して従業員を引き抜いたり，競業他社に便宜を図る行為を行えば，競業避止義務

違反として懲戒処分の対象となります（日本コンベンションサービス事件・大阪高判平成10・5・29労判745号42頁，エープライ事件・東京地判平成15・4・25労判853号22頁）。

(3) 不正競争防止法 さらに，K社は，**不正競争防止法**に基づく救済を求めることもできます。不正競争防止法とは，事業者の不正競争を規制し，公正な競争秩序を確立することを目的とする法律ですが，営業秘密に関する不正競争として，「不正の競業その他の不正の利益を得る目的で，又はその保有者に損害を加える目的で」(**図利加害目的**)，営業秘密を使用・開示する行為を定めています（不競2条1項7号）。**営業秘密**とは，「秘密として管理されている生産方法，販売方法その他の事業活動に有用な技術上又は営業上の情報であって，公然と知られていないもの」をいい，秘密管理性，有用性，非公知性の3点を要件としています（2条6項）。

この営業秘密を図利加害目的で使用・開示する行為を**不正競争**といい，不正競争防止法は一種の守秘義務として機能します。同法は，不正競争に対するサンクションとして，差止請求（不競3条1項），損害賠償請求（4条），信用回復請求（14条）などの民事的救済のほか，在職中の労働者について，刑事制裁も規定しています（役員・従業員不正使用・開示罪〔21条1項4号〕）。労働者に職業選択の自由があるとはいえ，そこには在職中である（労働契約を締結している）ことから生ずる一線が引かれるのです。

これに対し，退職後の守秘義務・競業避止義務については，より厳しい制約が課されます。詳しくは，第10章を参照して下さい。

3.3　使用者の義務

3.3.1　賃金支払義務

労働契約に基づいて使用者が負う基本的義務は**賃金支払義務**です。賃金支払義務については，賃金の法的保護を含めて，第4章で解説します。

3.3.2　労働者の人格的利益の保護

　使用者は，賃金支払義務に付随して，信義則上，労働者の正当な利益を侵害しないよう配慮すべき義務（**配慮義務**）を負います。労働者が誠実義務を負うのと同様に，使用者も，契約の相手方である労働者の利益に配慮すべき義務を負うのです。その中でも最も重要な義務は**安全配慮義務**であり，労働者の生命・身体を危険から保護するよう配慮すべき義務をいいます（詳細は，第8章で解説します）。

　また，使用者は，配慮義務として，労働者のプライバシー・名誉などの**人格的利益**を尊重する義務を負います。もっとも，裁判例の多くは，労働者の人格的利益の保護を**不法行為**（民709条）の問題として扱っています。たとえば，労働者に過度の精神的・身体的苦痛を与えたり，屈辱的な労働を命ずることは権利濫用となり，不法行為が成立することがあります（A保険会社上司事件・東京高判平成17・4・20労判914号82頁は，上司が指導目的で部下にメールを送ったことにつき，その内容に行き過ぎがあり，部下の名誉感情を毀損したとして不法行為の成立を認め，慰謝料の支払いを命じています）。いわゆる「**パワー・ハラスメント**」（パワハラ）も，ここに属する問題です。

　さらに，使用者が労働者の**プライバシー**や**人格的利益**を侵害することも不法行為となりえます。たとえば，労働者の個人情報を本人に無断で第三者に知らせることは，明白なプライバシー権の侵害にあたります（無断でHIV抗体検査を行い，感染の事実を第三者に告知したことを違法とした例として，HIV感染者解雇事件・東京地判平成7・3・30判時1529号42頁）。

　では，41頁の〔case13〕で取り上げたパソコンの抜き打ち検査はどうでしょうか。これについては，C氏のパソコン端末の検査である上，プライバシーの保護は及びますが，一方，企業が貸与するネットワークの私的利用の問題でもあるため，プライバシーの保護は縮減されると解されています。裁判例も，ネットワークの私的利用の調査に際して，労働者の同意を得る必要はなく，調査の目的・手段・態様を総合考慮して，社会通念を逸脱して調査がなされた場合に限ってプライバシー侵害となると判断しています（日経クイック情報事件・東京地判平成14・2・26労判825号50頁）。プラ

イバシー侵害となる典型例は，メール等の利用を調査する立場にない者が興味本位に調査したようなケースですが，〔case13〕の場合は，業務用パソコンの私的利用が蔓延している点で調査の必要性が高いことから，プライバシー侵害の違法性は否定されると思われます。

3.3.3　労働受領義務（就労請求権）

使用者が労働者を正当な理由もなく解雇したり，出勤を拒否した場合，労働者は労働契約上の地位を認められ，賃金を請求することができます。問題は，それを超えて，労働者が現実に就労させることを求める権利（**就労請求権**）を有するか否かであり，使用者の側から見ると，**労働受領義務**を負うか否かという問題となります。

学説では，就労拒絶によって労働者が被る不利益（キャリア上の不利益，処遇上の不利益）が著大となることをふまえて，労働受領義務を肯定する見解があります。しかし，裁判例は，労働契約における当事者の基本的義務は労働義務と賃金支払義務に尽くされることを理由に否定しています（読売新聞社事件・東京高決昭和33・8・2労民集9巻5号831頁）。この結果，解雇が不当な場合も，使用者は賃金を支払っていればよいことになりますが，救済が不十分という批判も少なくありません（土田57頁）。

3.4　労働者の義務違反の効果

労働者が労働義務に違反した場合（欠勤，業務命令拒否など），普通は解雇（⇨183頁）や懲戒処分（⇨131頁）が行われます。しかし，使用者が労働者の義務違反によって現実に損害を被った場合は，労働者に損害賠償を請求することもあります。

法的には，労働者が労働義務違反によって使用者に損害を与えた場合，**債務不履行**に基づく**損害賠償責任**が発生しますし（民415条），それが**不法行為**の要件を満たせば，民法709条による損害賠償責任が発生することもあります。しかし，これは労働者に高額の責任を負わせ，過酷な結果をもたらすため，判例は，**信義則**（民1条2項，労契3条4項）を用いて労働者の

損害賠償責任を制限し，労働者の故意・過失の程度，労働条件・職務の内容，損害発生への使用者の寄与度（指示内容の適否など）を考慮して責任の範囲を決めています（茨石事件・最判昭和51・7・8民集30巻7号689頁）。

たとえば，過密スケジュールを強いられるトラック運転手が過積載事故を起こしたときに，全額の賠償責任を負わせることは，どう見ても不公平でしょう。上記の判例法理は，こうした事態に備えるために確立されたものです。

3.5 就業規則と雇用関係

「労働条件の決定システム」の箇所（⇨11頁）でも述べたとおり，**就業規則**は，労働条件を決定する上できわめて重要な制度です。この後で見るとおり，就業規則の記載事項は労働条件のほとんどすべてをカバーしており，労働契約の内容を決定する役割を与えられているからです。

しかし一方，就業規則は，労働契約のように労使間の合意に基づいて作成されるものではなく，使用者の一方的作成に委ねられているため，労働者に不利な規定が設けられることも少なくありません。そこで**労基法**は，労働者保護のための規制を設け，**労働契約法**は，労働契約と就業規則の関係について，かなり詳細な規定を設けています。

3.5.1 就業規則の作成

常時10人以上の労働者を使用する使用者は，一定の事項について就業規則を作成し，**行政官庁**（**労働基準監督署**）に届け出なければなりません（労基89条。就業規則を変更した場合も同じです）。「10人」という数は，「企業」ではなく「事業場」（支店・営業所）単位で計算されます。

就業規則に規定すべき事項（必要記載事項）は2つに分かれます。

第1は，必ず記載すべき事項（**絶対的必要記載事項**）であり，労働時間・休日・休暇に関する事項（労基89条1号），賃金に関する事項（2号），退職（解雇・定年制を含む）に関する事項（3号）がこれにあたります。最も基本的な労働条件を網羅したものです。

第2は，規定するかどうか自体は自由ですが，規定する場合には必ず「定めをする」ことを要する事項（相対的必要記載事項）です。退職金（労基89条3号の2），賞与（ボーナス）等の臨時の賃金（4号），安全衛生（6号），職業訓練（7号），災害補償（8号），表彰・制裁（9号），その他当該事業場の全労働者に適用される事項（服務規律，人事異動，福利厚生等。10号）などがこれにあたります。

　就業規則の作成・変更に際しては，使用者は事業場の過半数労働組合，過半数組合がなければ労働者の過半数代表者の意見を聴かなければなりません（労基90条1項）。就業規則の内容に労働者側の意見を反映させるために設けられた規定ですが，意見聴取とは，文字どおり「意見を聴くこと」（諮問）であり，労働者の同意を得たり，協議を義務づけるものではありません。前記のとおり，就業規則は，使用者の一方的作成に委ねられているのです。

　もう一点，使用者は，就業規則を常時，各作業場の見やすい場所に掲示し，または備え付け，あるいは書面交付やコンピュータなどの方法によって労働者に周知させなければなりません（労基106条1項，労基則52条の2）。労働者にとっては，就業規則を見なければ自分の労働条件がどうなっているかわかりませんので，この規定は大変重要です。

3.5.2　就業規則の効力

　では，就業規則はどのような効力を有するのでしょうか。まず，法令や労働協約との関係では，就業規則は，労働基準法等の法令や，事業場に適用される労働協約に反することはできません（労基92条）。就業規則は，使用者が一方的に作成する規則ですから，法令や，使用者と労働組合との間の協定である労働協約に反してならないのは当然のことです。なお，労働契約法13条も，労基法92条とほぼ同じ趣旨の規定を置いています。

　もっとも，労基法は最低基準立法であるため，就業規則で労基法を上回る労働条件を定めることは差し支えありません（⇨13頁）。しかし，労働協約との関係では，協約を下回ることはもちろん，上回ることを含めて，協約と異なる条件を定めることはできないと解されています（⇨248頁）。

次に，労働契約との関係では，就業規則は，労働条件の最低基準を決定し，労働契約による労働条件の切り下げを防止する役割を付与されています（**最低基準効**）。すなわち，「就業規則で定める労働条件に達しない労働条件を定める労働契約は，その部分については，無効とする。この場合において，無効となった部分は，就業規則で定める基準による」（労契12条）。この点については，「労働条件の決定システム」（⇨12頁）で説明しました。

3.5.3　就業規則と労働契約の関係——労働条件を設定する根拠

このように，就業規則は法令・労働協約によって内容を規制され，それを下回る労働契約を排斥しつつ，労働条件（権利義務）を設定する役割を付与されています。「労働条件の決定システム」の〔case 3〕（⇨10頁）のように，就業規則で初任給を19万6,000円と定め，労働契約で何も定めていなければ，労働者は所定の賃金を支払えと請求できますし，就業規則で始業9：00，終業17：00と定めていれば，労働者は所定の時間労働する義務を負うのです。

では，就業規則がこのように労働条件を設定し，当事者を拘束する根拠は何か——この肝心の問題について，労基法は何も定めてきませんでした。上記の労働契約法12条は，以前は労基法93条として規定されていましたが，あくまで就業規則を下回る（＝労働者に不利な）労働条件を定めた労働契約が存在する場合（たとえば，〔case 3〕で，H君が初任給を18万円とする労働契約を結んだ場合）に関する条文であり，労働契約で何も定めていない場合には適用されません。そして実際には，労働契約で何も定めていないケースが圧倒的に多いのです。

そこでこの問題は，**就業規則の法的性質**という問題と関連して，学説・判例に委ねられてきました。まず学説は，大きく分けて2つの見解に分かれてきました。**法規範説**（就業規則はそれ自体として法律〔法規範〕としての性質を有し，労働者の同意を要することなく当事者を拘束すると解する見解）と，**契約説**（就業規則は法律などではなく，それ自体としては事実上の存在に過ぎず，労働者の同意により労働契約内容となることによって拘束力を生ずると考える見解）です（図3）。

```
法規範説   就業規則  →  法規範たる拘束力

契 約 説   就業規則  →  労働者の同意  →  契約内容  →  拘束力
```

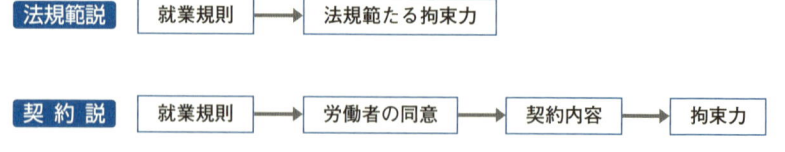

図3　法規範説と契約説

　法律論としては，就業規則は労働契約内容となってはじめて当事者を拘束すると説く契約説のほうがオーソドックスな見解といえます。しかし，具体的に考えると，両説ともに問題を抱えています。〔case14〕によって考えてみましょう。

> 〔case14〕　タクシー会社Ａ社に勤務するタクシー運転手のＢ氏は，口ひげ（普通の口ひげである）が自慢で，手入れを怠らない。ところが，Ａ社は，乗務員規程（就業規則）に「服装はきちんとし，ひげを剃ること」と定めているとして，口ひげを剃るよう命じたが，Ｂ氏は抵抗してひげを剃らない。そこでＡ社は，Ｂ氏をタクシー業務から外す措置をとった。有効か。なお，顧客からは別段クレームは生じていない。

　常識的に考えれば，タクシーの顧客が運転手のひげを気にすることはないでしょう（汚い無精ひげは別ですが）。顧客が運転手に望むことは，できるだけ早く，安く，安全に目的地に運んでくれることであり，それが運転手のサービス（労働義務）となるからです。それに，Ｂ氏にとっては，口ひげは大切なファッションでしょうし，ファッションの自由も尊重する必要があります。ところが，法規範説や契約説によれば，法的には乗務員規程が勝ってしまうのです。つまり，法規範説によれば，乗務員規程は法律（法規範）としてＢ氏を拘束し，契約説によれば，Ｂ氏が事前に異議を唱えていない限りは契約内容としてＢ氏を拘束する結果となります。つまり両説ともに，就業規則の拘束力をいわば丸ごと肯定してしまうという問題点を有しています。

　これに対して，最高裁は，秋北バス事件（最大判昭和43・12・25民集22巻13号3459頁）という有名な判決において，規定内容の合理性を要件に就業

規則の**法的規範性**（**法的拘束力**）を肯定する見解を示しました。判旨は，就業規則は「合理的な労働条件を定めているものであるかぎり，経営主体と労働者との間の労働条件は，その就業規則によるという事実たる慣習が成立しているものとして，その法的規範性が認められるに至つている（民法92条参照）」のであり，「労働者は，就業規則の存在および内容を現実に知つていると否とにかかわらず，また，これに対して個別的に同意を与えたかどうかを問わず，当然に，その適用を受ける」と述べています。

このように，判例によれば，就業規則の規定内容の**合理性**（**合理的な労働条件**）が拘束力の要件となることから，その拘束力を制限し，労働者の利益（〔case14〕では，B氏のファッションの自由）を考慮することが可能となります。〔case14〕の場合は，「服装はきちんとし，ひげを剃ること」と定める乗務員規程（就業規則）に合理性があるか否かが審査されるのです。実際，〔case14〕は，ある裁判例（イースタン・エアポートモータース事件・東京地判昭和55・12・15労判354号46頁）を参考に作成したものですが，裁判所は，就業規則が定める「ひげを剃ること」とは，快適なサービス提供という趣旨に反する「無精ひげ」や「異様，奇異なひげ」のみを指すと限定解釈し，B氏の主張を認めました。就業規則の拘束力が丸ごと認められるわけではなく，**合理性**要件によって制約されることを示す例といえるでしょう。

ところで，この判例（秋北バス事件）は，旅行契約等の契約約款の拘束力に関する理論を適用した一種の契約説（**定型契約説**）と理解されています。実際，その後の判例は，労働者の義務などを定めた就業規則の拘束力について，「就業規則の規定内容が合理的なものであるかぎりにおいて当該具体的労働契約の内容をなす」と判示し（傍点筆者），契約説に近い立場をとっています（日立製作所事件・最判平成3・11・28民集45巻8号1270頁〔時間外労働義務を定めた規定のケース〕。⇨84頁）。

3.5.4　労働契約法7条の規制

以上の学説・裁判例の蓄積をふまえて，2007年の労働契約法7条は，定型契約説を採用して立法的解決を行いました。すなわち，7条は，「労

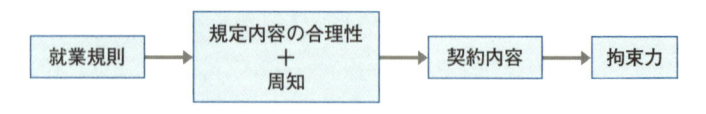

就業規則 → 規定内容の合理性＋周知 → 契約内容 → 拘束力

図4　労働契約法7条

者及び使用者が労働契約を締結する場合において，使用者が合理的な労働条件が定められている就業規則を労働者に周知させていた場合には，労働契約の内容は，その就業規則で定める労働条件によるものとする。ただし，労働契約において，労働者及び使用者が就業規則の内容と異なる労働条件を合意していた部分については，第12条に該当する場合を除き，この限りでない」と規定しています（詳細は，土田・契約法136頁）。

労働契約法7条は，使用者が労働契約締結時に合理的な労働条件を定めた就業規則を労働者に周知させていたという要件を満たした場合は，その就業規則が労働契約を補充し，契約内容となるという効果（**契約内容補充効**）が発生することを規定したものです。上に述べた判例の定型契約説（前掲日立製作所事件）を採用しつつ，別の最高裁判例（フジ興産事件・最判平成15・10・10労判861号5頁）が掲げていた周知の要件を付加したものと考えられます。

労働契約法7条の**周知**については，必ずしも労基法106条の周知手続（⇨48頁）による必要はなく，何らかの形で実質的に周知させれば足りると解されています。ただし，労働条件の設定には当事者間の合意を要するとの労働契約法の基本原則（労契3条1項）をふまえれば，事業場の全労働者が十分に規則内容を理解できる程度の周知を要すると考えるべきでしょう。また，就業規則の内容が複雑多岐にわたることから直ちに理解し難い場合は，使用者は，労働者の求めに応じて必要な**説明・情報提供**を行う義務を負うと考えるべきです（中部カラー事件・東京高判平成19・10・30労判964号72頁。土田＝豊川＝和田33頁）。

この労働契約法7条を〔case14〕にあてはめると，A社がB氏を採用する際に，乗務員規程を周知させ，かつ，内容に合理性がある場合に限ってB氏の労働契約内容となり，B氏を拘束することになります。合理性の判断については，上述したところを参照して下さい。

ところで，労働契約法 7 条には但書が置かれています。これは，同条本文に対して，就業規則と異なる内容の特約（労働契約上の合意）があれば，それを優先させることを認めたものです。たとえば，就業規則に包括的な配転条項（「業務上の必要があるときは，配転を命ずることがある」等）がある一方，労使が労働契約締結時に職種・勤務地限定の合意を取り決め，配転命令権を制限した場合が典型です（⇨115頁）。ただし，労働契約上の労働条件が就業規則上の労働条件に達しない場合は，就業規則の最低基準効（労契12条）が及ぶため，就業規則に優先する特約は，労働者に有利なものに限られます。

3.6 労働協約と雇用関係

就業規則が使用者（企業）の一方的作成に委ねられているのに対して，労働協約は，労働組合と使用者が団体交渉を行い，その成果として締結される協定のことをいいます。やはり「労働条件の決定システム」の箇所（⇨13頁）で述べたとおり，労働協約は，労働組合が存在する企業では，労働条件を決定する上で大変重要な制度です。企業に労働組合が存在する限り，賃金や労働時間といった基本的な労働条件は，労働協約で決定することが予定されているからです。

法制度上も，労働協約は，労使間の集団的合意として，法令に次ぐ高い地位を認められています。つまり労働協約は，労働契約に対する規範的効力を付与され（労組16条），就業規則との関係でも優越的な地位を付与されています（労基92条，労契13条）。その基礎には，憲法28条が定める労働基本権保障があります。すでに述べたとおり（⇨23頁），労働者が企業との対等のパートナーとして雇用関係を運営していくためには，労働者が労働組合に結集し，団体交渉と労働協約によって労働条件を維持向上させていくことが必須となるのです。

労働協約の効力については，協約をめぐるその他の問題と併せて，すべて第14章で解説します。

3.7　労使協定と雇用関係

　労使協定とは、労基法の規制を修正・緩和するための要件として締結される協定をいいます。労働協約と紛らわしい概念ですが、全く異なるものですので、注意して下さい。
　すなわち、労基法は、その原則的規制を弾力化するための要件として、「労働者の過半数で組織する労働組合があるときはその労働組合、過半数で組織する労働組合がないときは労働者の過半数を代表する者との書面による協定」の締結（規定によってはさらに行政官庁への届出）を求めています。これが労使協定であり、労基法の原則規制の重要性を考慮して、それを緩和する場合も、使用者の一方的決定ではなく、労使の集団的合意を要件としたものです。したがって、労使協定は、職場における現実の労働条件の決定にとっては重要な意義を有しています。労基法は現在、時間外・休日労働（労基36条。いわゆる三六協定）などの協定を定めており、育児・介護休業法などほかの法律にも導入されています。なお労使協定については就業規則と同様、周知義務の規制があります（同106条1項）。
　労使協定の締結当事者は、過半数組合または過半数代表者ですが、後者については、使用者の意向に沿って選出されることを防ぐため、過半数代表者が管理監督者でないことや、労働者の投票・挙手等の方法により選出されるべきことが規定されています（労基則6条の2第1項）。
　労使協定が締結されると、労基法の原則規制は解除され、協定に定める労働条件規制が適法とされます。たとえば、三六協定が締結されると、労基法32条の40時間・8時間労働制が解除され、時間外労働が適法となります。これは、労使協定が定める規制について労基法違反の刑事責任を免れさせる効果（免罰的効果）と、本来は労基法13条によって無効となるはずの合意や規定を有効とする私法的効果から成っています（適法化効力）。これに対して、労使協定がこの適法化効力に加えて、個別労使の権利義務（たとえば労働者の時間外労働義務）を発生させる効果を有するかについては否定的に解されています（昭和63・1・1基発1号。⇨83頁）。

第 4 章

賃　　金

　賃金は，数ある労働条件の中でも，最も重要な労働条件です。労働者である限り，賃金がなければ生活していけないわけですから。また，労働契約は，労働の提供と賃金支払の関係を基本とする契約ですから，**賃金支払義務**は使用者の基本的義務を意味します。

　そこで，労働法は，賃金保護に関するいくつかの規制を設けています。①**賃金の定義**（労基11条），②最低これだけは賃金を支払わなければならないという額（**最低賃金額**）の保障（最低賃金法），③賃金が確実に労働者の手に渡るようにするための規制（**賃金支払の諸原則**＝労基24条），④休業手当制度（同26条），⑤企業倒産時の**賃金債権**の確保（賃金の支払の確保等に関する法律）が主なものです。

　もっとも，賃金に関しては，法律の出番はそれほど多くありません。むしろ賃金は，労使の自主的決定（**労使自治**）に委ねられている部分のほうが多いのです。最低賃金は法律で決まっていますが，それを上回る賃金額の決定や，賃金の体系・種類，賞与・退職金制度などについては，労使間の団体交渉・労働協約や就業規則によって当事者が自由に決定することになっています。また近年には，成果主義人事や年俸制の普及に伴い，賃金が個々の労働者と企業との個別交渉で決定されるケースが増加するなど，個別労働契約（合意）が機能する場面も増えています。

4.1　賃金の法的意義

　そもそも**賃金**とは何をいうのか？　これは大変重要な問題です。という

のは，法律上賃金と認められてはじめて，労基法をはじめとする法律の保護を受けることができるからです。そこで，労基法11条は，「賃金とは，賃金，給料，手当，賞与その他名称の如何を問わず，労働の対償として使用者が労働者に支払うすべてのものをいう」と定義しています。

まず，名称は問いません。「賃金」という言葉はあまり一般的ではなく，むしろ，「給与」「給料」「基本給」「手当」「ボーナス」「賞与」「一時金」といった言葉のほうが一般的ですが（条文にも登場しています），これらはすべて法律上の「賃金」たりうるものです。

次に，賃金は労働の対償でなければなりません。これは一見すると，実際に労働したことの対価（典型的には「基本給」）のみを指すように見えますが，実際にはきわめて広く解されています。つまり，労働協約や就業規則において，支給することや支給の条件が明確に規定（制度化）されていれば，労働の対償にあたるのです。したがって，賞与（ボーナス）や退職金はもちろん，家族手当や住宅手当のように，労働者の生活保障の意味をもつ手当も，上記の要件を満たす限りは賃金にあたります。

ただし，使用者が恩恵的に支給する金員（結婚祝金，弔慰金）や，福利厚生給付（社宅・医療施設，レクリエーション施設等）は賃金から除かれます。また，賃金は，「使用者が労働者に支払う」ものでなければならないので，レストランなどで客が従業員に渡すチップも賃金ではありません。

このような例外を除けば，賃金は非常に幅広く解されており，「労働の対償」というよりは，「雇用関係の対償」と呼ぶにふさわしい概念となっています。その趣旨は，賃金支払義務や労基法の法的保護をできるだけ広く及ぼし，労働者保護を図ろうとする点にあります。

4.2 賃金の仕組み（賃金体系）

次に，実際の企業における賃金の仕組み（賃金体系）を見ておきましょう。まず，賃金の主要部分を占めるのは基本給です。図5にあるように，基本給は，年齢・勤続年数・学歴・性別等を基準に決定される年齢給と，職務遂行能力の種別（職能資格）を基準に決定される職能給に分かれます。

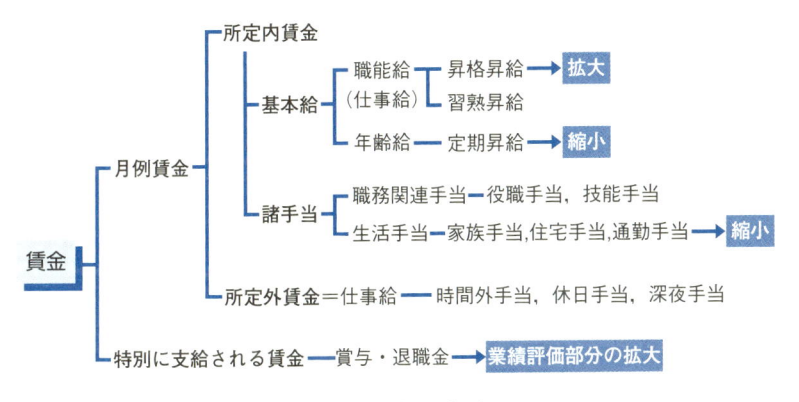

```
賃金 ─┬─ 月例賃金 ─┬─ 所定内賃金 ─┬─ 基本給 ─┬─ 職能給 ─┬─ 昇格昇給 → 拡大
      │            │              │  (仕事給) │
      │            │              │          └─ 習熟昇給
      │            │              │
      │            │              ├─ 年齢給 ── 定期昇給 → 縮小
      │            │              │
      │            │              └─ 諸手当 ─┬─ 職務関連手当 ── 役職手当，技能手当
      │            │                         │
      │            │                         └─ 生活手当 ── 家族手当,住宅手当,通勤手当 → 縮小
      │            │
      │            └─ 所定外賃金＝仕事給 ── 時間外手当，休日手当，深夜手当
      │
      └─ 特別に支給される賃金 ── 賞与・退職金 → 業績評価部分の拡大
```

図 5　賃金の体系

この職能資格を決める制度を**職能資格制度**といい，正社員の多くはこの制度の適用を受けますが，これについては第 6 章で解説します。

また基本給は，それがどういう期間を単位に決定されるかによって時間給制，日給制，月給制などに分かれます。正社員は月給制が一般的ですが，最近では，年単位で賃金を決める年俸制が登場しています。アルバイトやパートタイマーは，時間給や日給制が一般的でしょう。

基本給とは別に，特別に支給される賃金として，**賞与（ボーナス）**と**退職金**があります。ともに広く普及し，賃金の後払的性格のほか，労働者の貢献に対する功労報償的性格や，基本給を補う生活給的性格を有しています。

ところで，日本では従来，労働者の生活を重視した**年功型賃金体系**が採用されてきました。これは，年齢と勤続年数に応じて賃金額が加速度的に上昇する年功賃金を基本とすることと，実際の労働と連動しない生活給（基本給中の年齢給，生活手当）や賞与・退職金の割合が高いことを特色としています（図 5）。そして，これが終身雇用制を維持する機能を営んできました。生活給重視の賃金，高齢時における高賃金の保障，引退時の高額の退職金の保障といった年功賃金体系は，いずれも定年までの勤続を促すインセンティブ（動機付け）となったのです。

しかし近年，経済が低成長時代に突入し，中高年齢従業員に対する人件

費負担が増大するようになりました。一方で、若手・中堅層の意識は、仕事の質や成果に即した報酬を期待する意識へと変化しています。そうした状況の中、より能力・成果主義的な人事制度が広がりつつあります。

　成果主義とは、一言でいえば、「労働者の年齢や勤続年数にかかわらず、その能力・成果を基準に賃金処遇を行う制度」をいいます。具体的には、基本給における年齢給の縮小と成果給・職能給の拡大、仕事手当の拡大と生活手当の縮小、昇格・昇給・賞与の決定における人事考課部分の拡大、高齢者の人件費を抑制するための賃金カーブの下方修正などが挙げられます（図5）。この結果、若手・中堅層に賃金が手厚くなる分、高齢者の賃金が低下する緩やかな賃金カーブとなり、しかも、このカーブが個人の能力・成果によって変動するようになっています（⇨66頁）。

4.3　賃金の決定・変動・消滅

4.3.1　賃金請求権の発生

　労働者は、使用者に対して、どういう場合に賃金を支払えと請求できるのでしょうか。これが賃金請求権の発生という問題です。まず、労働者が使用者と労働契約を締結することが大前提ですが、そこから直ちに賃金請求権が発生するわけではありません。すなわち、賃金請求権は、労働者が実際に労働して（＝労働義務を現実に履行して）はじめて発生するのです（宝運輸事件・最判昭和63・3・15民集42巻3号170頁）。この原則をノーワーク・ノーペイ（no work, no pay）の原則といい、その法的根拠は、賃金の支払時期を「約した労働を終わった後」と定める民法624条1項にあります。

　そこでたとえば、アルバイトの学生が、出勤して働く前に賃金（時給や日給）を支払えと請求することはできませんし、アルバイトを欠勤すると、その日の分の賃金の請求権は発生しないため、賃金をカットされても文句はいえません。一方、この原則の反対解釈として、いわばワーク・ペイの原則が生じ、労働者が実際に労働した以上は、賃金請求権が発生するのが大原則となります。

〔case15〕 ファストフードチェーンを経営するＨ社は，①アルバイトの学生について，タイムカードを使って30分単位で勤務を管理し，5分遅刻すると30分間の給与をカットしている。また，②採用後3日程度は「研修期間」と称してタイムカードを支給せず，したがって，その分の給与を支払わない。これは適法か？

①・②ともに違法であり，しかも，二重の意味で違法です。

第1に，上記のとおり，実際に労働した以上は賃金請求権が発生しますから（ワーク・ペイの原則），①の場合，Ｈ社が5分間分をカットするのは適法ですが，残りの25分間は賃金請求権が発生しており，この分をカットすることは，契約違反という意味で違法です。したがって，アルバイト学生は，25分間分の賃金を支払えと請求することができます。また②については，Ｈ社は，「タイムカードに記録した時間について賃金が発生する」と考えているようですが，これは初歩的な誤りで，労働者が現実に働いた以上，賃金請求権は当然に発生します。つまり，賃金請求権の発生にとって，タイムカードは何の意味ももちません。したがって，アルバイト学生は，「研修期間」分の賃金全額を支払えと請求することができます。

第2に，このように賃金請求権が発生している以上，それを支払わないことは，労基法が定める賃金全額払の原則（労基24条1項）に違反し，その意味でも違法です。この点については後に解説します（⇨62頁）。

4.3.2 賃金の最低基準の決定——最低賃金法

賃金は，労使が自主的に決定するのが基本ですが，労働者と使用者の間には交渉力の格差があるため，契約自由の原則に完全に委ねてしまうと，賃金が不当に低く決定されかねません。極端な話，契約自由の原則によれば，1日8時間労働，日給150円でもよいことになりますが，これでは労働者は生活していけません。そこで，労働法は，最低賃金制度を設け，その上に労使自治が展開される仕組みをとっています。

最低賃金法は，もともと労基法の一部だったのが分離独立した法律であり，2007年に大幅に改正されています。2007年改正の趣旨は，雇用の多様

化（非正社員の増加）によって所得格差が拡大している状況をふまえて、制度を強化し、雇用のセーフティネットとすることにあります。

　改正法によれば、最低賃金は、**地域別最低賃金**（一定の地域ごとの最低賃金）として、全国各地域について決定されます（最賃9条1項）。また最低賃金は、地域における労働者の生計費および賃金ならびに通常の使用者の賃金支払能力を考慮して定めなければならず（同2項）、生計費の考慮に際しては、労働者が健康で文化的な最低限度の生活を営むことができるよう、**生活保護に係る施策**との整合性に配慮するものとされています（同3項）。最後の点は、最低賃金と生活保護の給付額との逆転現象（後者のほうが高い現象）の是正を目的としています。ちゃんと働いているのに、賃金が生活保護額より低い（「ワーキング・プア」問題）というのは、どう見ても不公平だからです。

　地域別最低賃金については、都道府県を4つのランクに分けて毎年、目安を示し、それを参考に各都道府県で引上げ額を決定する仕組みがとられています（2009年度は、最高のAランクが東京・神奈川・大阪で、時間額は東京＝791円、神奈川＝789円、大阪＝762円）。使用者は、最低賃金の適用を受ける労働者に対して、最低賃金以上の賃金を支払わなければならず（最賃4条1項）、これに違反すると処罰される（同40条）ほか、最低賃金に達しない労働契約の定めは無効となり、無効となった部分は最低賃金と同様の定めをしたものとみなされます（同4条2項）。

4.3.3　賃金の変動

　賃金の変動（引上げ・引下げ） についても様々な問題がありますが、ここでは、労働契約に基づく賃金の引下げ（減額）について解説します（就業規則や労働協約による賃金の引下げについては、第9章で解説します）。

　使用者は、賃金を一方的に引き下げることはできません。すなわち賃金は、最も重要な労働条件（労働契約の要素）であるので、これを引き下げるためには、**労働者の同意**を得なければなりません。また、単に労働者の同意を得ればよいというものではなく、労使間の**交渉力・情報格差**や、賃金引下げが労働者の生活に及ぼす影響の大きさを考えると、労働者の同意は、

その**自由意思**に基づくものでなければなりません。具体的には，使用者は，賃金引下げについて十分な説明・説得を行う必要があるし，労働者がそれらを納得した上で同意したと客観的に認められなければならないのです（⇨164頁。土田88頁以下も参照）。

> 〔case16〕　G氏はJ社の営業次長の職にあるが，ある日突然，経営が苦しいので，来月から基本給を20％カットするという通告を受け，同意を求められた。理由は十分に説明されず，一方的なものであったが，反対すると解雇されると思ったので，黙っていた。この合意は有効か。

上述した点をふまえて考えると，十分な理由の説明がなく，G氏も解雇が怖くて黙っていたというのですから，自由意思に基づく同意を認めることは困難であり，合意は無効と考えるべきでしょう。裁判例も同様に判断しています（更生会社三井埠頭事件・東京高判平成12・12・27労判809号82頁，東武スポーツ事件・東京高判平成20・3・25労判959号61頁）。

4.3.4　賃金請求権の消滅

賃金請求権は，弁済，時効，相殺，放棄などによって消滅します。

消滅時効に関しては，労基法115条が，通常の賃金について2年，退職金について5年と定めています。民法174条1号は，給料債権の消滅時効を1年と定めていますが，これを労働者保護のために延長したものです。

4.4　賃金支払の4原則

賃金は，労働者にとって，最も重要な労働条件です。そこで労基法は，賃金の全額が確実に労働者自身の手に渡るよう，賃金支払に関する原則を定めています。賃金の通貨払，直接払，全額払（労基24条1項）および，毎月1回以上定期払の原則（同2項）です。読者の皆さんが安心して賃金を受け取ることができるのは，実はこの条文があるからなのです。

4.4.1 通貨払の原則

　使用者は，賃金を通貨で支払わなければなりません。「通貨」とは，日本で強制的に通用する貨幣（日本円）をいい，外国通貨による支払は禁止されています。また現物給与（会社の商品の支給など）や小切手による支払いも，換金が不便であり，恣意的な給付となりがちであるため，禁止されます（ただし退職金については，小切手による支払いが認められています）。

　なお今日では，賃金の口座振込みが一般的ですが，これは，労働者が同意することと，本人が指定する銀行その他の金融機関の本人名義の口座に振り込まれることと，所定の賃金支払日に引出し可能であることを要件に，通貨払の原則の例外として認められています（労基則7条の2）。

4.4.2 直接払の原則

　賃金は，労働者本人に直接支払わなければなりません。世の中には悪い人がいるもので，親とか仲介人が賃金をピンハネすること（中間搾取）があります。直接払の原則は，この弊害を防止する趣旨の規定です。したがって，労働者の委任を受けた任意代理人はもちろん，親権者などの法定代理人に賃金を支払うことも直接払原則の違反となります（子どもの賃金を食い物にする親もいます。未成年者に関する労基59条参照）。ただし，妻や秘書などの使者に支払うことは差し支えありません。

　なお，賃金債権が民事執行法や国税徴収法によって差し押さえられた場合は，使用者が賃金を差押債権者に支払っても直接払の原則には違反しないとされています。ただし，労働者の所得保障の趣旨から，4分の3に相当する部分の差押えは禁止されます（民執152条，国税徴76条）。

4.4.3 全額払の原則

　使用者は，労働者に賃金の全額を支払わなければなりません。その趣旨は，使用者による一方的な賃金カットを禁止し，労働者に賃金全額を確実に受領させることによってその経済生活を安定させること（所得保障）にあります（日新製鋼事件・最判平成2・11・16民集44巻8号1085頁）。

したがって，使用者が賃金の一部をカット（控除）して支払うことは全額払原則違反として違法となります。ただし，注意を要するのは，全額払の原則は，労働契約において労働者の賃金請求権が発生していることを前提に，その全額を支払うことを命ずる原則だということです。したがって，賃金請求権が発生していない場合に，その賃金をカットすることは同原則には違反しません。そこで，労働者が欠勤により労働しなかった場合は，ノーワーク・ノーペイの原則によって賃金請求権が発生していないため，賃金をカットしても全額払原則の違反とはいえません。一方，労働者が実際に労働して賃金請求権が発生している場合に，その分をカットすることは全額払原則違反となります（⇨59頁）。

全額払の原則には例外があり，法令に別段の定めがある場合，または過半数組合または過半数代表との間で労使協定を締結した場合には，使用者は賃金の一部を控除して支払うことができます（労基24条1項但書）。法令による例外としては，給与所得税の源泉徴収（所得税法183条）や，社会保険料の控除（健康保険167条，厚生年金84条）などがあります。給与明細を見ると，「額面」と「手取額」があり，「手取額」は悲しいほど減らされているのが普通ですが，これは，この例外によるものです。

4.4.4 全額払の原則——賃金の相殺

よく問題となるのは，使用者が労働者にお金を貸したり，何らかの理由で損害賠償債権を有している場合に，これら債権（自働債権）と賃金債権（受働債権）を相殺することが全額払原則違反となるか否かです。民法では，このような相殺が認められていますが（民505条），通説・判例は，労基法24条の解釈としては違法説をとり，先に述べた全額払原則の趣旨（⇨62頁）を用いて，一方的相殺を24条違反と解しています（日本勧業経済会事件・最大判昭和36・5・31民集15巻5号1482頁）。

〔case17〕　社員T氏は，会社のパソコン（20万円）を移動中にうっかりして地面に落とし，壊してしまった。会社は，「弁償だ」として，T氏の翌月の給与から10万円差し引くといっている。

これが**一方的相殺**であり，使用者が労働者に対して有する債権（⇨〔case17〕では，T氏に対して有する損害賠償債権）を賃金債権と相殺することをいいます。このような一方的相殺は，民法上は適法ですが，労基法上は全額払原則違反となります。つまり労働法（労基法）は，労働者保護の観点から民法を修正し，使用者の一方的相殺を禁止しているのです。

> 〔case18〕 〔case17〕で，T氏が給与からの5万円の差引きに同意した場合はどうか。

このように，労働者の同意を得て相殺することを**合意相殺**とか**相殺契約**と呼んでいます。これについて判例は，全額払の原則の趣旨は労働者の経済生活の保護にあるので，労働者が自由意思によって相殺に同意した場合にまで相殺を禁止する趣旨ではないと述べ，適法と解しています（前掲日新製鋼事件）。本人がOKといっているのだからよいということでしょう。

もっとも，労働者の**自由意思**は厳格に判断され，労働者が同意に至った経緯や同意の態様（使用者による強要の有無），相殺が労働者の利益になるか（たとえば，退職金の相殺が金融機関からの借入金の弁済事務の簡素化をもたらす場合。前掲日新製鋼事件）などを総合して自由意思の有無が判定されます。労働者が過去分の賃金債権を放棄することも，放棄が自由意思に基づくものであれば，全額払原則違反とはなりません（シンガー・ソーイング・メシーン事件・最判昭和48・1・19民集27巻1号27頁）。

4.4.5 毎月1回以上定期払の原則

使用者は，賃金を**毎月1回以上，一定の期日**を定めて支払わなければなりません（労基24条2項）。賃金支払日の期間が長過ぎたり，支払期日が確定されないと，労働者の生活が不安定となることを考慮したものです。どこの会社でも，給料日はたとえば毎月25日と決まっているでしょうが，これはこの原則に従ったものです。ただし，賞与（ボーナス）などの支給については，この原則は適用されません。

4.5　就労できない場合の賃金・休業手当

　前記のとおり，賃金請求権は，労働者が現実に就労したことによって発生しますが，実際には，労働者が何らかの理由によって就労したくても現実に就労できないケースがあります。たとえば，取引先の事情で資材が届かなかったり，火事・地震等の天災によって就労できなくなるような場合です。これらの場合，労働者からすれば，自分の責任ではないのだから賃金を払ってほしいと思うでしょうし，使用者からすれば，ノーワーク・ノーペイの原則（⇨58頁）があるのだから，賃金を支払う必要はないと考えるでしょう。この問題については，民法と労基法が規定を設けています。

4.5.1　賃金請求権

　まず，民法536条は，**危険負担の原則**というものを定めています。それによれば，使用者（債権者）の帰責事由によって労務の履行が不能となった（＝就労できなくなった）場合は，債務者（労働者）は反対給付を受ける権利を失わないと規定しており，賃金請求権が100％肯定されます（民536条2項）。使用者が正当な理由もなく労働者を解雇したり，経営悪化によって一時帰休を行う場合が典型であり，ここでは，使用者が賃金支払の危険を負担するのです。

　これに対して，労働者が就労できなくなったことについて当事者双方に責任がない場合は，民法536条1項が債務者の反対給付請求権を否定しており，賃金請求権は発生しません。つまり，ここでは，労働者が賃金喪失の危険を負うことになるのです。この種の不就労（労務の履行不能）にも，資材不足のように，使用者側に起因する外部的事情によって労務の履行が不能となる場合（**経営障害**）と，労働組合の部分ストのように，労働者側に起因する事情によって労務の履行が不能となる場合（**労働障害**）がありますが，判例は，ともに賃金請求権を否定しています（部分ストにつきノース・ウエスト航空〔第2〕事件・最判昭和62・7・17民集41巻5号1350頁。⇨266頁）。

4.5.2 休業手当

では、労働法上はどうでしょうか。この点、労基法26条は、使用者は、その責に帰すべき事由に基づく休業の場合、平均賃金の60％以上の**休業手当**を支払わなければならない、と規定しています。この条文と民法536条2項を比べると、民法の「債権者の責に帰すべき事由」が「使用者の責に帰すべき事由」に変わっただけで、よく似た条文ですが、労基法は、民法を修正して労働者保護（所得保障）の趣旨に立つ法律ですから、「使用者の帰責事由」は、「債権者の帰責事由」より広く解されています。つまり、労基法26条にいう使用者の帰責事由は、天災事変等の不可抗力を除くすべての場合を含み、先ほどの**経営障害**の場合も、休業手当請求権は肯定されるのです。その代わり、休業手当は賃金100％ではなく、その60％だけが保障されることになります（ノース・ウエスト航空〔第1〕事件・最判昭和62・7・17民集41巻5号1283頁）。

4.6 成果主義賃金・人事

4.6.1 成果主義賃金・人事の意義

前記のとおり、近年には、伝統的な年功賃金システムが崩れ、**成果主義賃金・人事制度**が普及しつつあります（⇨58頁）。この制度のメリットとしては、以下の点が挙げられます。

つまり、成果主義人事は、個人の能力・成果を評価軸とする人事制度ですから、意欲・能力が高く、成果を挙げた人に正当に報いる報酬制度として機能します。またそれは、年齢・勤続年数・学歴・性別・雇用形態というステレオタイプな属性を評価軸とする人事制度を改革する役割を営みます。つまり成果主義人事の下では、女性でもパートタイマーでも、高い意欲・能力・成果をもって働けば、高く報いられることから、成果主義人事は、**雇用平等**の理念（憲14条）を実現するのに適した制度ということができます。裁判例では、使用者が既婚女性を一律に低査定したことにつき、

個々人の業績・能力によって査定を行う人事考課制度の本旨と整合しないと述べ，人事権の逸脱による違法性（不法行為＝民709条）を認め，損害賠償請求を認容した例があります（住友生命保険事件・大阪地判平成13・6・27労判809号5頁）。

　もっとも，実際には，公正を欠く人事考課によって労働者の不満を増大させたり，賃金引下げによって労働者の生活を圧迫しているケースが少なくありません。賃金が労働者の生活を支える重要な原資であることを考えると，成果主義人事は，公正で，しかも労働者の生活の安定の要請に応えたものでなければならないといえるでしょう（成果主義の詳細は，土田102頁以下および土田・契約法256頁以下を参照）。

4.6.2　人事考課

　人事考課とは，労働者の能力・成果を評価して賃金を決定する制度であり，おおむね，年度初めに労働者が達成すべき目標と評価基準を設定し（これを**目標管理制度**といい，人事考課の前提となります），中間レビュー・賞与評価を経て，年度末に評価が行われます。評価項目は通常，①成果（アウトプット＝職務の達成度），②能力（インプット＝知識・技能，理解・判断力等），③意欲・職務行動（スループット＝勤務態度，協調性等）に分かれます。そして，これが基本給・賞与の決定や処遇（昇格・降格）に反映されることになります（図6の人事考課表を参照）。

　法的には，人事考課は，使用者が労働契約において有する**人事考課権**によって行使されます。したがって，人事考課をどのように行うかは，基本的に使用者（上司）の裁量に委ねられます（同旨，前掲住友生命保険事件）。

　しかし同時に，成果主義人事においては，**人事考課の公正さ**を人事権行使の不可欠の要件と考えるべきです。つまり，成果主義賃金の下では，人事評価は賃金額を決定する最も重要な手続を意味しますから，能力・成果に見合う評価として公正に行われる必要があります。また賃金は，労働者の生活を支える最も重要な労働条件であり，人事考課はその先行手続を意味しますので，それを公正に行うことは，使用者の基本的義務である**賃金支払義務**に内在する責務であるということができます。すなわち，使用者

人事考課表

氏名：　　　　所属：　　　等級：2～3　　　　考課期間：'09年4月1日～'10年3月31日
(社員 No.000000)

次の項目について，該当する評価段階の指数に○印をつけ，乗率をかけて得点を記入して下さい。

考課項目		要求水準よりかなり低い	要求水準よりやや低い	普通	要求水準よりやや高い	要求水準よりかなり高い	乗率	得点	合計	評価ランク	2次評価（本部）
業績	(1)仕事の質的達成度	1 2	3 4	5 6	7 8	9 10	3.0				
	(2)仕事の量的達成度	1 2	3 4	5 6	7 8	9 10	3.0				
	(3)顧客評価	1 2	3 4	5 6	7 8	9 10	2.0				
	(4)協調性	1 2	3 4	5 6	7 8	9 10	0.7				
	(5)積極性	1 2	3 4	5 6	7 8	9 10	0.2				
	(6)プロセス（努力）	1 2	3 4	5 6	7 8	9 10	0.7				
	(7)責任感	1 2	3 4	5 6	7 8	9 10	0.2				
	(8)創意工夫	1 2	3 4	5 6	7 8	9 10	0.1				
	(9)執務態度	1 2	3 4	5 6	7 8	9 10					
自己育成	(10)スキル育成度	1	2	3	4	5	4.0				
	(11)研修実績	1	2	3	4	5	4.0				
	(12)自己育成改善	1	2	3	4	5	4.0				
	(13)業務改善	1	2	3	4	5	4.0				
	(14)SE論文	1	2	3	4	5	4.0				
社員の育成	(15)アドバイザーとしての活動	1	2	3	4	5	10.0				
	(16)スペシャリストとしての活動	1	2	3	4	5	10.0	N/A			

自己評定　　　記名：

上司コメント　　　記名：

S：Special（きわめて優秀）
E：Excellent（優秀）
G：Good（良好）
M：More Improve（改善を要す）

本部　　　記名：

評価ランク

M	G	E	S
35～49点	50～74点	75～89点	90点以上

図6　人事考課表

は，労働者の納得が得られるよう公正に評価する責務（注意義務）を負うのです。

したがって，使用者がこのような**公正評価の注意義務**に反して人事考課を恣意的に行い，労働者に経済的損害を及ぼしたときは，**人事考課権の濫用**として**不法行為**（民709条）が成立し，損害賠償責任を負うことになります。損害額は通常，標準的評価を受けた従業員の賃金との差額分となるで

しょう。

4.6.3 「公正な評価」とは

では，**公正な評価**とは何を意味するのでしょうか。まず，使用者は「公正な評価」の内容として，人事考課のプロセス（制度）全体の公正さを整備することを求められます。つまり使用者は，①公正・透明な評価制度を整備・開示し，②それに基づいて適正な評価を行い，③評価結果を開示・説明するとともに，④紛争処理制度・労働者の職務選択制度（社内公募制・社内FA制）・能力開発制度を整備する必要があります（そうした制度の下で人事考課を公正と判断した裁判例として，エーシーニールセン事件・東京地判平成16・3・31労判873号33頁）。

次に，人事考課制度がいかに整っていても，上司が客観的基準を無視して主観的（感情的）に評価した場合や，基準の適用を誤って不当に低く評価した場合も**人事考課権の濫用**（労契3条5項）となります（後者の例として，イセキ開発工機事件・東京地判平成15・12・12労判869号35頁）。また，トータルに見れば，契約件数など数値に現れた成果（アウトプット）だけでなく，保有能力・意欲（インプット），職務行動（スループット）をバランスよく考慮する必要がありますし，労働者の生活保障の観点からは，人事考課に基づく賃金変動の幅や下限額の設定もポイントとなります。なお，人事考課が各種の差別禁止規定（労基3条，雇均6条，労組7条等）に反してならないことは当然です。

> 〔case19〕　生命保険会社A社に勤務するB氏は，顧客の相談業務に従事し，成果重視の給与を支払われている。ところが，評価項目のほとんどは契約件数や特約件数であり，仕事内容として重要な顧客へのアドバイスは考慮されないため，成果給が上記ポストに移る前の5分の4程度に減ってしまった。上司に具体的な説明を求めたが，人事考課の結果や減額の理由の開示や説明はなく，苦情処理制度も存在しない。思い余って弁護士に相談したが，解雇や降格の事態にならないと法的に争うのは難しいといわれた。

確かに，従来の裁判例は，人事権を広範に認める立場に立っていたため，弁護士のアドバイスには正しい面があります。しかし最近は，上記の「公正な評価」の考え方が裁判例にも影響を与え，人事考課制度の恣意的運用が**人事考課権の濫用**として不法行為となると解する例が増えています（前掲住友生命保険事件，イセキ開発工機事件など）。

〔case19〕は，不公正な人事考課として人事権の濫用となり，不法行為が成立する典型的ケースといえるでしょう。すなわち，A社の人事考課は，数値化された評価項目以外の能力や職務行動（顧客へのアドバイス）を十分考慮していない点で公正とはいえないし，考課の結果や理由の開示がない点も問題です。前記①〜④を欠く人事考課として，差額賃金相当額の請求が可能と考えられるケースです。

ただし実際には，労働者が訴訟を提起して評価の公正さを争うことは容易ではありません。企業内紛争処理制度の整備や労働組合のサポート（⇨24頁）が重要となる理由はここにあります。

4.6.4　年　俸　制

年俸制とは，①「1年いくら」を（年単位の賃金決定），②労働者の成果・能力に即して（非労働時間管理）支払う制度をいい，成果主義人事を徹底させた制度です。日本では，「基本年俸」と「業績年俸（賞与）」を組み合わせたタイプ（**業績賞与併用型確定年俸制**）が普及しています。

年俸制は現在，労働時間規制を受けない**管理監督者**（労基41条2号）や，**裁量労働制**（同38条の3・38条の4）の適用者を中心に導入されています。それ以外の一般社員については，時間外労働に応じた割増賃金を正確に支払う義務があるため（労基37条），割増賃金を含めて「1年いくら」で賃金を支払う年俸制を導入することには難しい面があるからです（⇨87頁）。

年俸も賃金である以上，**毎月1回以上定期払の原則**（労基24条2項）が適用されます（⇨64頁）。そこで，「年俸」制とはいっても，実際には年俸額が分割され，毎月の月給として支払われることになります（たとえば年俸額を16分し，うち16分の1を毎月支払い，残りの16分の4を業績年俸として支払う）。また年俸制は，法的には，賃金の支払期間を年単位とすることを意

味するので，年俸制の採用がイコール雇用期間（契約期間）を1年とすること（契約社員）にはなりません。通常は，期間の定めのない労働契約を結びつつ，年俸制の下で働くことになるのです。

4.7　賞与・退職金

4.7.1　賞　　与

賞与は，ボーナスや一時金とも呼ばれ，年間賃金の相当部分を占めています。通常は，社員の働き振りを評価する支給対象期間を設け（たとえば前年の10月〜当該年の3月），後日（たとえば7月20日）に支給する形をとるのが普通です。このように，賞与は，①支給対象期間の勤務を対象とする点で賃金の後払的性格を有していますが，同時に，②企業の成果・利益配分，③現在や将来の勤務のインセンティブ（動機付け）の付与，④生計費補填といった多様な性格を有しています。

賞与は，その支給基準や時期などが労働協約・就業規則で明確に規定されれば，「労働の対償」（労基11条）として賃金と認められます（賞与は，就業規則の相対的必要記載事項とされています。労基89条4号）。

賞与については，その支給日に会社に在籍することを支給要件（賞与支給日在籍要件）と定め，支給日以前に退職した労働者に対して賞与を支給しないことが適法かという問題があります。

> 【case20】　K社に勤務するL氏は，賞与の支給対象期間である2009年10月1日から2010年3月31日まで勤務したが，別の会社からスカウトされ，早く出社してくれといわれたので，賞与支給日である2010年7月20日以前の6月30日に任意退職した。K社は，L氏が支給日在籍要件を満たしていないとして賞与を支給しない。
> 　L氏は，賞与を支払えと請求できるか。

L氏としては，賞与の支給対象期間を勤務したのだから，賞与を支払うのは当然と考えるでしょう。一方，K社としては，賞与には，今後の勤務

への期待という意味も込めて支払うことから，このような条件を付けるのです。判例は，後者に軍配を上げ，賞与は過去の労働に対する対価であるだけでなく，将来の勤務への期待・奨励（前記③）という意味も込めて支払われるので，支給日在籍要件は合理的支給要件として有効と解しています（大和銀行事件・最判昭和57・10・7労判399号11頁）。基本給の場合，労働者が就労すれば，**ワーク・ペイの原則**によって必ず賃金を支払わなければなりませんが（⇨58頁），賞与の場合は，このように合理的な支給条件を付けることも適法とされているのです。労働者としては釈然としないところもありますが，判例のルールですので，注意して下さい。

　もっとも，これはあくまで労働者が自ら退職日を決定した場合のことで，整理解雇のように，会社が退職日を決定している場合にまで，支給日が退職日より遅いという理由で不支給とするのは行き過ぎであり，**公序**（民90条）違反として無効と考えるべきでしょう。

4.7.2　退職金

　退職金は，労働契約の終了に伴い，使用者が労働者に支払うものです。退職時に一度に支払う**退職一時金**と，年金方式による**企業年金**がありますが，特に，退職一時金は広く普及し，生涯賃金の相当部分を占めています。

　退職金は，その支給基準や要件が労働協約・就業規則に規定されれば，「労働の対償」（労基11条）として**賃金**と認められます（退職金は，就業規則の相対的必要記載事項とされています。労基89条3号の2）。退職金は，何よりも在職中の労働への対価であり，**賃金の後払い**としての性格を有しています。しかし同時に，退職金支給率が勤続年数に応じて上昇し，会社都合退職者を優遇するなど，労働者の長年の貢献に報いるという性格（**功労報償的性格**）も有しています。

4.7.3　退職金の不支給・減額

　退職金については，使用者は就業規則（退職金規程）において，懲戒解雇者や退職後，競業を営んだ者に対して退職金の全部または一部を支給しないと規定することがよく見られます。これについては，退職金は賞与と

同様，その支給に関する労使間合意や就業規則によって発生する賃金であり，合理的な支給要件を定めることは自由とされています。そして，退職金が功労報償的性格をもつ以上，支給要件について懲戒解雇者等を不利益に扱うことを直ちに不合理とはいえません。したがって，退職金の不支給・減額は原則として適法と解されています。

もっとも，退職金が在職中の労働の対価でもあることを考えると，その不支給・減額は無制限に認められるわけではありません。すなわち，退職金の不支給・減額が許されるのは，労働者の長年の労働の価値を抹消（全額不支給の場合）または減殺（減額支給の場合）してしまうほどの著しい背信行為があった場合に限られると解されています（中部日本広告社事件・名古屋高判平成2・8・31労判569号37頁）。したがって，労働者の行為がこのような背信的行為にあたらない限り，不支給・減額条項の適用はなく，労働者は退職金を請求することができます。

この結果，重大な非違行為を理由とする懲戒解雇者に対する退職金の不支給・減額措置は，原則として適法と判断されますが，非違行為の程度によっては，懲戒解雇が有効とされても，退職金請求が認められることがあります。たとえば，ある裁判例（小田急電鉄事件・東京高判平成15・12・11労判867号5頁）は，鉄道会社社員が勤務時間外に電車内で行った痴漢行為について懲戒解雇を有効としつつ（⇨132頁），退職金の全額不支給については行き過ぎであるとして，3割の支払いを命じています。

また，退職後の競業（ライバル企業への就職やライバル企業の設立。⇨190頁）を理由とする退職金の不支給・減額の適法性は，退職後の行為であることからより厳しく判断されます。不支給・減額措置の必要性・程度，競業の態様，使用者に生じた損害などが基準となりますが，違法と判断する裁判例が多数を占めています（前掲中部日本広告社事件，ベニス事件・東京地判平成7・9・29労判687号69頁）。

〔case21〕　F社経理部に勤務するJ氏は，ギャンブル好きが高じて多額の借金を抱え，会社の資金3,000万円を不正に着服し，費消した。F社はJ氏を懲戒解雇するとともに，「懲戒解雇者には退職金を支給し

ない」との就業規則を根拠に，退職金規程に基づく退職金2,000万円を支給しない。そこで，J氏は退職金の支給を求めて訴えを提起した。

この訴えはさすがに認められないでしょう。では，次のケースはどうでしょうか。

〔case22〕 O氏は，広告業を営むA社に勤務していたが，同社を退職し，その直後，自ら広告会社を設立して事業を営みつつ，A社に対して退職金を請求したが，A社は，「退職後，同業を営む者には退職金を支給しない」との就業規則に該当するとして支給を拒否した。この措置は適法か。

この点は，〔case21〕の直前に記した基準を適用して判断されますが，計画的引抜きやA社の客を大量に奪う等の行為があればともかく，単に競業会社を運営しているというだけでは**著しい背信行為**とは認められず，退職金請求を認めるのが裁判例の立場です（前掲中部日本広告社事件）。これに対して，B氏の行為態様が著しい背信性を帯びれば，退職金請求はその要件をクリアせず，A社の措置は適法となります。

4.8 賃金の立替払

企業が経営危機に陥ったり，倒産に至った場合に賃金債権を確保することは，労働者の生活を保障する上で重要なことです。これについては，民法上の**先取特権**（民306条・308条）や，破産法上の**財団債権**（149条1項）などの保護がありますが，必ずしも十分とはいえません。

そこで，労働法の一つとして，**賃金の支払の確保等に関する法律**（賃確法）が制定されています。特に重要な内容は，企業が倒産した場合の政府による未払賃金の立替払であり，一定の要件の下で，退職日の6か月前からの賃金と退職金の未払分の80％相当額が立替払されます。

第 5 章

労働時間と休暇・休業

5.1 労働時間規制の意義

労働時間は，賃金と並んで最も重要な労働条件です。賃金は，人が生活していく上でなくてはならないものですが，同時に，働く時間そのものの規制も重要です。さもなければ，労働者は「仕事人間」になってしまい，余暇を楽しむこともできないばかりか，働き過ぎによって生命・健康を害することもあるからです。こうした事態を防ぐためには，適切な労働時間規制が不可欠となります。つまり，労働時間規制は，労働者の生命・健康を保護するとともに，仕事と生活の調和（ワーク・ライフ・バランス）を促進する上で重要な役割を営むのです。

労基法は，このような労働時間の重要性に着目して1章を充て，「第4章 労働時間，休憩，休日及び年次有給休暇」を設けています。特に近年，労働時間の短縮が重要な課題となり，1987年以降，労基法の改正が行われています。1987年の法改正では，それまでの1週48時間・1日8時間の原則を改め，1週40時間・1日8時間制に移行するなどの大改正が行われました。また1998年には，従来手つかずだった時間外労働について，上限設定などの規制の強化が行われています（労基36条）。

一方，サービス産業の増加や就労形態の多様化に対応するため，労働時間の弾力化政策も導入されています。1987年の改正時に，変形労働時間制（労基32条の2・32条の4・32条の5），フレックスタイム制（32条の3）および専門業務に関する裁量労働のみなし制（38条の2。現在は38条の3）が導

入されました。また1998年には，裁量労働制を中枢部門の企画業務のホワイトカラーに拡大する改正も実現しています（38条の4）。

そこで，労基法第4章の構成を概観しておきましょう。

(1) 労働時間・休暇の原則　まず第1のグループは，労働時間の原則（最低基準）を定めた規定であり，次の4条が挙げられます。最も重要なルールを定めたものです。

> ① 労働時間の原則：32条。1週40時間・1日8時間制を規定。
> ② 休憩の原則：34条。
> ③ 休日の原則：35条1項。1週に1回の休日付与義務（週休制）を規定。
> ④ 年次有給休暇：39条。最低10日～最高20日の年休日数のほか，年休の基本的内容を規定しています。

(2) 例外規定　第2のグループは，以上の原則に対する一連の例外規定です。

> ① 臨時の必要がある場合の時間外・休日労働：33条。
> ② 労使協定に基づく時間外・休日労働：36条。最も重要な例外規定。
> ③ 時間外・休日および深夜労働の割増賃金：37条。

(3) 弾力的労働時間制　第3のグループは，(1)の原則規定が定める定型的労働時間制の弾力化を定める規定です。「弾力的労働時間制」と総称できます。

> ① 1か月以内の期間の変形労働時間制：32条の2。
> ② 1年以内の期間の変形労働時間制：32条の4。
> ③ 1週間以内の期間の変形労働時間制：32条の5。
> ④ 変形週休制：35条2項。
> ⑤ フレックスタイム制：32条の3。始業・終業時刻の決定を労働者自身に委ねる制度。
> ⑥ 裁量労働のみなし制：38条の3，38条の4。一定の労働者について実際の労働時間数にかかわらず，一定の時間労働したものとみなす制

度。⑤と⑥は、「自律的な働き方」を重視した制度といえます。
⑦ 事業場外労働のみなし制：38条の2。

(4) **適用除外・特例**　最後のグループは、労働時間規制の特例・適用除外に関する規定です。

① 零細事業に関する特例：40条。週法定労働時間を44時間と規定。
② 適用除外：41条。管理監督者等について、労働時間規制の適用除外を定めています。最近、問題となっている「名ばかり管理職」は、この条文に関して生じている問題です。

このように、労働時間は、法律の規制が最も進んだ領域となっています。ところが実際には、「サービス残業」とか「過労死」が後を絶ちません。人が過労死すれば、労災補償や損害賠償を求めることができますが、死んでしまってから補償を得ても、死んだ人は戻らないのです。そういう事態になる前に、使用者（企業）が法に適った労働時間管理を行うこと（**労働時間法コンプライアンス**）が強く求められるところです。

5.2　労働時間規制の原則

5.2.1　労働時間の原則

　使用者は、労働者に、休憩時間を除き、1週間について40時間を超えて労働させてはなりません（労基32条1項）。また、1週間の各日について、休憩時間を除き、1日8時間を超えて労働させてはなりません（同2項）。**1週40時間・1日8時間制の原則**を規定したものです。後に述べるとおり、日本では、残業（時間外労働）が当たり前になっていますが、この40時間・8時間労働制こそが大原則であることに注意して下さい。

　このように、労基法で規制される労働時間を**法定労働時間**といいます。これに対して、企業が実際に就業規則などで定める労働時間を**所定労働時間**といい、これが労働契約の内容となって労働者に適用されることになり

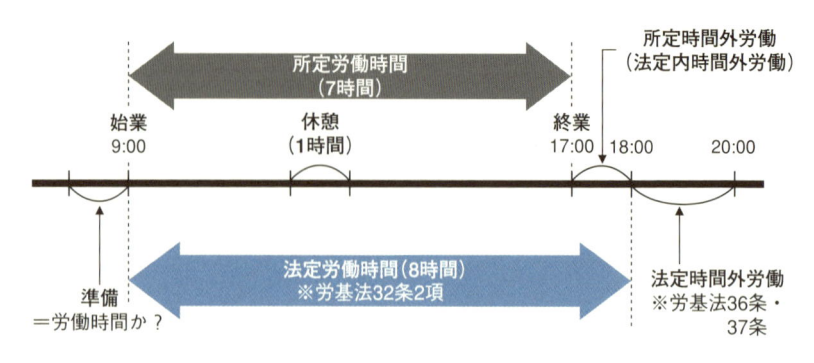

図中テキスト:
- 所定労働時間（7時間）
- 所定時間外労働（法定内時間外労働）
- 始業 9:00
- 休憩（1時間）
- 終業 17:00　18:00　20:00
- 準備＝労働時間か？
- 法定労働時間（8時間）※労基法32条2項
- 法定時間外労働　※労基法36条・37条

図7　所定労働時間と法定労働時間

ます（図7。労契7条参照）。法定労働時間を超える所定労働時間を定めることは労基法違反となりますが，相当数の企業では，1日の所定労働時間を7時間と定め，週所定労働時間を40時間以内に収めています。

5.2.2　労働時間の通算制

労働者が複数の事業場で労働する場合，労働時間は**通算**して計算されます（労基38条1項）。たとえば，A社の社員が本来の勤務先であるB支店で5時間働いた後にC支店に移動して働く場合，C支店における労働時間は3時間を超えてはならず，それを超えれば法定時間外労働となります（労働時間管理は，C支店で行う必要があります）。同一使用者の複数の事業場で就労する労働者に関しては，当然の法的ルールといえるでしょう。

これに対し，労働者が複数の使用者の下で就労する場合（たとえば，D社で働いた後，E社でアルバイトする場合）にも労働時間の通算制が適用されるかどうかについては，意見が分かれています（土田118頁）。

5.3　休　　憩

使用者は，労働時間が6時間を超える場合は少なくとも45分，8時間を超える場合は少なくとも1時間の**休憩時間**を労働時間の途中に与えなければなりません（労基34条1項）。労働者を労働から解放することによって疲

労を回復させるとともに，自由な時間を保障することを目的としています。45分・1時間は最低基準ですから，それより長い休憩を与えることはもちろん適法です（実際，所定労働時間が8時間以下でも，休憩を1時間としている企業が多数を占めています）。

休憩は，「労働時間の途中に」与えなければなりません。したがって，始業前・終業後に与えても，休憩を与えたことにはなりません。また，一斉付与が原則ですが（労基34条2項），一斉休憩の必要性はさほど大きくないため，過半数組合または過半数代表との労使協定による一斉付与の例外が認められています。

休憩時間は，労働者に自由に利用させなければなりません（労基34条3項）。これを休憩自由利用の原則といい，休憩中の労働からの解放を保障するとともに，労働者の自由時間であることを明確にした規定です。もっとも，休憩時間といえども，企業秩序や施設管理のために必要な合理的範囲の規制が許されることは当然です（〔case13〕(⇨41頁)の業務用パソコンの私的利用〔濫用〕は，この面から企業秩序違反となり，懲戒処分の対象となります）。これに対し，休憩中の外出許可制やスポーツの禁止は，合理的規制の範囲を超えることから違法と解されます。

> 〔case23〕　T社の休憩時間は，12：00～13：00となっている。Gさんは，同僚と昼食を取りに外出しようとしたが，上司のK氏は，緊急の取引があっていつメールや電話が来るかわからないので，社内で昼食を取りながら待機し，メールをチェックしておくよう指示し，自分はさっさと昼食を取りに出かけてしまった。Gさんは納得がいかない。

これは，労基法34条違反として違法です。休憩自由利用の原則（労基34条3項）に反するばかりか，メールチェックを義務づけられるということは，労働からの解放を保障されていないため，そもそも休憩時間を与えたこと（同1項）にならないのです（法的には労働時間となり，賃金を支払えと請求できます。⇨90頁）。こういう場合には，上記の一斉付与の例外手続をとって，社員が交代で休憩を取れるようにしておくべきです。

5.4 休　日

5.4.1　休日の意義

　使用者は，労働者に対して，毎週少なくとも1回の**休日**を与えなければなりません（労基35条1項）。これを週休制の原則といい，法律上は，週休1日が最低基準とされています。

　実際には，多くの企業で週休2日制が普及しており，この場合，2日の休日のうち，1日が**法定休日**，もう1日が**法定外休日**となります。法定休日は，単なる継続24時間の付与では足りず，**暦日1日**（午前0時～午後12時）として与えなければなりません（昭和23・4・5基発535号）。ただし，使用者が4週間を通じ4日以上の休日を与える場合は，週休を必ず1日与えなくてもよいとされています（**変形週休制**。労基35条2項）。

　休日とは，法的には，労働者が**労働契約上の労働義務**を負わない日をいいます。したがって，休日をどのように利用するかは労働者の自由であり，別会社で就労することにも問題はありません。ただし，労働義務を負わないだけで，守秘義務・競業避止義務等の付随義務（⇨43頁）は及びますので，企業秘密の漏洩や競業他社での就労は厳禁です。

5.4.2　休日振替

　休日振替とは，突発的な受注など，一時的な業務上の必要性に基づいて，労働契約上休日と定められた日を労働日に変更し，代わりに前後の労働日を休日に変更することをいいます。**休日労働**とよく似ていますが，**休日労働**は，休日を休日としたまま労働させることをいい，休日を労働日に変更した上で労働させる休日振替とは異なります。したがって，休日振替は，休日労働の要件（三六協定の締結・割増賃金の支払＝労基36条・37条）を満たす必要はありません。少しややこしいですが，法律上の取扱いが全く異なる点ですので，しっかり理解して下さい。

　では，休日振替は自由に行えるかといえば，そうではありません。まず

使用者は，振替休日が労基法上の週休 1 日（変形週休制の場合は 4 週あたり 4 日）の要件を満たすよう配置しなければなりません。また，休日振替の根拠規定を就業規則や労働協約に定める必要がありますし，根拠規定を設けた場合も，①業務上の必要性があること，②事前に振替の予告がされること（当日ではあまりに急過ぎます），③振替休日が事前に特定されていることを要し，これらを欠く休日振替の指示は権利の濫用（労契 3 条 5 項）となります（三菱重工業事件・横浜地判昭和55・3・28労判339号20頁）。特に①については，休日振替は労働者の生活設計に影響を与える措置ですから，事前の予測が困難で，切迫した事情の発生を要すると考えるべきです。

また，代休という措置も見られます。「休日振替」と同じ意味で用いられることもありますが，法律上の「代休」は，事前に振替手続を行わないまま労働者を休日に労働させ，後にこれに代わる休日を与えることをいいます。この場合は，休日を労働日に変更しないまま労働させるのですから，休日労働にほかならず，三六協定と割増賃金の支払が必要となります。

5.5 時間外・休日労働

5.5.1 法定時間外・休日労働

前記のとおり，労基法32条は，法定労働時間として，1 週40時間・1 日 8 時間制の原則を規定しています。しかし，企業（に限らずあらゆる組織）は生き物ですから，業務の運営上，この原則を超えて働いてもらわなければならないケースは日常的に発生します。そこで設けられたのが労基法36条であり，法定時間外労働・休日労働について定めています。図 7 で見ると，18：00〜20：00の時間が法定時間外労働にあたります（法定内時間外労働については⇒85頁）。

労基法36条 1 項によれば，使用者は，事業場における過半数組合があればその組合，なければ過半数代表者との間で労使協定を締結し，行政官庁（労働基準監督署長）に届け出た場合は，その協定（三六協定と呼ばれます）に従って労働時間を延長し，休日に労働させることができます。ただし，

坑内労働その他の健康上特に有害な業務（著しく暑熱または寒冷な場所における業務など。労基則18条）については，時間外労働は1日2時間を超えてはなりません。

労基法36条は，労働時間・休日の原則を前提に，業務の柔軟な運営の必要性を考慮して，労使協定を要件に，時間外・休日労働を認めた例外規定です。確かに，時間外労働（残業）は日常茶飯事に行われますが，法律的にはあくまで例外であり，「本来臨時的なものとして必要最小限にとどめられるべきもの」です（昭和63・3・14基発150号）。これは，労働者の生命・健康を保護し，仕事と生活の調和（ワーク・ライフ・バランス）を促進しようとする労働時間規制の趣旨（⇨75頁）に基づいています。

ところが，現実は法の建前どおりにはいきません。特に日本では，時間外労働が恒常化し，長時間労働をもたらしてきました。それが高ずると，過労死や過労自殺といった悲劇が起きることになります。このため，労基法36条は1998年に改正され，時間外労働の上限規制が強化されました。すなわち，労働大臣（現厚生労働大臣）が時間外労働の延長の限度を定めうること（2項），三六協定当事者によるこの限度の遵守義務（3項），行政官庁による助言（4項）が新設されました。

5.5.2 三六協定

三六協定においては，①時間外・休日労働の具体的事由，②業務の種類，③労働者の数，④1日および1日を超える一定期間（1日を超え3か月以内の期間および1年）についての延長時間の限度，⑤労働させることのできる休日，⑥有効期間（長さの規制はないが，1年以内が望ましい）を記載しなければなりません（三六協定を含む労使協定については⇨54頁）。

④の延長時間の限度については，厚生労働大臣が「労働時間の延長の限度等に関する基準」を定めており（労基36条2項），具体的には，表1のような限度基準が定められています（平成10年労告154号）。三六協定の当事者は，協定の内容がこの限度基準に「適合したものとなるようにしなければなら」ず（同3項），労働基準監督署長は，当事者に対して必要な助言指導をすることができます（4項）。ただし，この規定の趣旨は，行政指導の

表1　時間外労働の限度に関する基準

期　　間	時間外労働の上限時間
1週間	15時間
2週間	27時間
4週間	43時間
1か月	45時間
2か月	81時間
3か月	120時間
1年間	360時間

強化（4項）にあり，限度基準に違反する三六協定を違法無効とするような強い効果をもつ規定（強行規定）ではありません（協定当事者に関する3項の文言は，上記のとおり曖昧であり，一種の**努力義務**にとどまります）。

　使用者は，**三六協定**の締結・届出に基づき，労働者に時間外・休日労働をさせることができます。すなわち，使用者が時間外・休日労働をさせても，労基法32条・35条等違反の刑事責任を問われず（**免罰的効果**），私法上も，時間外労働等を定めた就業規則や労働協約が労基法（強行法規）違反として無効とならないという効果が発生します。この両者を合わせて，**時間外・休日労働の適法化効力**（違法性阻却効果）と呼んでいます。

5.5.3　時間外・休日労働義務

　このように，三六協定は，使用者が労働者に時間外・休日労働をさせても労基法違反とならないという効果をもちますが，それを超えて，時間外労働等に従事しなければならないという労働者の義務（使用者の命令権）まで発生させるわけではありません。そのような権利義務を発生させるためには，三六協定とは別に，労働契約上の根拠が必要となるのです。では，どういう根拠ならよいのでしょうか。

> 【case24】　D氏が勤務するG社では，始業9：00，終業18：00（休憩1時間）という所定8時間労働制を採用している。また，労働組合との間で三六協定を結び，「業務上の必要性がある場合は，三六協定の範囲内で時間外労働をさせることがある」との就業規則を根拠に，1か月40時間を限度として時間外労働をさせている。
> 　2009年○月×日，D氏は18：00以降の時間外労働を指示されたが，この日はどうしても定時で帰りたい。D氏はこの指示を拒否できるだろうか。定時で帰りたい理由が，①彼女とデートの約束がある場合，②前月の残業が多く，デートをキャンセルし続けたので，この日デートしないと振られる可能性が高い場合，③お世話になった叔父が危篤でお別れに行きたい場合，の3つのケースに分けて考えよ。

　この場合，D氏が任意に時間外労働の指示に応ずる（合意する）のであれば問題ありません。問題は，時間外労働義務の根拠がこのような個別的合意に限られる（個別的同意説）のか，それとも，〔case24〕のような就業規則の規定があれば足りるのかです。

　判例は，後者の立場に立ち，就業規則の規定があれば，「当該就業規則の規定の内容が合理的なものである限り，それが具体的労働契約の内容をなす」との一般論（⇨51頁，労契7条参照）を前提に，就業規則の内容を成す三六協定が時間外労働の上限を規定し（1か月40時間），一定の事由を定めている場合につき，就業規則の合理性を認め，時間外労働義務を肯定しています（日立製作所事件・最判平成3・11・28民集45巻8号1270頁）。三六協定における時間外労働の事由には，「生産目標達成のため必要ある場合」「業務の内容によりやむを得ない場合」等の抽象的事由が含まれていましたが，判旨は，労基法36条が「需給関係に即応した生産計画を適正かつ円滑に実施する必要性」（業務の柔軟な運営の必要性）を考慮した規定であるという点を理由に合理性を認めました。

　労基法36条の趣旨である①時間外労働の臨時性・例外性と，②仕事と生活の調和をふまえれば，個別的同意説が理想的です。しかし，企業側の業務の柔軟な運営の必要性（判例が説く「需給関係に即応した生産計画を適正か

つ円滑に実施する必要性」）を考慮すると，時間外労働義務の根拠を個別的同意に限定することはやや無理があるでしょう。したがって，判例が説くように，就業規則に基づく時間外労働義務の発生を肯定しつつ，その内容の合理性を労働義務の発生要件と考えることが適切です。そして，**合理性**の内容については，労基法36条の基本趣旨である上記①・②を取り入れて，時間外労働の上限の合理性を労働義務の発生要件と解し，前記の限度基準以下の時間数が規定された場合に限り，合理的なものとして発生すると解すべきです。これによれば，〔case24〕の場合，限度基準以下の40時間が規定されているので，時間外労働義務が発生するものと解されます。

　もっとも，就業規則によって時間外労働義務（使用者の命令権）が発生する場合も，個々の時間外労働命令には**権利濫用**の規制が及びます（労契3条5項）。したがって，時間外労働の業務上の必要性が乏しい一方，労働者の生活上の不利益が大きい場合は，権利濫用となりえます。〔case24〕の③は，権利濫用が成立する典型例といえるでしょう。これに対し，①や②は微妙ですが，彼女との関係だって労働者の重要な生活上の利益（ワーク・ライフ・バランス）であることに変わりはありませんから，時間外労働の必要性が大きくない場合は，権利濫用が成立することがあります。

　では，**休日労働**はどうでしょうか。これについては，時間外労働ほど日常的実施の要請が大きくないこと，労働の生活への影響が大きいことから，事前またはそのつど労働者が合意してはじめて**労働義務**が発生すると考えるべきでしょう（個別的同意説）。

5.5.4　法定内時間外労働・法定外休日労働

　以上に対し，使用者が労働者を図7の17：00〜18：00の時間帯に労働させる場合の法的取扱いはかなり異なります。この時間帯の労働は，法定労働時間（1日8時間）は超えていませんが，就業規則上の所定労働時間（1日7時間）を超えています。

　このように，所定労働時間を超えて法定労働時間の範囲内で労働させることを**法定内時間外労働**といい，労基法36条の適用はなく，三六協定を締結する必要はありません。この点が，法定時間外労働との大きな違いです

が，労働義務については，法定内時間外労働も，労働契約上の所定労働時間を超える労働を意味するため，労働契約上の根拠が必要となります。その根拠は，労働協約・就業規則の規定で足りますが，やはり権利濫用の規制（労契 3 条 5 項）が及びます。

一方，所定休日が法定休日（週休 1 日）より多く規定されている場合（週休 2 日制の場合）に，法定休日以外の休日（法定外休日）に行われる労働を**法定外休日労働**といいますが，その場合の労働義務については，法定休日労働と同様，労働者の個別的同意を要すると考えるべきでしょう。

5.5.5　割増賃金

使用者は，労働者に時間外・休日労働をさせた場合は，その時間またはその日については，通常の労働時間または労働日の賃金の計算額の 2 割 5 分以上 5 割以下の範囲内で，命令で定める率以上の率で計算した**割増賃金**を支払わなければなりません（労基37条 1 項・ 2 項）。その目的は，使用者に割増賃金を支払わせることによって時間外・休日労働を抑制し，労働時間の原則を遵守させることにあります。割増賃金の対象となるのは，**法定時間外・休日労働**であり，**法定内時間外労働・法定外休日労働**については，割増賃金の支払義務はありません。

実際の割増率は，時間外労働では 2 割 5 分増（125％）以上，休日労働では 3 割 5 分増（135％）以上とされており（割増賃金令），国際的に見ると，決して高い水準とはいえません。このため，労基法37条は2008年に改正され，割増賃金の基本を 2 割 5 分増としつつ，時間外労働が 1 か月60時間を超える場合は，その時間については 5 割増（150％）とする旨の規定が設けられました（ 1 項但書）。また，後者の時間外労働については，過半数組合・過半数代表者との間の労使協定を要件に，割増賃金に代えて，通常の賃金による休暇（代替休暇）を付与することもできます（ 3 項）。いわゆる**サービス残業**とは，割増賃金を支払わないまま時間外労働をさせることをいいますが，もちろん違法です。

なお，使用者が午後10時から午前 5 時まで（厚生労働大臣が必要と認める一定の地域・期間については午後11時から午前 6 時まで）の間に労働させた場

合（深夜労働）は，通常の労働時間の賃金の2割5分以上の率で計算した割増賃金を支払う必要があります（労基37条4項）。時間外労働と深夜労働が重複した場合や，休日労働と深夜労働が重複した場合は，割増率は合算され，それぞれ5割（150％）以上，6割（160％）以上となります（労基則20条1項・2項）。

5.5.6　割増賃金の対象・計算

　割増賃金は，「通常の労働時間又は通常の労働日の賃金の計算額」に割増率を乗じて計算されます。「通常の労働時間又は通常の労働日の賃金」とは，時間給の場合はその額，日給制の場合は日給を所定労働時間で除した額，月給制の場合は月給を所定労働時間で除した額をいいます（労基則19条）。つまり，時間あたりの賃金が算定基礎となるのです。

　ただし，割増賃金の算定基礎には，①家族手当，②通勤手当，③別居手当，④子女教育手当，⑤住宅手当，⑥臨時に支払われた賃金，⑦1か月を超える期間ごとに支払われる賃金（賞与等）は算入されません（労基37条5項，労基則21条）。

　ところで，企業によっては，割増賃金を通常の賃金（基本給）に含めて一括払いとすることがよく見られます。年俸制（⇨70頁）が典型であり，たとえば，「年俸額は1,000万円とする。年俸額には割増賃金その他一切の手当を含む」といった規定です。このような一括払制度は，①一括払いによる支給額が割増賃金額を上回ることと，②定額給のうちどれが割増賃金に相当する部分かを明確にしておくことという2つの要件を満たしてはじめて適法と解されています（高知県観光事件・最判平成6・6・13労判653号12頁）。②が要件となるのは，割増賃金相当部分が法定額を満たすかどうかを確認できない制度では，割増賃金によって時間外労働を抑制しようとする法の趣旨が没却されてしまうからです。

〔case25〕　ばりばりの有能な証券マンであるG氏は，月額180万円という高額の給与で働いている。しかし，労働時間も長く，夜遅くまで残って仕事をすることが多いため，時間外手当がどうなっているのか調

> べてみたら，その項目は０円となっている。人事部にクレームを申し立
> てたら，「何を血迷い事を。何のために180万円も支払っている。込みに
> 決まってるでしょ」と一蹴された。どちらのいい分が正しいか。

　常識的には人事部のいい分が正しそうですが，法的には，Ｇ氏のいい分が正しいのです。理由は，上述した第２の要件を欠いているからです。この種のケースについては，労基法は，Ｇ氏のようなホワイトカラーについて，**裁量労働制**（労基38条の４）を用意しているのであり（⇨94頁），会社としては，それを利用するのが筋というべきでしょう。

5.6　労働時間の概念

5.6.1　労基法上の労働時間とは

　以上，労働時間法のルールについて解説してきましたが，そもそも**労働時間**とはどういう時間をいうのでしょうか。図７（⇨78頁）の場合，９：00〜17：00の所定労働時間が労働時間にあたることは明らかです。では，９：00前の準備時間はどうでしょうか。また，サービス業や接客業では，客待ちで何もしていない時間帯がありますが，これは労働時間なのでしょうか。事例に即して考えてみましょう（土田114頁も参照）。

> 〔case26〕　次の時間帯は，それぞれ労働時間か。
> ①　Ｂ美容院に勤務する美容師Ｌさんが所定労働時間中に接客業務をしている時間。
> ②　Ｌさんが労働時間中，客がいないので，美容実習をしている時間。
> ③　Ｌさんが労働時間中，客もなく，実習もせず，暇にしている時間。
> ④　Ｌさんが所定労働時間前（始業前）の30分間，開店に向けて準備している時間および所定労働時間後（終業後）の30分間，後片付けをしている時間。なお，このような準備および後片付けは，Ｂ美容院では慣例となっているが，労働時間や給与にはカウントされていない。

⑤ 79頁の〔case23〕で，Gさんが休憩中に業務上メールのチェックのために待機している時間。

　労基法は，労働時間の定義規定を置いていませんが，同法32条は，1週40時間・1日8時間を超えて「労働させてはならない」と規定しており，労働時間を「労働させる」時間と把握していることがわかります。ここからまずいえることは，労働時間は「労働させる」時間として客観的に決まるということです。つまり，労働者と使用者が，労働契約や就業規則で労働時間の範囲を勝手に決めることはできないのです。判例も，労基法上の労働時間か否かは，「労働者の行為が使用者の指揮命令下に置かれたものと評価することができるか否かにより客観的に定まるもの」と解しています（三菱重工業事件・最判平成12・3・9民集54巻3号801頁）。

　では，客観的に判断されるべき労働時間の概念とはどのようなものでしょうか。これについては，上記判例が述べるように，「労働者が使用者の指揮命令の下に置かれている時間」と定義する見解が有力であり，これを**指揮命令下説**といいます。確かに正しい考え方ですが，**指揮命令下**といってもなお抽象的なので，具体化する必要があります。ここでも，労基法32条が労働時間を「労働」「させる」時間と把握していることをふまえると，「労働」（＝問題となる諸活動の業務性・職務性）と，「させる」こと（＝使用者による拘束性）をともに満たすことを要すると考えるべきでしょう。

　判例（前掲三菱重工業事件）も，同様に解しており，始業前の準備や更衣に要する時間について，「労働者が，就業を命じられた業務の準備行為等を事業所内において行うことを使用者から義務付けられ，又はこれを余儀なくされたときは，当該行為を所定労働時間外において行うものとされている場合であっても，当該行為は，特段の事情がない限り，使用者の指揮命令下に置かれたものと評価することができ，当該行為に要した時間は，……労働基準法上の労働時間に該当する」と判断しています。

　この判断は，①判断枠組みとしては指揮命令下説に立ちつつ，②「業務の準備行為等」によって業務性・職務性を考慮し，また，③「使用者からの義務づけ」または「余儀なくされる状態」によって拘束性を考慮する立

場といえます。「余儀なくされる状態」とは，就業規則や具体的指揮命令による義務づけがなくても，事実上，当該行為を行わざるをえない状態を意味するのでしょう。その後の判例もこれを踏襲し，確立した立場となっています（大星ビル管理事件・最判平成14・2・28民集56巻2号361頁）。

5.6.2 具体的事例

　以上の指揮命令下説によって，〔case26〕について考えてみましょう。

　まず，①と②が労働時間にあたることは当然です。④については，業務性（労働義務との不可分性）および使用者による拘束（義務づけまたは事実上の拘束）の両面から判断されますが，④のように業務性の強い活動（準備・後始末，ミーティング，更衣）は，明示の指揮命令があればもちろん，それがなくても事実上，当該活動への従事を余儀なくされていれば，労働時間となります。④の場合，B美容院による明示の指示はありませんが，「慣例」として事実上余儀なくされているようですから，拘束性の要件も満たします。したがって，所定労働時間前後の時間は労基法上の労働時間となり，Lさんは，それに対応する賃金を請求することができます。

　以上に対し，③は，Lさんが何もしていないので，労働時間かどうかがやや微妙となります。このように，業務と業務の間に生ずる不活動時間を手待時間といいますが，この手待時間も，使用者の指示があれば直ちに労働する義務を負う時間であり，指揮命令下で業務（職務）を継続している時間として労働時間にあたると解されています。手待時間が労働時間でないといえるためには，労働者が単に実労働に従事していないというだけでは足りず，労働からの解放が保障されていることを要するのです（前掲大星ビル管理事件）。その典型が，前述した休憩です。

　したがって，③は労働時間にあたりますし，⑤の時間（休憩ではあるが，メールチェックのために待機を余儀なくされている時間）も同様です。このほか，研修や小集団活動への参加は，業務性が強いことから，自由参加でない限りは労働時間とされています。

5.7 変形労働時間制

5.7.1 変形労働時間制とは

　労働時間の原則は，1週40時間・1日8時間の定型的労働時間制です。しかし，業務に繁閑が生ずることが多い企業では，それに合わせて労働時間を不規則に配分することが必要となります。特にサービス業では，金・土・日は忙しいが，月・火は暇だとか，1年単位で考えても，ボーナス期の6月・12月は忙しいが，1月・2月は暇だといったケースがよく見られます。この場合，定型的労働時間制では，暇な時期は通常の所定労働時間で労働させ，忙しい時期は時間外労働で対応することになりますが，これでは労働時間がどうしても長くなります。

　変形労働時間制は，こうした事態に対処するために設けられた制度であり，一定の期間を単位として，週あたりにならした平均労働時間が週法定労働時間（40時間）を超えないことを条件に，所定労働時間が1週または1日の労働時間を超えることを許容する制度をいいます。変形労働時間制には，1か月単位（労基32条の2），1年単位（同32条の4），1週間単位（同32条の5）の3種類があります。

　このように，変形労働時間制は，労働時間を効率的に配分しつつ，週休2日制を導入したり，暇な時期の労働時間を短縮することで，全体として労働時間の短縮を進めることを目的としています。ただし，労働時間が不規則となり，労働者の生活に悪影響が及ぶため，労働時間の事前特定などの要件が課されています。ここでは，一番ポピュラーな1か月単位の変形労働時間制について解説しましょう（1年単位・1週間単位の変形労働時間制については，土田131頁以下を参照して下さい）。

5.7.2 1か月単位の変形労働時間制

　使用者は，1か月単位の変形労働時間制を実施するためには，過半数労働組合・過半数代表者との労使協定または就業規則その他これに準ずるも

のにおいて，変形労働時間制について定め，労働基準監督署長に届け出なければなりません（労基32条の2第1項・第2項）。就業規則に「準ずるもの」が許されるのは，就業規則の作成義務のない常時10人未満の事業に限られます。1か月の単位期間内の総労働時間は，週法定労働時間以下に収める必要があり，その限度は以下のとおりです（31日の月の場合）。

　　40時間×〈4＋3／7〉週＝177.1時間

　変形労働時間制を採用する場合，使用者は，**労使協定**または**就業規則**において，各週・各日の**所定労働時間（始業・終業時刻）**をあらかじめ特定しておかなければなりません。ただし，これが困難な場合は，変形労働の開始前に勤務割等で特定することも許されますが，いずれにせよ，始業・終業時刻の特定は必須です（昭和63・3・14基発150号）。そこでたとえば，「会社は，業務の都合により1か月を通じ，1週平均38時間以内の範囲内で勤務を指定し，就労させることがある」という制度は，事前の所定労働時間の特定要件を満たしていないことから違法と解されます（大星ビル管理事件・最判平成14・2・28民集56巻2号361頁）。

　また，いったん特定された労働時間を変更することは原則として許されず，業務の大幅な変動が生ずるなど，臨時の必要性に基づく変更のみ例外的に許されます（JR西日本事件・広島高判平成14・6・25労判835号43頁）。

　変形労働時間制が以上の要件を満たせば，労働者が1週・1日の法定労働時間を超えて労働しても，**時間外労働**とはなりません。つまり，①1週40時間・1日8時間を超える労働時間が定められた週・日においては，その時間が法定労働時間となり，それを超えて労働してはじめて法定時間外労働となります。一方，②1週40時間・1日8時間以下の労働時間が定められた週・日においては，法定労働時間（労基32条）が適用され，40時間・8時間を超えて労働時間が延長された場合にはじめて法定時間外労働となります。ただし，③労働時間が40時間・8時間に収まる場合も，変形期間全体で平均週40時間を超える場合は，その部分が法定時間外労働となります（昭和63・1・1基発1号）。

5.8　自律的な働き方と労働時間制度

定型的労働時間制も，変形労働時間制も，使用者が労働時間を決めていることに変わりはありません。しかし，仕事というものは，気分が乗ればうまくいくし，その逆もありますから，労働時間を労働者自身の管理に任せたほうがよい場合があります。このため，労働者の「自律的な働き方」を認める制度として，フレックスタイム制（労基32条の3）と，裁量労働のみなし制（同38条の3・38条の4）が導入されています。

5.8.1　フレックスタイム制

フレックスタイム制とは，始業・終業時刻の決定を個々の労働者に委ねる制度をいいます（労基32条の3）。図8のように，必ず勤務すべき時間帯（**コアタイム**）を設けつつ，その前後に，始業・終業時刻を自由に決定できる時間帯（**フレキシブルタイム**）を設けるのが普通です。労働者による始業・終業時刻の決定を認めることで，**仕事と生活の調和（ワーク・ライフ・バランス）**を促進することを目的としています。企業では，本社，研究開発部門，管理部門で導入する例が一般的です。

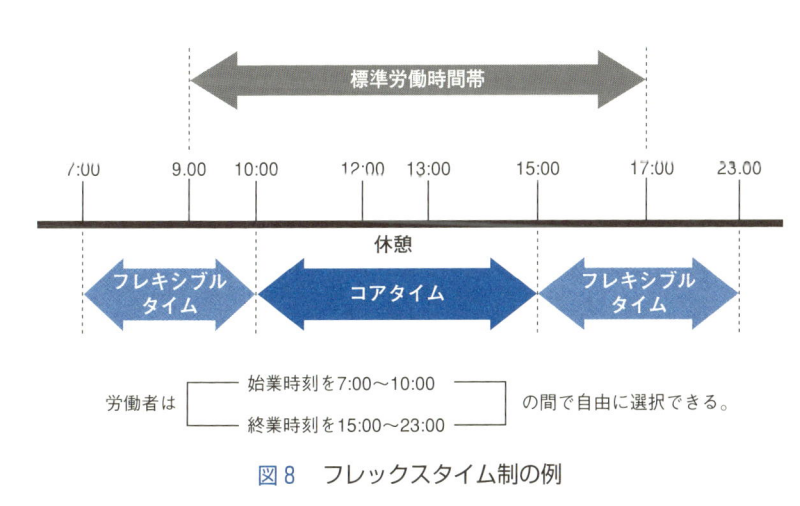

図8　フレックスタイム制の例

フレックスタイム制におけるフレキシブルタイムは，極端に短いもの（30分など）であってはならず，また，始業・終業時刻の双方を労働者の決定に委ねる必要があります。

フレックスタイム制を採用するためには，**始業・終業時刻**を労働者の決定に委ねることを**就業規則**その他これに準ずるもので定めた上，過半数組合・過半数代表者との間で，一定事項（①対象労働者の範囲，②1か月以内の清算期間，③清算期間における総労働時間，④コアタイム・フレキシブルタイムを設けるときはその開始・終了時刻など）を定めた**労使協定**を締結する必要があります（労基32条の3，労基則12条の3）。③の総労働時間は，週あたりにならした平均が法定労働時間（40時間）を超えないよう定めなければなりません（31日の月の場合は，177.1時間。⇨92頁）。

フレックスタイム制が適法に導入されると，労働者が1週40時間・1日8時間の法定労働時間を超えて労働しても時間外労働とならず，三六協定の締結・届出（労基36条）と割増賃金の支払（同37条）は必要ありません。時間外労働となるのは，労働者が清算期間における法定労働時間の限度を超えて労働する場合です。

問題は，フレキシブルタイムにおいて，急な仕事や会議が入った場合に，**業務命令**によって出勤や居残りを命ずることができるか否かですが，否定的に解されています。もともとフレックスタイム制は，労働者が自ら始業・終業時刻を決定することを認める制度ですから，フレキシブルタイム中の一方的な出勤命令は許されず，出勤については，労働者本人の同意を得る必要があるのです（土田135頁参照）。

5.8.2　裁量労働のみなし制——意義

裁量労働のみなし制は，「自律的な働き方と労働時間制度」を象徴する制度です。今日，情報化が猛スピードで進み，知的・専門的な仕事が増え，経営戦略の企画・立案が重視されています。こうした仕事に従事する労働者に共通するのは，仕事上の裁量が大きく，使用者の**指揮命令**が希薄であることと，労働の量（労働時間）より労働の質（成果）によって処遇を決定されることです。研究開発者が，一日中デスクに座っていても何もアイデ

アが浮かばなかったのに，一服中に突然アイデアを思いつき，ヒット商品を産み出すということはよくあります。

　裁量労働のみなし制（裁量労働制）とは，このような労働者（ホワイトカラー）について，労使協定や労使委員会の決議で一定のみなし労働時間を定めれば，実際の労働時間数にかかわらず，それだけの時間労働したものとみなす制度です。**成果主義人事**（⇨66頁）に対応する労働時間制度といえるでしょう。始業・終業時刻の決定を労働者に委ねるにとどまるフレックスタイム制と比較すると，裁量労働制は，労働時間の完全な自己管理（配分）を認めるとともに，労働遂行そのものに関する労働者の裁量を認める点で，「自律的な働き方」を一歩進めた制度といえます。

　一方，裁量労働制は，濫用されると労働者の働き過ぎをもたらす危険があります。いくら「自律的な働き方」といっても，過大なノルマを設定されれば，労働者はそれに向けて猛烈に働かざるをえません。ところが，裁量労働制の下では，どれほど長く働いても，一定時間だけ労働したものとみなされ，みなし労働時間が8時間の場合，割増賃金は支払われません。つまり裁量労働制は，対価なき長時間労働をもたらす危険性があります。そこで法は，裁量労働制に関してかなり厳しい規制を設けています。

5.8.3　専門業務型裁量労働制

　専門業務型裁量労働制は，文字どおり，専門的業務に従事する労働者を対象とする裁量労働制です。すなわち，専門業務型裁量労働制の対象業務は，①業務の性質上その遂行方法を大幅に労働者に委ねる必要があるため，②業務遂行の手段および労働時間の配分の決定に関して具体的指示をすることが困難な業務とされており（労基38条の3第1項），具体的には，以下のように**限定列挙**されています（労基則24条の2の2第2項）。①研究開発，②情報処理システムの分析・設計，③取材・編集・番組制作，④デザイナー，⑤プロデューサー・ディレクター，⑥その他厚生労働大臣が労働政策審議会の議を経て指定する業務（コピーライター，公認会計士，弁護士，一級建築士，不動産鑑定士，弁理士，システムコンサルタント，インテリアコーディネーター，ゲーム用ソフトウェアの創作，証券アナリスト，金融商品開発，税理士，

中小企業診断士)。

　裁量労働制という以上，**業務遂行**と**労働時間の配分**を労働者に委ねる必要があることが認められなければなりません。そのため，労働時間をどう配分し，いつ休憩をとるか，始業・終業時刻をどう設定するかを労働者に委ねる必要があります。また業務遂行の面でも，具体的な指揮命令やマニュアル等で業務の遂行を指示することはできません。

　専門業務型裁量労働制のもう一つの要件は，過半数組合・過半数代表者との間で**労使協定**を締結し，労働基準監督署長に届け出ることです（労基38条の3第1項・2項）。記載事項は，①対象業務，②業務の遂行手段・時間配分について具体的指示をしないこと，③労働時間のみなし規定の定め，④労働者の健康・福祉確保措置，⑤苦情処理手続とされています。

　③の**みなし労働時間**は，法定労働時間（8時間）を超える時間でもよいのですが，その場合は，三六協定の締結・届出と割増賃金の支払が必要となります。実際には，みなし時間を8時間超（たとえば9時間）としつつ，割増賃金に相当するみなし労働手当を支払う企業が多いようです。

　なお，労働者本人の同意は要件とされていませんが，「自律的な働き方」に着目した制度である以上，同意を得ることが望ましいでしょう。

　裁量労働のみなし制の効果は，労働者が実際に労働した時間数にかかわらず，**労使協定**で定めた時間労働したものとみなされることです。みなし労働時間が8時間であれば，1日1時間働こうと，15時間働こうと8時間とみなされ，割増賃金を請求することはできません。法定時間外労働の規制は，上記企業事例のように，みなし時間が法定労働時間を超える場合にのみ適用されます。なお，裁量労働制の下でも，**休憩**（労基34条），**休日**（同35条）および**深夜業**（同37条）の規制は適用除外されません（この点が，後述する**適用除外**〔同41条〕との違いです）。

5.8.4　企画業務型裁量労働制

　企画業務型裁量労働制とは，企業の中枢部門で企画・立案・調査・分析の業務に従事するホワイトカラーに関する労働時間のみなし制であり，1998年改正時に導入されました（労基38条の4）。

企画業務型裁量労働制の要件は，**業務・労働者**という対象面の要件と，**労使委員会による決議**という手続的要件から成っています。

　まず，企画業務型裁量労働制の対象となる**業務**は，①事業運営に関する事項についての，②企画・立案・調査・分析を組み合わせて行う業務であって，③業務の性質上，その遂行方法を大幅に労働者の裁量に委ねる必要があるため，④業務遂行手段・時間配分の決定等に関して使用者が具体的指示をしない業務とされています（労基38条の4第1項1号）。また，業務の裁量性は客観的に認められることを要し，具体的指示や事前のマニュアルで業務遂行の指示が行われる業務を含みません（③・④。この2点は専門業務型と同じです）。

　対象労働者は，「対象業務を適切に遂行するための知識，経験等を有する労働者」です（労基38条の4第1項2号）。経営計画の策定業務，社内組織や人事制度の策定業務，財務・営業計画の策定業務といったところが典型です。要するに，裁量労働制は，企画業務に従事するすべてのホワイトカラーに適用できるわけではありません。

　次に，企画業務型裁量労働制を実施するためには，**労使委員会**という機関（労使双方の委員で構成する機関）を設け，その5分の4以上の多数による決議を行い，労働基準監督署長に届け出う必要があります。つまり手続の面でも，専門業務型裁量労働制より厳しくチェックされるのです。

　労使委員会の決議事項は，①対象業務，②対象労働者，③みなし労働時間数，④労働者の健康・福祉の確保措置，⑤苦情処理手続，⑥適用に際して対象労働者の同意を得ること，および同意しなかったことを理由に解雇その他の不利益取扱いをしてはならないこと等です（労基38条の4第1項1号〜7号）。この⑥によって，企画業務型裁量労働制については，労働者は拒否権を有することになります。

　以上の要件を満たした場合，労働者は，実労働時間の長さにかかわらず，労使委員会が決議したみなし労働時間（上記③）だけ労働したものとみなされます。時間外労働の範囲も，専門業務型と同じです。

5.9　労働時間制の適用除外——「名ばかり管理職」問題

　労働者が従事する業務の性質によっては，労基法上の労働時間規制を及ぼすことが適当でない場合があります。労基法41条は，このような労働者として，農業・水産業に従事する者（1号），管理監督者・機密事務取扱者（2号），監視・断続的労働従事者（3号）を掲げ，労働時間，休憩および休日に関する規制の適用除外を定めています。ただし，深夜業の割増賃金規制（労基37条4項，61条）および年次有給休暇（同39条）の適用は除外されません（ことぶき事件・最判平成21・12・18労判1000号5頁）。

　特に問題となるのは，管理監督者です。適用除外の趣旨は，管理監督者は職務の性質上，一般労働者と同様の労働時間規制になじまず，勤務や出退社についてある程度自由裁量をもつため，厳格な労働時間規制がなくても保護に欠けるところはないという点にあります。したがって，そのようなケースに該当するか否かを実態に即して判断する必要があり，管理職と名が付けば直ちに適用除外が認められるわけではありません。

　具体的には，①勤務態様・出退社に関して自由裁量があること，②人事管理や労働条件管理について重要な権限と責任を有し，または経営方針の決定に参画するなど，企業経営の重要事項に関与していること，③役職手当など，その地位にふさわしい処遇を受けていることの3点が必要です（昭和63・3・14基発150号）。部長，支社長，工場長クラスが典型的ですが，上記のような人事処遇の実質があれば，「課長」クラスの管理職や，ライン管理職でないスタッフ職も管理監督者にあたるとされています。

　もっとも，実際には，管理監督者としての実質を備えていない労働者を名目上の管理職に位置づけ，割増賃金（労基37条）を支払わない事例が後を絶ちません。これがいわゆる「名ばかり管理職」問題です。

　この点，裁判例は，上記と同様の立場から管理監督者の範囲を厳しく解しています。最近では，ファストフード店の店長につき，形式的には労働時間の決定について裁量があるものの，実際には裁量の余地がなく，長時間労働に従事していること（上記①），自分の店舗限りの権限はあるものの，

会社の経営方針の決定には関与していないこと（②），処遇は直近部下の給与と大差なく，人事考課によっては部下を下回るケースもあること（③）などから，管理監督者性を否定した裁判例があります（日本マクドナルド事件・東京地判平成20・1・28労判953号10頁。厚生労働省の通達〔平成20・9・9基発0909001号〕も参照）。企業としては，これら法的ルールを遵守して，コンプライアンスを実行する必要があります。

> 〔case27〕　次の各労働者は管理監督者といえるか。
> a　大手のＮ銀行の事業本部長Ｌ氏。
> b　Ｎ銀行の京都支店長Ｄ氏。
> c　Ｚバーガーの今出川店長または紳士服小売会社Ｋ社の烏丸店長。
> d　〔case25〕(⇨87頁）の証券マンＧ氏。

　上記判断基準に即した個別の判断となりますが，cの店長両氏は，日本マクドナルド事件の店長と同様の実態がある限り，おそらくアウトでしょう。また，dのＧ氏は，前記基準の③は満たすものの，①・②を満たさないものと思われます。

　問題は，aのＬ氏とbのＤ氏です。このクラスの上級管理職の場合，①と③は満たすのが通例と考えられます。そこで，②の権限・責任基準がポイントとなります。この基準を厳格に解し，会社の経営方針の決定に参画していることまで求めれば，aのＬ氏は，本社の事業本部長として②も満たすでしょうが，bのＤ氏のような支店長クラスでは，Ｎ銀行の経営戦略の決定まで関与していないのが普通ですから，管理監督者性を否定される可能性が高まります。一方，②について，京都支店における部下の人事管理や労働条件管理について権限と責任を有することで足りるとして緩やかに考えれば，Ｄ氏は管理監督者性を満たすと思われます。私は，後者の考え方が妥当と思いますが，読者の皆さんも考えてみて下さい。

5.10　年次有給休暇

5.10.1　意　義

年次有給休暇（**年休**）とは，毎年一定の日数の休暇を有給で保障する制度であり，労基法39条に規定されています。休日（⇨80頁）とともに，労働者が休息や余暇を楽しむためのまとまった時間を保障することを目的とする制度です。ポイントは**有給**という点で，年休については，平均賃金に相当する**年休手当**が保障されます（労基39条7項）。「無給」だとすれば，労働者は年休取得に躊躇するでしょうから，この規定は大変重要です。

ところが，こうした年休制度にもかかわらず，日本では，実際の年休取得率が際だって低い状況にあります（最近は，50%を下回るという情けない状況です）。その理由としては，「上司や同僚に迷惑をかける」とか「年休を取りにくい雰囲気がある」が多く，法と現実が乖離しています。**仕事と生活の調和（ワーク・ライフ・バランス）**の観点から，年休の完全消化に向けた創意工夫が求められるところです。

5.10.2　年休権の内容

使用者は，6か月以上勤務し，全労働日の8割以上出勤した労働者に対し，10労働日の年休を与えなければなりません（労基39条1項）。また労働者が1年6か月以上勤務した場合は，前年度に全労働日の8割以上出勤したことを要件に，当該年度に1日，2年6か月以降は2日加算した年休が付与され，20日を上限に加算されます（同2項。**表2**参照）。

年休の付与単位は**1労働日**であり，暦日計算（午前0時〜午後12時）が原

表2　年休の法定付与日数

勤続年数	6か月	1年6か月	2年6か月	3年6か月	4年6か月	5年6か月	6年6か月以上
年次有給休暇付与日数	10日	11日	12日	14日	16日	18日	20日

則です。したがって，年休の時間単位付与や半日付与は違法とされてきましたが，こうした年休のニーズも否定できないため（たとえば，午前中だけ年休を取って病院に行くなど），2008年に労基法が改正され，労使協定で労働者の範囲や年休日数を特定すれば，年休のうち5日まで時間単位取得を認める規定が置かれました（労基39条4項）。

なお，所定労働日数の少ない労働者（**パートタイマー，アルバイト**）については，週所定労働時間が30時間未満，労働日数が4日以下の労働者について，労働時間数に応じて比例的に年休権が発生します（同3項，労基則24条の3）。つまり年休権は，フルタイムの正社員だけでなく，非正社員にも保障されているのです（⇨218頁）。

年休権は，各年度の年休の消化によって消滅します。ただし，未消化年休は，翌年度に限り繰り越されます（賃金に関する2年間の消滅時効〔労基115条〕が根拠です）。

5.10.3　6か月継続勤務・全労働日の8割以上出勤

継続勤務とは，労働契約が存続していることをいい，実際に就労している場合はもちろん，出向期間や休職期間も在籍期間として含まれます。また，6か月以上の有期労働契約を反復更新している場合も「継続勤務」にあたります。

年休権の発生要件となる出勤率（8割以上）は，全労働日（労働者が労働契約上労働義務を負う日）を分母とし，就労日数を分子として計算されます。なお，業務上傷病による療養期間，育児・介護休業期間，産前産後休業期間は本来は労働日であり，欠勤したことになるはずですが，出勤したものとみなされます（労基39条8項。年休取得日も同様です）。

8割以上出勤の要件は，1年6か月以上継続勤務した労働者にも適用されますので，前年度に8割以上出勤しなかった労働者の翌年度の年休は0日となります。ただし，翌年度に8割以上出勤すれば，翌々年度には，前年度に加算した年休権が発生します（4年勤務した労働者が2008年度に7割出勤だと，2009年度の年休は0日ですが，2010年度は，3年6か月勤務に対応する14日に2日加算した16日の年休権を得ることになります）。

5.10.4 時季指定権

　年休権によって，年休を何日取得できるかは決まりますが，いつ取得するか（年休の具体的時期）までは決まりません。労基法は，この年休時期を決定する権利を使用者にではなく，労働者に認め，「使用者は……有給休暇を労働者の請求する時季に与えなければならない」と規定しています（労基39条5項本文）。この「請求」権を時季指定権といい，時季とは，「季節」と「具体的時期」の双方を含む概念を意味します。

　時季指定権が行使されると，使用者が時季変更権を適法に行使しない限り，年休権の効果が発生します。つまり，年休日の労働義務が消滅するとともに，年休手当請求権が発生するのです。労基法は「請求」という文言を用いていますが，時季指定権は，労働者が一方的に行使する権利（形成権）であり，使用者の「承認」や「許可」を必要としません（時季指定権を含めた年休権の法的性格については，土田・契約法335頁参照）。

　また企業では，就業規則で時季指定の時期や方式（一定日数前までの請求等）を規定することがあります。こうした規定は，特に不合理な内容のもの（事前指定期間が長過ぎるなど）を除けば適法と解されています（電電公社此花電報電話局事件・最判昭和57・3・18民集36巻3号366頁）。

5.10.5 時季変更権

　(1) 意　義　以上のように，年休をいつとるかは労働者の権利ですが，年休指定日がたまたま非常に忙しい日であれば，使用者としては大変困りますし，その利益も保護する必要があります。そこで法は，年休権と事業運営との調整を図るための使用者の権利として時季変更権を認めています。すなわち，使用者は，労働者の請求した「時季に有給休暇を与えることが事業の正常な運営を妨げる場合においては，他の時季にこれを与えることができる」(労基39条5項但書)。ただ「変更」権といっても，その内容は，年休の成立を阻止する点にあり，使用者は文字どおり年休時季を変更する（代わりの時季を指定する）権利をもつわけではありません。この場合，労働者は，改めて他の時季を指定することができます。

(2) 要　　件　　事業の「正常な運営を妨げる場合」といえるためには，①年休取得日における労働者の労働が事業運営に不可欠であることと，②代替要員の確保が困難であること，の２点が必要です。なお，時季変更権は年休の事前に行使されるものですから，事業の正常な運営の阻害が現実に発生する必要はなく，その蓋然性が客観的に存在すれば足ります。

まず，年休当日にその労働者を欠くと，業務に具体的支障が生ずることが客観的に予測できることが必要です（①）。単に業務が繁忙だとか，慢性的に人手不足という理由では足りません。そのように解さないと，労働者が常に年休を取得できない結果となるからです。

次に，業務に具体的支障が生ずることが予測できても，年休当日の代替要員を確保することが困難であることが時季変更権の要件となります（②）。代替要員の確保が可能であれば，それによって年休を付与することが年休権保障の趣旨に合致するからです。判例も，このような代替要員確保の義務を，使用者の「状況に応じた配慮」として認めています（電電公社弘前電報電話局事件・最判昭和62・7・10民集41巻5号1229頁）。

「状況に応じた配慮」の内容は，労働者の職務の代替性・専門性の程度，代替要員確保の可能性，休暇期間の長さ，代替要員を確保するための時間的余裕の有無などを総合して判断されます。この結果，代替要員確保の努力（要員調整，代替可能な労働者への打診）を全くしていない場合は，時季変更権行使は違法となります。一方，代替勤務や勤務割の変更は，本人の同意を得て行えば足り，使用者は，対象者に代替勤務を命ずる必要はありません。

〔case28〕　雑誌社Ｒ社の花形記者であるＳ氏は，花形だけあって年中忙しい。このたび，Ｓ氏はめでたく結婚し，見聞を広める目的もあって，ヨーロッパへ新婚旅行に出かけることとし，３週間の年休届を出したが，編集長いわく「お前の代わりはおらん。顔を洗って出直して来い」ということであっさり却下された。ほかにも，雑誌記者は業務繁忙を理由に年休を取得できないことが多い。人員配置に問題はないのか。

このように，休暇期間が長い場合は，事業運営への影響も大きくなるた

め，使用者の裁量権が大きくなります。判例は，通信社記者による1か月の長期休暇請求に対し，会社が後半12日間につき時季変更権を行使したケースについて，①使用者の裁量の余地を認めた上，②記者の職務の専門性が高く代替勤務者の配置が困難だったこと，③記者が十分な調整を行うことなく時季指定を行ったこと，④会社が前半の休暇を認め，後半12日分についてのみ時季変更をしたのは「状況に応じた配慮」といえることから，時季変更を適法と判断しています（時事通信社事件・最判平成4・6・23民集46巻4号306頁）。

もっとも，労働者が有能で，仕事が専門的なために「代わりはおらん」（代替が不可能）ということになると，その労働者は常に年休を取得できない結果となります。年休権を保障する法の趣旨に整合しない事態であり，このような場合にこそ「状況に応じた配慮」が求められます。〔case28〕でも，一定期間について年休を認めたり，年休時季を比較的暇な時期にずらすよう説得するなどの配慮を行うべきであり，それを欠いたまま，Ｓ氏の請求を却下すること（時季変更権の行使）は，違法の評価を免れません。

5.10.6　年休の利用目的

労働者は，年休を自由に利用することができます。これを**年休自由利用の原則**といいます（林野庁白石営林署事件・最判昭和48・3・2民集27巻2号191頁）。労働者は，年休によって労働義務から解放されますので，それを自由に利用できることは当然の原則です。

したがって，労働者は時季指定に際して年休目的を告知する必要はありません。また，使用者が目的を尋ねたり，就業規則に利用目的の告知義務を定めることも違法と解されています。

5.10.7　計画年休

日本では，年休の取得率が低い状況にありますが，その一因として，年休の取得が労働者個人の判断に委ねられるため，本人が職場や同僚に気兼ねして年休取得を遠慮してしまうという事情があります。

そこで，年休の計画的取得を促進する方法として導入されたのが，**計画**

年休です（労基39条6項）。すなわち，使用者は，過半数組合・過半数代表者との間で労使協定を締結し，年休時季に関する定めをしたときは，年休日数のうち5日を超える部分については，時季指定・時季変更によることなく年休を与えることができます。いいかえると，使用者はこの範囲内では，労働者の希望にかかわらず，年休時季を決定することができるのです。たとえば，8月12日～16日を一斉夏季休暇とするといった制度です。

これに対し，年休日数のうち5日分については，労働者個人の意思（時季指定）が尊重されます。年休については，個人の希望も重要ですから，これを保障する趣旨の規定です。

5.10.8 年休取得と不利益取扱い

使用者は，労働者が年休を取得したことを理由に，**不利益取扱い**をしてはなりません。不利益取扱いとしては，人事考課を低くすること，賞与の算定上不利益に扱うこと，皆勤手当を支給しないことなどが典型ですが，いずれも，強行法規である労基法39条に反するものとして違法と考えるべきです。労基法附則136条も，「使用者は……有給休暇を取得した労働者に対して，賃金の減額その他不利益な取扱いをしないようにしなければならない」と規定しています。

もっとも，判例は，附則136条を努力義務と解した上で，不利益取扱いの趣旨・目的，経済的利益損失の程度，年休取得に対する事実上の抑止力の強弱等を総合し，年休権保障の趣旨を実質的に失わせるものと認められる場合にはじめて**公序**違反として無効となると解しています（沼津交通事件・最判平成5・6・25民集47巻6号4585頁）。しかし，労働者の年休取得を萎縮させかねない判断であり，適切とは思われません。

5.11 育児休業・介護休業

5.11.1 休業の意義

労働法は，労基法その他の法律において，労働者の**休業**の権利を定めて

います。**産前産後休業**（労基65条）と，**育児休業・介護休業**（育児・介護休業法）が代表的なものです。これら休業は，労働者が労働日（労働義務を負う日）に「権利として」労働から解放されることを意味し，この点で，年次有給休暇（労基39条）に似ています。ただし，年休が有給で保障されるのに対し，休業中の賃金に関する法的規制はなく，労使合意に委ねられる点が異なります（法的には無給でも差し支えありません）。

5.11.2 育児休業

　育児・介護休業法（「育児休業，介護休業等育児又は家族介護を行う労働者の福祉に関する法律」）は，高齢・少子時代の到来を迎え，労働者が仕事と育児・介護（家庭生活）を両立できるよう，育児・介護のために休業する権利を保障した法律です（育介法1条参照）。また，育児休業・介護休業は**男女共通の権利**であり，産前産後休業（労基65条）や育児時間（労基67条）のような女性のための措置とは基本的に異なります。これは，男女ともに家庭責任を果たし，**仕事と生活の両立**（ワーク・ライフ・バランス）を保障されるべきとの考え方に基づいています。

　労働者は，男女を問わず，1歳未満の子を養育するために**育児休業**を申し出ることができます（育介法5条1項）。育児休業を取得できるのは，1歳未満の子を養育する労働者ですが，一定の場合には，子が1歳6か月になるまで育児休業を取得できます（育介法5条3項）。また，日々雇用される労働者および期間雇用労働者は除外されますが，同一の事業主に引き続き雇用された期間が1年以上あり，子が1歳に達する日を超えて雇用の継続が見込まれる労働者は育児休業権を保障されます（育介法5条1項）。

　事業主（使用者）は，原則として育児休業の申出を拒むことができません（育介法6条1項）。一方，事業主は，育児休業期間中の賃金を支払う義務はありません。しかし，休業中の所得保障のため，雇用保険により，休業前の賃金の50％を保障する「育児休業給付」が支給されます（雇用保険法61条の4以下）。

　このように，休業を無給扱いとすることは違法ではありませんが，労働者が育児休業の申出をしたことや，育児休業を取得したことを理由とする

解雇その他の**不利益取扱い**は禁止されます（育介法10条。不利益取扱いの具体的内容は，平成16・12・28厚労告460号参照）。判例では，賞与支給について出勤率90％以上を要件としつつ，労働者が産後休業や，育児休業法（当時）の勤務時間短縮措置に基づく育児時間を取得したことを欠勤扱いとし，上記出勤率を満たさないとして賞与を全額不支給としたことにつき，権利行使に対する抑制力の強さを認め，**公序**違反により無効と判断した例があります（東朋学園事件・最判平成15・12・4労判862号14頁）。

5.11.3 育児休業以外の措置

とはいえ，労働者の中には，育児休業によって会社を長期間休み，キャリアを中断することに不安を感じ，躊躇する人も多いでしょう。そこで，育児・介護休業法は，育児休業を取得しない労働者について，休業の代わりとなる措置を事業主に義務づけています。

事業主は，育児休業を取得せずに1歳から3歳までの子を養育する労働者に対しては，その申出により，勤務時間の短縮など，**子の養育を容易にする措置**を講じなければなりません（育介法23条1項）。**勤務時間短縮措置**としては，短時間勤務制度（短時間正社員），フレックスタイム制，始業・終業時刻の繰上げ・繰下げ，所定時間外労働の免除，託児施設の供与があります（育介法施行規則34条1項）。法の規定はありませんが，在宅勤務制度も有意義な措置といえるでしょう。

このほか，育児・介護休業法は，3歳に満たない子を養育する労働者が請求した場合の時間外労働の免除（育介法16条の8）や短時間勤務制度の導入義務（育介法23条），小学校就学の始期に達するまでの子を養育する労働者についての時間外労働の制限（1月24時間，1年150時間まで。育介法17条1項），午後10時から午前5時までの深夜業の免除請求権（育介法19条1項），転勤に関する配慮義務（育介法26条。⇨117頁）などを規定しています。

5.11.4 介護休業

労働者は，要介護状態にある家族を介護するために，申出により休業することができます（**介護休業**。育介法11条1項）。要介護状態とは，負傷，

疾病または身体もしくは精神の障害により，2週間以上にわたり常時介護を必要とする状態をいい（育介法2条3号），対象となる家族は，配偶者，父母，子および同居する祖父母・兄弟姉妹・孫ならびに配偶者の父母です（育介法2条4号）。介護休業は，原則として，同一の対象家族1名につき，要介護状態に至ったごとに1回，通算93日の範囲内で認められます（育介法15条）。介護休業権の具体的内容は，育児休業と基本的に同じです。

第 6 章

人事異動

　企業において，労働者は様々な人事異動を経験します。これまで従事したことのない仕事への配置転換（配転），住んだことのない土地への配置転換（転勤），平社員から管理職への抜擢（昇進），不幸にしてその逆のケース（降格），関連会社や子会社への異動（出向・転籍）等々。大企業であれば，配転や転勤は日常茶飯事に行われますし，中小企業では，配転・転勤は少ないでしょうが，昇進や昇格は必ず行われる異動です。本章では，こうした人事異動の法的ルールについて解説します。

　人事異動に関しては，①その法的根拠・要件と，②異動後の労働条件・処遇が主要な法律問題となります。つまり，これら人事異動は，労働者の職種・勤務地を変更するとともに，場合によっては賃金や労働時間といった重要な労働条件の変更をもたらします。このため，使用者（企業）がいかなる根拠と要件によって異動を命じうるかが問題となり（①），また，異動後の労働条件のあり方が問題となるのです（②）。

　このうち①については，配転・昇進・降格といった正社員の企業内人事異動に関する限り，使用者（企業）の人事権が基本となり，使用者の裁量権が広く肯定されます。この点は，日本企業が基本とする長期雇用制度と関係しており，そこでは，雇用保障の観点から解雇権が制約されますが（労契16条。⇨179頁），その代わり，長期的な人材育成・ローテーション人事・雇用調整措置として人事異動が重要となり，人事権が広く肯定されるのです。これに対し，出向・転籍という企業間人事異動については，労働者の同意が基本となりますが，一方，他企業への異動であることから，出向・転籍後の労働条件（②）がより重要な論点となります。

もっとも，人事権は，あくまで労働契約に根拠を置く権利ですから，労働契約による規制に服するのであり（労使間合意および権利濫用による規制），万能の権限というわけではありません。特に近年には，人事権の背景を成してきた長期雇用システム自体の変化に伴い，企業が自ら人事権を制約したり（職種・勤務地限定制度，労働者に職務選択権を認める制度〔社内公募制・社内FA制〕），人事権に対する法規制が強化されるようになっています（労働者のキャリア形成支援の観点からの規制，仕事と生活の調和〔ワーク・ライフ・バランス〕の観点からの規制〔⇨116頁〕）。人事異動に関しては，こうした変化にも十分留意する必要があります。

6.1 昇格・昇進・降格

企業内人事異動には，大きく分けて，資格や役職を上下に移動させる「縦の異動」と，資格等を変えないまま仕事の中身や勤務地を変更する「横の異動」があります。「縦の異動」が昇格・昇進・降格であり，「横の異動」が配転・転勤です。まず，「縦の異動」から解説しましょう。

6.1.1 昇格・昇進

昇格とは，職能資格制度において資格を上昇させることをいい，昇進とは，役職を上昇させることをいいます。職能資格制度とは，労働者の能力の発展段階に応じて資格等級を定めて格付けし，それに応じた処遇と賃金管理を行う制度であり，ポピュラーな人事制度として定着しています（表3）。そこでは，まず職務遂行能力に応じた職能資格を大きく区分し（上級・中級・初級など），各資格の中で資格等級を細分化して定めます（参事1級など）。この資格・等級を上昇させることを昇格といい，下降させることを降格といいます。昇格・降格は，基本給を決定する基本的要素となり，賞与の算定にも反映されます。

一方，職能資格制度においては，資格等級の各段階に対応する役職が定められ，この間で昇進が行われます。表3のとおり，資格と役職をはっきり分け，一定の資格に達した従業員の中から成績優秀者を選別し，役職に

表3　職能資格制度のモデル

職能資格	資格等級	昇級・昇格候補要件	対応役職（ポスト限定）
経営職			
上級管理専門職	参事1級	滞留義務年数の経過 過去3回の人事考課成績の持点が9点以上 各資格等級の職務遂行基準に達していること	部長
	参事2級		次長
中級管理専門職	参事3級		課長
	参事4級		課長補佐
初級専門職	副参事1級		係長
	副参事2級		
指揮監督職	主事1級		主任
	主事2級		
	主査1級	滞留義務年数の経過 過去3回の人事考課成績の持点が6点以上	
	主査補		
一般職	社員1級	各資格等級ごとの滞留義務年数の経過	
	社員2級		
	社員3級		

(出所)　小嶌典明＝島田陽一＝浜田冨士郎『目で見る労働法教材〔第2版〕(有斐閣，2003年)』74頁所収の図をもとに作成した。

昇進させるわけです。他方，役職を下位に引き下げることを**降格**または**降職**といいます。

　昇進・昇格については，賃金等の労働条件の上昇を意味するため，昇進・昇格命令の根拠が問題となることはほとんどありません。むしろここでは逆に，使用者が一定の労働者（グループ）を差別的に昇進・昇格させないことの違法性が問題となります。このうち，男女の**昇格差別**については，後に解説します（⇒198頁。昇進・昇格の詳細は，土田163頁参照）。

6.1.2　降　　格

　降格とは，労働者の職能資格または役職を低下させることをいい，前者は昇格に，後者は昇進に対応します。昇格・昇進と異なり，労働者に及ぼ

す不利益が大きいため，一方的降格命令の根拠と要件が問題となります。

まず，**役職の引下げ**（低下）としての降格については，経営の中枢を担う人材の配置の問題であることから，使用者の広範な経営判断に属する事項とされています。つまり使用者は，就業規則に特別の根拠がなくても，**人事権**（**指揮命令権**）を行使して降格を命ずることができるのです。ただし，権利の濫用にわたることは許されず（労契3条5項），権利濫用とされれば，降格の命令は無効となり，事案に応じて不法行為が成立します（民709条）。裁判例では，合理化政策に非協力的な管理職（課長）を課長補佐，玄関受付に2段階降格したことにつき，人格権を侵害し，退職に追い込む意図をもって行われたとして権利濫用を認めた例があります（バンク・オブ・アメリカ・イリノイ事件・東京地判平成7・12・4労判685号17頁）。

これに対して，**資格の引下げ**としての降格は，職能資格と結びついた基本給（職能給）を引き下げる措置であり，契約内容の変更を意味するので，人事権に基づく一方的降格命令は許されず，**労働者の同意**または**就業規則**・給与規程上の明確な根拠が必要とされます（アーク証券事件・東京地判平成12・1・31労判785号45頁）。

また，**就業規則**に根拠規定がある場合（「職務遂行能力を評価して，当該資格要件を満たさなくなった場合は，降格を行うことがある」等の規定）も，降格の要件である就業規則の降格事由該当性の判断は，人事考課の公正さに即して厳格に行われます（光輪モータース事件・東京地判平成18・8・30労判929号51頁）。降格が降格事由該当性を否定されれば，契約違反または人事権濫用（労契3条5項）として無効となります。

6.2 配転（配置転換）

6.2.1 配転とは

配転（**配置転換**）とは，労働者の職種・職務内容または勤務場所を同一企業内で相当長期にわたって変更することをいいます。このうち，ほかの事業所への勤務地の変更は**転勤**とも呼ばれます。同一使用者の下での異動

である点で出向と異なり，長期の異動である点で出張や応援と区別されるのです。

配転は，日本の人事制度の中心に位置する制度です。日本の長期雇用制度の下では，企業は正規従業員を採用後，配転と内部昇進によって人材の育成を図るのが通例であり，配転は能力開発や昇格・昇進の手段として計画的に実施されます（**ジョブ・ローテーション**）。また配転は，雇用調整や事業の再編成のためにも重要であり，事業の多角化に伴う異職種間配転や，解雇回避策としての配転が頻繁に実施されています。

6.2.2　配転命令の根拠と要件

では，そもそも使用者は配転を一方的に命ずることができるのでしょうか（⇨109頁の①）。いいかえれば，配転には労働者本人の同意は必要とされないのでしょうか。配転は，労働者の仕事内容・キャリアや家庭生活に大きな影響を及ぼすため，重要な問題となります。

この点については，**配転命令権（人事権）**が労働契約の内容として予定されているか否かによって判断する考え方（**契約説**）が一般的です。職種や勤務場所をどのように約束（合意）するかは個々の労働者によって異なりますから，これは当然の考え方といえます。判例も，職種・勤務地限定の合意の有無，就業規則上の配転条項，配転の実施状況等を資料に個々の労働契約を解釈した上で，配転命令権の可否を判断する立場に立っています（東亜ペイント事件・最判昭和61・7・14労判477号6頁，ケンウッド事件・最判平成12・1・28労判774号7頁）。

もっとも，この考え方を総合職の正社員にあてはめると，広範な**配転命令権**（人事権）が肯定されるのが一般的です。これら正社員の場合，長期雇用を前提に雇用されるため，職種や勤務場所の特定がなされず，また就業規則に「業務上の必要性があるときは配転を命ずることがある」との配転条項が設けられることから，広範な配転命令権が肯定されるのです。ただし，配転命令権が認められても，第2段階の規制として**権利濫用**の有無が判断され（労契3条5項），権利行使の不当性がチェックされます（図9）。

なお，配転命令が均等待遇原則（労基3条），男女差別の禁止（雇均6条），

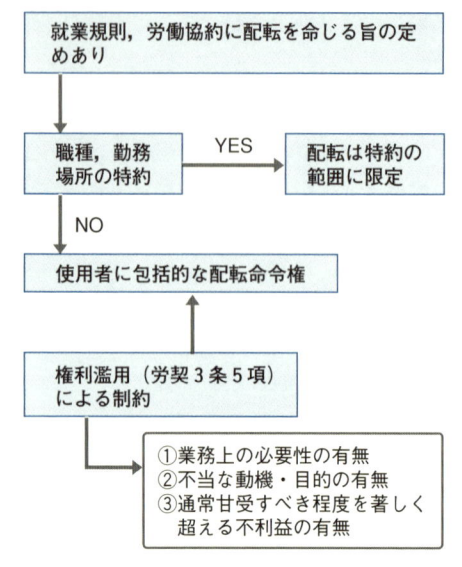

```
┌─────────────────────┐
│ 就業規則，労働協約に │
│ 配転を命じる旨の定   │
│ めあり               │
└──────────┬──────────┘
           ↓
┌─────────────────┐  YES  ┌─────────────┐
│ 職種, 勤務      ├──────→│ 配転は特約の│
│ 場所の特約      │       │ 範囲に限定  │
└──────────┬──────┘       └─────────────┘
           │ NO
           ↓
┌─────────────────────────────┐
│ 使用者に包括的な配転命令権  │
└──────────────▲──────────────┘
               │
┌──────────────┴──────────────┐
│ 権利濫用（労契3条5項）      │
│ による制約                  │
└──────────────┬──────────────┘
               ↓
┌─────────────────────────────┐
│ ①業務上の必要性の有無       │
│ ②不当な動機・目的の有無     │
│ ③通常甘受すべき程度を著しく │
│   超える不利益の有無        │
└─────────────────────────────┘
```

（出所）　小嶌典明＝島田陽一＝浜田冨士郎『目で見る労働法教材〔第2版〕』
　　　　（有斐閣，2003年）69頁より。

図9　配転命令権

不当労働行為（労組7条）等の差別禁止規定に反してはならないことは当然です。

6.2.3　職種・勤務地限定の合意と就業規則の配転条項

　一方，契約説によれば，労働契約において職種や勤務地が明示的・黙示的に特定されれば，配転命令権を認める余地はなく，配転には労働者本人の同意が必要となります。まず，パートタイマーやアルバイト等の非正社員の場合は，特定の職務や勤務地を選択して採用されるのが普通ですから，職種・勤務地限定の合意が認められ，配転命令権は否定されます。

　次に，正社員の中でも，職種限定社員・部門限定社員など，採用当初から職種・職務内容を限定して働く労働者については，職種限定の明示の合意が認められ，配転命令権は否定されます。勤務地についても，勤務地限定社員や勤務地限定総合職については，勤務地を一定地域に限定する明示

の合意が認められるので、配転命令権は否定されます（土田170頁）。

さらに、総合職の正社員に関しても、就業規則の配転条項を万能視して配転命令権を肯定することには問題があります。もともと就業規則は、使用者が一方的に作成するルールであり、多数労働者を予定する契約の「ひな形」にとどまるからです。職種・勤務地の決め方は個人によって様々ですから、職種・勤務地限定の合意が労使間で明示的・黙示的に取り決められれば、就業規則に優先する効力をもつと考えるべきでしょう。労働契約法7条但書も、就業規則に対する特約優先規定を定めており（⇨53頁）、これによれば、使用者が採用時に労働者との間で職種・勤務地限定の合意を行った場合は、その合意が特約として優先することになります。

〔case29〕　J自動車は、世界的な金融不況と自動車販売の不振により、販売不振の車種を製造するM工場を閉鎖し、H工場に統合することとした。そして、職種を機械工に限定して採用され、M工場において10数年〜20数年にわたって働いてきた熟練機械工R氏らに対し、「業務上の必要性があるときは配転を命ずることがある」との配転条項に基づいて、H工場の組立てラインという単純作業への配転命令を発した。しかし、R氏らは、J社入社時に、機械工以外の仕事には配置換えしないという約束でJ社に入社したとして応じない。この配転命令は有効か。

このケースでも、就業規則の配転条項を重視すれば、配転命令は有効という結論になります（同旨の判例として、日産自動車事件・最判平成元・12・7労判554号6頁）。しかし、上記のとおり、労働契約法7条但書に従って個別的合意を認定する立場に立つならば、この種のケースでも、職種・勤務地限定の合意を認め、配転命令の効力を否定する解釈が自然でしょう。すなわち、R氏らに対するJ社の配転命令は無効と考えられます。

もっとも、ここで考える必要があるのは、J社がR氏らの解雇を避けるためにH工場への配転を命じたとすれば、本件配転は解雇回避措置としての意義を有し、労働者に有利な側面もあるということです。そこで、このようなJ社の努力を評価するためには、変更解約告知という手段を認め、

労使間の利益調整を図ることが考えられます (⇨165頁)。

6.2.4 権利濫用の規制

(1) **概　説**　使用者が配転命令権（人事権）を有する場合も，それを無制限に行使することは許されず，**権利濫用**と評価されないことが要件となります（労契3条5項）。配転命令が権利濫用にあたるか否かは，業務上の必要性・人選の相当性と，配転によって労働者が被る不利益（職種変更による不利益，賃金など労働条件の低下，私生活・家庭生活上の不利益）との比較衡量を中心に，配転手続の妥当性も考慮して判断されます（図9）。

(2) **業務上の必要性，不当な動機・目的**　まず，**業務上の必要性**を欠く配転命令は権利の濫用と評価されます。業務上の必要性は，「労働力の適正配置，業務の能率増進，労働者の能力開発，勤務意欲の高揚，業務運営の円滑化」など広範に認められます。また人選の相当性についても，「余人をもっては容易に替え難い」ほどの高度の必要性は要せず，「企業の合理的運営に寄与する」点があれば足りるとされています。これに対し，報復目的や退職強要目的などの**不当な動機・目的**で行った配転命令は，権利の濫用として無効となります（以上，前掲東亜ペイント事件）。

(3) **労働者の不利益**　配転命令に業務上の必要性がある場合も，それが労働者に著しい不利益を及ぼす場合は権利の濫用となります。

まず注意を要するのは，配転は，企業内の人事異動ですから，**賃金減額**を行ってはならないということです。すなわち，職能資格制度においては，賃金（基本給）は職務ではなく資格と連動していること（⇨110頁）から，配転を理由に賃金（基本給）を一方的に引き下げることはできません（役職引下げに伴う役職手当の引下げは許されます）。

労働者の不利益は，特に，遠隔地間転勤における家庭生活上の不利益として問題となります（職種変更の不利益については，土田・契約法378頁）。この点，判例は，権利濫用が成立する場合を「労働者に対し通常甘受すべき程度を著しく超える不利益を負わせる」場合に限定しています（単身赴任につき，前掲東亜ペイント事件）。その後の裁判例も，単身赴任や通勤時間の長時間化等の不利益については，労働者が甘受すべき通常の不利益にとど

まると解し，権利濫用を否定しています（通勤の長時間化や幼児の保育上の支障につき，前掲ケンウッド事件）。

　しかし，**勤務地の変更**に関しては，**仕事と生活の調和（ワーク・ライフ・バランス）**という観点から，労働者が被る不利益を慎重にチェックする必要があります。特に**単身赴任**をもたらしうる転勤については，業務上の必要性をより厳しく解するとともに，使用者は，単身赴任が労働者に及ぼす不利益を回避・軽減するための措置をとるべき**信義則上の配慮義務**を負うと考えるべきでしょう（先例は，帝国臓器製薬事件・東京地判平成5・9・29労判636号19頁）。これはさらに，①単身赴任を回避し，家族帯同の転勤を可能とする措置（配偶者の就職あっせん，保育所の紹介等）と，②単身赴任が避けられない場合の不利益の軽減措置（本人の健康対策，定期的帰省の配慮等）に分かれます。

　また，**育児・介護休業法**26条（⇨107頁）は，育児・介護に従事する労働者については，労働者の転勤によって子の養育や家族の介護が困難となる場合，使用者がその状況に配慮すべき義務（**配慮義務**）を定めています（具体的には，対象労働者の育児・介護状況の把握，本人の意向の斟酌，転勤後の育児・介護に関する代替手段の有無の確認等。平成16・12・8厚労告460号）。こうした配慮を欠いたまま性急に転勤を強制すれば，**権利濫用**の評価を免れません（ネスレ日本事件・大阪高判平成18・4・14労判915号60頁）。

　さらに，使用者は，配転に際して，信義則上，配転の内容や必要性を説明するなどの**手続**を履行する必要があり，それを無視して強行された配転命令は，権利濫用となりえます（労契3条4項・5項，4条1項）。

> 【case30】　S製薬会社は，東京の研究所に勤務する社員U氏に対して，就業規則の配転条項に基づいて，名古屋支社への転勤を命じたところ，U氏はこれを拒否した。①S社に10年間勤務してきたが，その間，自宅から通える首都圏以外の配転がなかったこと，②名古屋支社では職務内容が変更され，MR（医薬情報担当者）として営業職に従事せざるをえないこと，③第2子が産まれたばかりで育児を共働きの妻と協力して行わざるをえない状況にあり，名古屋に転勤すれば，妻が退職せざる

> をえないことが理由である。
> 　S社は，①②については，研究職としても必要な経験であり，将来は研究職に戻す予定であること，③については，妻の就職斡旋をするほか，単身赴任となる場合は，会社規程によって帰省手当を支給することなどを説明して説得したが，U氏は頑として応じない。

　①と②は，労働契約において配転命令権（人事権）が予定されているか否かの問題となりますが，これを否定することはおそらく無理でしょう。問題は③であり，S社が上記信義則上の配慮義務や育児・介護休業法26条に即した配慮義務を尽くしていると評価できるかどうかが権利濫用の有無を決するポイントとなります。

　配転命令が労働契約上の根拠を欠き，または人事権の濫用と評価される場合は無効となり，労働者は，配転前の職種や勤務地で仕事に従事する権利を主張することができます。配転命令が差別禁止規定に違反して行われた場合（⇨113頁）も同じです。

6.3　出向・転籍

6.3.1　出向・転籍の意義

　配転が企業内人事異動であるのに対し，出向・転籍は，企業間で行われる人事異動を意味します。出向は，労働者が使用者（出向元）との労働契約を維持しつつ，長期にわたって他企業（出向先）の指揮命令に服して労働することをいい，一定期間の経過後に復帰するのが原則です。一方，転籍は，転籍元との労働契約を終了させた上で，転籍先企業との労働契約に入る形態をいい，復帰を予定しないのが普通です（図10）。

　もっとも，復帰のないまま出向先で定年退職を迎える出向もあれば，逆に復帰を予定して行われる転籍もあり，復帰の有無が両者を分ける決め手というわけではありません。出向と転籍は，あくまで元の使用者との労働契約があるか否かによって区別されるのです（新日本製鐵〔日鐵運輸第2〕

図10 出向と転籍

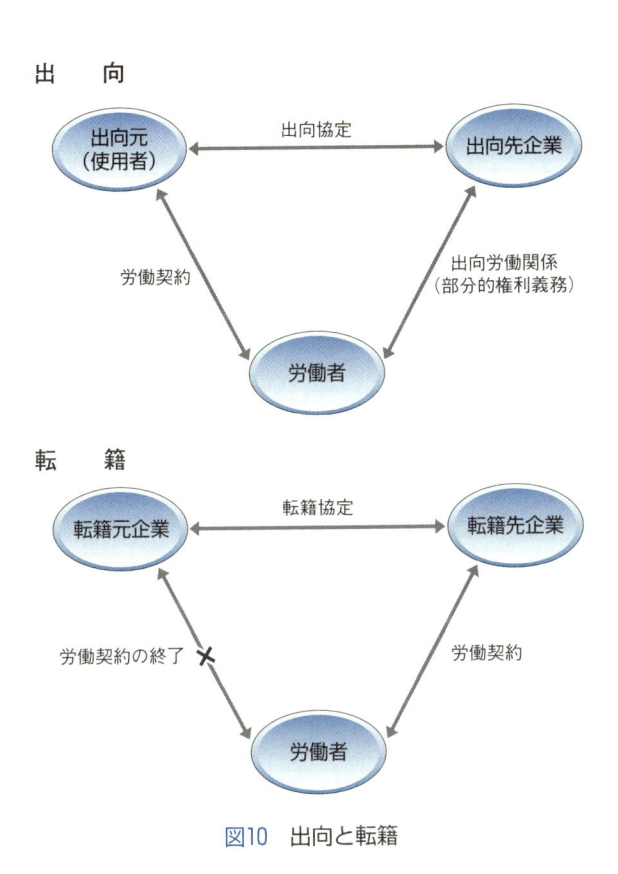

事件・最判平成15・4・18労判847号14頁)。

　出向・転籍は、第三者企業に異動する形態であるため、賃金・労働時間等の労働条件が変化することが少なくありません。そこで、いかなる根拠と要件によって出向を命じうるか（⇨109頁の①）が配転以上に重要となります。この点、労働契約法は、出向の要件として、出向命令権の濫用に関する規定を設けましたが（労契14条），出向の法的根拠については何も定めていません。

6.3.2　出向命令権の根拠

　では，使用者は何を根拠として出向を命じうるのでしょうか。この点に

ついて，通説・裁判例は，出向は，本来の使用者とは異なる第三者の指揮命令の下で就労させる人事であるから，労働者の承諾その他特別の根拠を要する（人事権によって当然に命ずることはできない）と解しています（日立電子事件・東京地判昭和41・3・31労民集17巻2号368頁，新日本製鐵〔日鐵運輸〕事件・福岡高判平成12・11・28労判806号58頁）。その根拠として引用されるのが，使用者の権利の譲渡には労働者の承諾を要する（権利義務の一身専属性）と規定する民法625条1項です。すなわち，出向に関する労働者本人の同意を要する点が，労働契約上人事権が認められれば当然に命じうる配転との違いとなります。

問題は，労働者の同意の態様であり，これを，出向のつどの個別的同意に限るとする考え方も有力です。しかし，労使間の交渉力・情報格差を特質とする労働契約においては，労働者は出向に対してなかなか'No'とはいえないのが実情です。また，出向が労働者・出向元・出向先という三者間の複雑な雇用関係を成立させることを考えると，労働協約・就業規則によって労働条件・法律関係上が制度化されれば，かえって労働者に利益と考えられます。

そこで，最近では，具体的合意説ともいうべき立場が有力となっています。これは，出向命令権の根拠としては事前の同意や労働協約・就業規則の出向条項（または付属の出向規程）で足りるが，その中で，出向先の労働条件・処遇（賃金，労働時間・休日・休暇，職務内容，出向期間等），復帰条件（復帰後の処遇や労働条件の通算等）が整備され，内容上も著しい不利益を含まないことを求める見解です（土田176頁参照）。最高裁も，就業規則上の出向条項に加えて，社外勤務協定（労働協約）において，出向期間，出向中の社員の地位，賃金・退職金・出向手当等の処遇等に関して出向労働者の利益に配慮した詳細な規定が設けられているケースについて，会社は労働者の個別的同意なしに出向を命じうると判断しています（前掲新日本製鐵〔日鐵運輸第2〕事件）。

【case31】　A社で働くB氏は，関連会社C社への出向命令を受けた。①B氏が就業規則および自己が加入するD組合が締結した出向協

> 定（労働協約）を見ると，C社における労働条件が不利益のないよう保障され，出向期間は3年とされ，復帰手続や復帰後の処遇も明記されている。B氏はC社への出向義務を負うか。
> ②労働協約や就業規則に「業務上の必要があるときは出向を命ずる」との規定しかない場合はどうか。

　上記のとおり，①のような制度化が行われていれば，B氏の出向義務を肯定すべきでしょう（具体的合意説）。これに対し，②のような包括的出向条項だけでは，将来出向がありうる旨の告知以上の効力はなく，B氏の出向義務は発生しません。

6.3.3　出向命令権の濫用

　使用者が出向命令権を有する場合も，配転命令と同様，権利の濫用と評価されないことが要件となります。出向については，特に労働契約法14条が，「使用者が労働者に出向を命ずることができる場合において，当該出向の命令が，その必要性，対象労働者の選定に係る事情その他の事情に照らして，その権利を濫用したものと認められる場合には，当該命令は無効とする」と規定しています。

　出向命令権の濫用は，基本的には，業務上の必要性と労働者の不利益との比較衡量によって判断されます。ただし出向の場合，職務内容・労働条件や勤務形態が不利益に変更されることがあるため，それら不利益の有無・程度が「対象労働者の選定に係る事情その他の事情」として，権利濫用の成否を決するポイントとなります。特に賃金については，労働者・使用者（出向元）間の労働契約が存続している以上，使用者は，出向中も労働条件・処遇を保障する責任を負うので，**賃金**の低下をもたらす出向は，出向命令権の濫用として無効となると考えるべきです（労契14条）。

　裁判例も，出向命令権の濫用については，配転よりも厳しく判断しており，たとえば，新幹線の運転・検査等の専門的業務から単純作業への職種転換を伴う出向命令につき，職種・労働条件・勤務形態面の不利益が大きい反面，人選の相当性に乏しいとして権利濫用を認めた例があります（JR

東海事件・大阪地決昭和62・11・30労判507号22頁)。

さらに，出向手続も重要です。すなわち，使用者（出向元）は信義則上，一定の時間的余裕を置いて，出向内容や復帰について十分説明し，労働者に必要な情報を提供する必要があり，それを無視して強行された出向命令は権利濫用となりえます（労契14条の「その他の事情」）。

このほか，出向命令とは逆に，出向先から出向元への復帰命令の可否も問題となります。判例は，①のように期間の定めのない出向については，労働者が出向元の指揮命令の下で就労することはもともと予定されていた事項であり，出向は一時的にこれを変更する（出向先の指揮命令下で労働させる）ものに過ぎないから，原則として同意は不要と解しています（古河電気工業・原子燃料工業事件・最判昭和60・4・5民集39巻3号675頁）。

6.3.4　出向中の雇用関係・労働条件

出向は，労働者・出向元間の労働契約が存続する一方，労働者が他企業である出向先の指揮命令に服して就労する形態です。そこで，出向においては，出向後の雇用関係・労働条件がどうなるのかが重要な論点となります（⇨109頁の②）。

一般に，出向においては，労使間の権利義務が出向元・先間で分割され，部分的に出向先に移転すると解されています（図10参照）。これを出向労働関係といい，1個の労働契約を構成する権利義務が労働者・出向元と，労働者・出向先に分かれて存在する関係を意味します。労働者と出向元・先との間に2個の完全な労働契約が同時に成立するわけではありません。そこで労働者は，出向先の従業員としての地位まで取得することはありませんし，出向先も，労働者の地位を失わせる解雇や懲戒解雇を行うことはできません。労働者が出向先で不正行為等を行った場合，出向元が自社に復帰させた上で懲戒処分を行うのが普通です（ダイエー事件・大阪地判平成10・1・28労判733号72頁。詳細は，土田・契約法394頁）。

次に，使用者の基本的義務である賃金支払義務に関しては，前記のとおり，使用者である出向元は，出向中も労働条件・処遇を保障する責任を負うと考えられます。したがって，出向元は出向先と連帯して賃金支払義務

を負い，出向先の賃金が低下する場合や，出向先に支払能力がないときは支払義務を負うと考えるべきです。安全配慮義務については後述します（⇨149頁）。

6.3.5 転　籍

転籍は，従来の使用者（転籍元）との労働契約を終了させ，新たに別会社（転籍先）との労働契約関係に入ることをいいます。労働者が転籍元との労働契約を合意解約し，転籍先と新たに労働契約を締結するタイプ（解約型）がオーソドックスです。

転籍については，使用者による一方的命令は許されず，労働者の同意が必要となります（厳密には，労働契約の解約および新契約の締結の双方について同意が必要ということです）。このため，労働協約・就業規則や事前の合意による義務づけは許されず，そのつどの個別的同意を要することになります（協約との関係につき⇨249頁）。

また，転籍に関する労働者の同意という場合，単に形式的に同意を得ればよいというものではなく，使用者は，転籍先の労働条件・職務内容その他の処遇に関して十分な情報提供を行い，労働者の真意に基づく同意を得る必要があります（労契3条1項，4条1項）。

6.4　休　職

6.4.1　休職の意義

休職とは，労働者を就労させることが適切でない場合に，就労を一時禁止または免除することをいいます。主なものとして，①労働者の業務外の疾病や負傷を理由とする傷病休職，②傷病以外の事故による欠勤を理由とする事故欠勤休職，③刑事事件で起訴された者を一定期間または判決確定時まで休職させる起訴休職，④留学や公職就任のためにとられる自己都合休職，⑤出向期間中の出向休職が挙げられます。労働者側の事由に基づく休職（①～④）の場合は，賃金は一部または全部不支給となります。

6.4.2 休職の成立

まず，**傷病休職**については，労働者の傷病が休職事由（「業務外傷病により，欠勤が引き続き3か月以上に及ぶとき」等）に該当することが必要となります。この点は，労働者が休職を申し出る場合か，使用者が休職を命ずる場合かを問いません。

次に，**起訴休職**については，就業規則上，「従業員が刑事事件に関して起訴された場合に休職とする」と規定されるのが普通です。しかし，起訴によって直ちに就労が不可能となるわけではないため，起訴の事実だけでは足りず，①当該起訴によって企業の対外的信用が失墜するおそれがあるか，または，②労働者の勾留や公判期日出頭のために労働遂行や企業活動に支障が生ずるおそれがあることを要すると解されています。さらに，③懲戒処分との間で著しい不均衡を生じないことも要件となります（全日本空輸事件・東京地判平成11・2・15労判760号46頁）。

6.4.3 休職の終了

休職は，休職期間が満了し，または期間中や満了時に休職事由が消滅することによって終了します。休職期間が満了したにもかかわらず，休職事由が消滅していない場合は**自動退職**扱いとされることが多いため，いかなる場合に休職事由が消滅し，復職可能となったといえるかが問題となります。特に傷病休職について問題となりますが，裁判例は，原職を支障なく行える健康状態に復したことを原則とするものの，休職の目的が労働者保護（解雇制限）にあることを重視して，相当期間内の原職復帰が可能であり，本人に適した軽度の職務が存在する場合は，休職事由が消滅したものと解し，使用者の復職義務を肯定しています（JR東海事件・大阪地判平成11・10・4労判771号25頁）。

第 7 章

懲　　戒

7.1　懲戒の意義と根拠

　懲戒とは，何やら恐ろしげな言葉ですが，企業を運営する上では不可欠の制度です。懲戒とは，労働者が企業秩序に違反したり，業務命令に違反した場合に，制裁として行われる不利益措置をいいます。企業の就業規則においては，軽い順から戒告，譴責，減給，出勤停止，降格（降職），諭旨解雇，懲戒解雇として制度化されています（労基89条9号も参照）。会社のお金を横領して懲戒解雇されたとか，飲酒運転で処分されたというニュースを聞いたことのある人は多いでしょう。判例は，この懲戒について，「労働者の企業秩序違反行為を理由と（する）一種の制裁罰」と定義しています（関西電力事件・最判昭和58・9・8判時1094号121頁）。

　では，使用者は，いかなる根拠に基づいて懲戒という処分を科すことができるのでしょうか。この点については，企業が固有の権利として懲戒権を有するという考え方（固有権説）もありますが，一般的には，労働契約上の特別の根拠を要すると解されています（契約説）。懲戒権は，労使間の合意や就業規則によって契約内容となってはじめて発生するのです。

　実際には，労使が懲戒について合意することは少ないので，就業規則の懲戒規定が内容の合理性と周知を要件に労働契約内容となり，懲戒権を発生させることになります（労契7条。⇒52頁）。また，契約説によれば，懲戒権は，就業規則に規定されてはじめて発生するので，規則に定めた以外の理由や手段によっては懲戒を行うことはできません。つまり，就業規則

上の懲戒事由や手段は限定列挙を意味するのです。

この点，判例は，懲戒権の前提として企業秩序定立・維持権限なる概念を認め，この権限の一環として，企業は企業秩序違反行為に対し，「制裁として懲戒処分を行うことができる」と解し，同権限に懲戒権の根拠を求めています（国鉄札幌運転区事件・最判昭和54・10・30民集33巻6号647頁）。この点では固有権説に近い立場ですが，判例は同時に，使用者は「規則に定めるところに従い」懲戒処分をなしうると述べており，就業規則規定を不可欠の根拠と解しています。最近の判例も，懲戒を行うためには，就業規則に懲戒の「種別」と「事由」を定めておくことを要すると判断しており（フジ興産事件・最判平成15・10・10労判861号5頁），実際上は契約説に近い立場といえるでしょう（詳細は，土田・契約法420頁）。

> **【case32】** 　【case13】（⇨41頁）のN社は，業務用パソコンの私的利用を繰り返していたC氏に懲戒処分を科すことにしたが，N社の懲戒規程（就業規則）には，一番軽い戒告と，一番重い懲戒解雇しか規定されていない。戒告では示しがつかないが，さりとて懲戒解雇では重過ぎる（訴訟になったら負ける）と考えたN社は，減給処分なら労基法91条に規定があるから大丈夫だろうと考え，その月のC氏の基本給から，1日の平均賃金1万円の半額にあたる5,000円を差し引いた。C氏は，就業規則がない以上，そんな処分はできないはずだと主張している。どちらの主張が正しいか。

C氏の主張が妥当です。確かに，労基法91条は減給について定めていますが，これは減給に対する規制（減給の限界）を定めたものであって，減給の根拠を定めた規定ではありません。就業規則上の懲戒手段は限定列挙を意味するので，使用者が減給処分を行いたければ，就業規則に明確に規定し，法的根拠とする必要があるのです。

7.2　懲戒の要件・効果

懲戒が有効と認められるための要件としては，上記の懲戒権の存在に加

えて，次の4点が必要です。

(1) **懲戒事由該当性**　まず，労働者の行為が就業規則の懲戒事由に該当するといえなければなりません。たとえば，社員が会社の情報を社外に漏らした場合，それが「会社の機密を開示したとき」という懲戒事由に該当することが必要となります。そして，この懲戒事由該当性の判断は，就業規則の文言だけを見て形式的に行うのではなく，実質的に行わなければなりません。上の例の場合，社員が漏らした社内情報が「会社の機密」といえるか否かを慎重に検討し，懲戒事由該当性の有無を判断する必要があるのです。

また，懲戒は，労働者の企業秩序違反を対象とする制裁ですから，懲戒事由該当性を肯定するためには，労働者が労働契約上の義務（上の例では守秘義務）に違反しただけでは足りず，企業秩序を現実に侵害した（業務阻害・職場規律の支障の発生，損害の発生）か，またはその実質的危険が認められることが要件となります。

(2) **処分の相当性**　次に，このようにして懲戒事由該当性が認められる場合も，懲戒処分の相当性（行為と処分のバランス）が求められ，それを欠く場合は懲戒権の濫用とされます。上記の例の場合，社内情報を漏らしたことが「会社の機密を開示したとき」という懲戒事由に該当するとしても，それを理由に懲戒解雇という最も重い処分を科すことは行き過ぎと解されます。しかし，同じ懲戒でも，より軽い処分である戒告・譴責や減給であれば，有効と解される可能性が高くなります。こうして，処分の相当性は，懲戒事由該当性と並ぶ重要な要件となるのです。

(3) **制裁罰としての性格に基づく規制**　第3に，懲戒処分は，刑罰に類似する制裁ですから，刑事法に類する厳格な規制が行われます。懲戒を行うためには，懲戒事由と手段を就業規則に明確に定める必要がありますし，新たに設けた懲戒規定をそれ以前の行為に適用することはできません（不遡及の原則）。また，過去に懲戒の対象となった行為について重ねて処分を行うことも許されません（二重処分の禁止。裁判例として，平和自動車交通事件・東京地決平成10・2・6労判735号47頁）。さらに，懲戒は，労働者の特定の企業秩序侵害行為を対象とする制裁罰ですから，使用者は懲戒処分後，

新たに判明した非違行為を懲戒事由として主張することはできません（山口観光事件・最判平成8・9・26労判708号31頁）。

　(4)　**適正手続**　第4に，懲戒処分に際して，就業規則で弁明の機会や懲戒委員会における審議といった**手続**を規定しているのに，それを経ないで処分を行えば，重大な手続違反として懲戒権の濫用とされます。

　(5)　**労働契約法における立法化**　以上のように，懲戒は，様々な法規制に服し，懲戒が各要件を満たさない場合は，**懲戒権の濫用**として無効と評価されます（**懲戒権濫用法理**）。2007年の労働契約法15条は，この懲戒権濫用法理を立法化し，「使用者が労働者を懲戒することができる場合において，当該懲戒が，当該懲戒に係る労働者の行為の性質及び態様その他の事情に照らして，客観的に合理的な理由を欠き，社会通念上相当であると認められない場合は，その権利を濫用したものとして，当該懲戒は無効とする」と規定しました。より厳密には，「客観的に合理的な理由」が懲戒事由該当性の判断に相当し，「社会通念上の相当性」がほかの3要件の判断に相当すると考えるべきでしょう。

7.3　懲戒の種類

7.3.1　戒告・譴責・減給・出勤停止

　戒告・譴責は，ともに労働者の将来を戒める処分であり，比較的軽い処分ですが，譴責の場合，始末書・反省書の提出を求めるのが一般的です。ただし，始末書提出の強制自体は，労働者の「内心の自由」(憲19条) との関係で許されないと解されています。

　減給とは，本来ならば労働者が受けるはずの賃金から一定額を差し引くことをいいます。減給は，しばしば賃金カットと混同されますが，両者は全く違います。たとえば，労働者が欠勤したり遅刻・早退した場合は，その分の賃金をカットされても文句はいえませんが，これは，**ノーワーク・ノーペイの原則**（⇨58頁）に基づくものであり，減給ではありません。労働者が実際に働いて賃金請求権を有しているにもかかわらず，一定額を差

し引くことに，減給の特色（懲戒としての性格）があるのです。

　労基法は，減給について，「1回の額が平均賃金の1日分の半額を超え，総額が1賃金支払期における賃金の総額の10分の1を超えてはならない」と規定しています（労基91条）。具体例を挙げると，1日の平均賃金が8,000円であれば，減給の最高額は4,000円とされ，また，月給が20万円の場合，減給処分を7回受けたとしても，その総額は2万円を超えてはならない（4,000円×7回＝2万8,000円は違法）ということです。賃金が労働者にとって生活の糧であること（所得保障）を重視した規制です。

　出勤停止とは，労働契約を継続しつつ，制裁として一定期間，労働者の就労を禁止することをいいます。出勤停止期間中は賃金が支給されず，勤続年数にも通算されないことが多く，労働者にとって厳しい処分となります。そこで，裁判例は，出勤停止期間の長さ等も考慮して，処分の相当性を厳しく判断しています（岩手県交通事件・盛岡地一関支判平成8・4・17労判703号71頁）。出勤停止が賃金不支給を伴う以上，減給の制限（労基91条）とのバランスをとる必要があるからです。

7.3.2　懲戒解雇・諭旨解雇

　懲戒解雇は，懲戒（制裁）として行われる解雇であり，懲戒の中で最も重い処分です。通常は，解雇予告または予告手当の支払い（労基20条1項）をせずに即時に行われ，退職金も支給されません。また，「懲戒解雇者」という烙印を押されると，再就職が著しく困難となるため，労働者にとっては「極刑」を意味します。ただし，懲戒解雇と即時解雇は常に一致するものではありませんし，懲戒解雇者に対する退職金不支給が直ちに許されるわけでもなく，退職金不支給の適法性は別途検討されます（⇨73頁）。諭旨解雇は，懲戒解雇を若干緩和した解雇処分であり，退職金も支給されるのが普通です。

　懲戒解雇は，上記のような重大な不利益を労働者に及ぼすので，その適法性は特に厳しく判断されます。つまり懲戒解雇は，労働者を「制裁」として企業外に排除しなければならないほどの重大な義務違反と企業秩序侵害の事実がある場合にのみ発動できると解されています。裁判例も，こう

した立場から，懲戒事由該当性を厳しく判断するとともに，特に処分の相当性を厳しく解し，懲戒解雇権の発動を規制しています。

> 〔case33〕　D社に営業部長として勤務するP氏は，大手取引先Z社の利益を図るため，社内規程に反して虚偽の注文書を作成したり，取引が成立した段階で行うべき「成約計上」を取引成立前に行い，この結果，D社に巨額の損害と不良債権をもたらした。そこで，D社はP氏を懲戒解雇し，退職金を不支給としたが，実は，これはZ社と意を通じたD社代表取締役Y氏の指示によるものであった。ところが，D社は，実力者であるY氏に対しては解任等何らの措置をとらないばかりか，退任に際しては，慰労金2,000万円を支給した。P氏は，こんな不条理な話はないとして，退職金および慰謝料の支払を求めて提訴した。

いわゆる「トカゲのしっぽ切り」的ケースです。ある裁判例（伊藤忠テクノサイエンス事件・東京地判平成17・11・22労判910号46頁）を参考にしましたが，裁判所は，P氏の行為は「会社に著しい損害を及ぼしたとき」との懲戒事由に該当するとしつつも，代表取締役Y氏の指示による会社ぐるみの行為であり，処分として重過ぎることや，Y氏の処遇との間で公平を欠くことを理由に懲戒権の濫用と判断しました。

7.4　懲戒事由

懲戒事由としては，①経歴詐称，②職務上の非違行為，③業務命令違反，④職場規律違反・不正行為，⑤企業外の行動が挙げられます。前記のとおり，使用者が懲戒処分を行うためには，これら行為が労働者の単なる義務違反にとどまらず，**企業秩序**を現実に侵害したか，またはその実質的危険があるといえることが必要です。労働契約法15条との関係では，懲戒事由該当性は同条の「客観的に合理的な理由」に相当し，その存否を「労働者の行為の性質及び態様その他の事情」に即して検討することになります。

7.4.1 経歴詐称

経歴詐称とは，履歴書や採用面接に際して，経歴（職歴・学歴等）を偽ることをいい，就業規則上は「重大な詐称」が懲戒事由とされています。

裁判例は，経歴詐称が使用者による労働力の評価を誤らせ，労使の信頼関係や賃金体系・人事管理を混乱させる危険があるとして，実害の発生を問わず企業秩序違反となりうると解し，懲戒の対象となることを認めています（炭研精工事件・最判平成3・9・19労判615号16頁）。

7.4.2 職務上の非違行為・業務命令違反

職務上の非違行為とは，労働の遂行が不適切なことをいい，無断欠勤，職場離脱，勤務状況・成績不良などが典型です。もっとも，これらの行為は，それ自体としては単なる労働義務違反（債務不履行）であり，企業秩序違反行為ではないので，直ちに懲戒の対象となるわけではありません。したがって，これら行為が業務態勢に支障を及ぼすなど，現実に企業秩序を侵害する場合にのみ懲戒事由該当性を肯定されます。正当な理由を欠く無断欠勤を長期間または頻繁に継続した場合（日経ビーピー事件・東京地判平成14・4・22労判830号52頁）が典型です。

使用者の日常的な指示や時間外労働・配転・出向等の業務命令への違反も，懲戒の対象となります。ただし，業務命令が有効とされても，懲戒処分の効力に関しては，業務命令違反によって企業秩序が現実に侵害されたか，命令違反の程度に比べて処分が重過ぎないかが判断されます。

7.4.3 職場規律違反・不正行為

労働遂行や職場規律の違反（暴行・脅迫，服務規律違反，業務妨害）は，企業秩序侵害の性格が明白であるため，懲戒処分が有効とされやすいケースです。たとえば，同僚・部下に対する悪質なセクシュアル・ハラスメントを理由とする懲戒解雇が有効と判断されています（大阪観光バス事件・大阪地判平成12・4・28労判789号15頁）。

不正行為は，①企業物品の横領行為，②取引先との間の収賄行為，③自

己の地位・権限を利用しての企業利益相反行為に分かれます。裁判例は，概して労働者側に厳しく判断する例が多く，①として，出向先の金員着服を理由とする懲戒解雇（ダイエー事件・大阪地判平成10・1・28労判733号72頁）が，③として，学校法人の事務局次長が行った不正経理を理由とする懲戒解雇（崇徳学園事件・最判平成14・1・22労判823号12頁）が挙げられます。ただし，嫌疑不十分として処分無効とする例も多く，慎重な事実確認が求められることを教えています。

7.4.4　企業外の行動——犯罪行為

企業外の行動としては，犯罪行為，内部告発・会社批判行為，兼職，企業秘密の漏洩が問題となります。これらは本来，労働者の私生活上の行為ですから，使用者が介入できない領域であり，懲戒の対象とはなりません。しかし，労働者は信義則上，使用者の業務利益や信用・名誉を毀損しない義務（**誠実義務**）を負うので（⇨42頁），企業外の行動がこれら利益を侵害し，企業秩序を乱した場合は懲戒の対象となります。

判例も，企業外の行動が「企業の円滑な運営に支障を来すおそれがあるなど企業秩序に関係を有する」場合は懲戒の対象となるが，それを除けば，「労働者は，その職場外における職務遂行に関係のない行為について，使用者による規制を受けるべきいわれはない」と判断しています（前掲関西電力事件）。

まず，**犯罪行為**については，懲戒事由該当性が肯定されるのは，労働者の行為の性質・情状，会社の事業の種類・規模，労働者の地位・職種等を総合して，その「行為により会社の社会的評価に及ぼす悪影響が相当重大であると客観的に評価される場合」に限られます（日本鋼管事件・最判昭和49・3・15民集28巻2号265頁。鉄鋼会社の一工員がデモに参加して逮捕・起訴されたことを理由とする懲戒解雇につき，刑の軽さや職務上の地位の低さ等を理由に無効と判断）。一方，鉄道会社社員が勤務時間外に電車内で痴漢行為を行い，軽度の処分後に再度痴漢行為を行ったケースでは，行為の重大性や社員の職責に照らして懲戒解雇が有効とされています（小田急電鉄事件・東京高判平成15・12・11労判867号5頁）。

> 〔case34〕 H鉄道会社に勤務するX氏は、ほかの鉄道会社の電車内で痴漢行為を行い、戒告処分を受けた後、さらに別の鉄道会社電車内で痴漢行為を行って逮捕・起訴され、罰金刑に処せられた。そこで、H社は、鉄道会社としての規律保持を重視し、「社員が会社の対面・信用を毀損したとき」との就業規則に基づいてX氏を懲戒解雇した。H社の就業規則は、懲戒手続として本人に弁明の機会を与える旨を規定しており、担当者が勾留中のX氏と面会したところ、X氏は痴漢の事実を認め、会社の処分に異議を唱えない旨の自認書を提出した。その後、X氏は訴訟を提起し、弁明は一方的なもので自認書に効力はなく、また、懲戒解雇は重きに失すると主張した。X氏の懲戒解雇は有効か。

上記の小田急電鉄事件をベースとした設問です。同事件について、裁判所は、初犯であればともかく、過去にも痴漢行為を行って軽度の懲戒処分(降職)を受け、やり直しの機会を与えられたにもかかわらず、再度痴漢を繰り返して起訴されたこと、労働者が痴漢行為を防止すべき地位にある鉄道会社社員であったことを重視して懲戒解雇相当と判断しています(ただし、退職金の請求は一部認められました。⇨73頁)。

7.4.5　企業外の行動——内部告発

内部告発とは、「企業外の第三者に対して、公益保護を目的に、企業内の不正行為を開示すること」をいいます。内部告発は本来、企業秘密の漏洩行為として守秘義務違反にあたり、懲戒の対象となりますが、**公益目的**であることから、一定の要件を満たせば、正当な行為として保護されます。すなわち、内部告発は、①目的に公益性があること、②内容の真実性があり、または真実と信ずるについて相当の理由があること、③企業内部で違法行為や不正行為の是正に努めたこと、④手段・態様に著しく不当な点がないこと、の各要件を満たせば、企業秩序違反の評価を否定され、懲戒事由該当性を否定されます。

この判断を集大成した裁判例(大阪いずみ市民生協事件・大阪地堺支判平成15・6・18労判855号22頁)では、生協職員が役員による経費流用等の不正

行為を告発する文書を生協総代らに匿名で送付したことを理由とする懲戒解雇の適法性が問題となりましたが，判決は，内部告発の真実性ないし真実相当性（②）および目的の公益性（①）を肯定した上，情報入手手段の相当性（④）については，生協の管理する資料を無断で持ち出した点で不相当な面があるものの，告発行為全体を不相当とするものではないと述べて内部告発を正当と認め，懲戒解雇を違法と判断しました（骨髄移植推進財団事件・東京地判平成21・6・12労判991号64頁も参照）。

　もっとも，内部告発にも限度があり，事実を著しく誇張歪曲して会社の信用・名誉を害する批判活動（前記②を満たさない。日本経済新聞社事件・東京高判平成14・9・24労判844号87頁）や，内部告発に至る過程で著しく反社会的行為がなされた場合（④を満たさない。営業秘密の不正取得等〔宮崎信用金庫事件・宮崎地判平成12・9・25判時1804号137頁〕）は，懲戒の対象となります。

　なお，2004年に成立した**公益通報者保護法**も，刑法，食品衛生法等の一定の法令違反行為について労働者が公益通報をしたことを理由とする解雇の禁止（3条）や，降格，減給その他の不利益取扱いの禁止（5条1項）を定め，公益通報労働者を保護しています（土田198頁）。

7.5　懲戒処分の相当性・手続の相当性

　懲戒処分は，労働者の行為が懲戒事由に該当することから直ちに許されるわけではなく，処分の相当性や適正手続の要件を満たす必要があります。

7.5.1　処分の相当性──懲戒権の濫用

　懲戒処分は，労働者の非違行為の程度に照らして**相当な処分**でなければなりません。いいかえれば，懲戒処分は行為と処分とのバランスを要求され，それを満たさない処分は，**懲戒権の濫用**として無効となります。

　どのような処分を選択するかは使用者が裁量によって判断できますが，使用者がこの裁量判断を誤り，不当に重い処分を選択すれば，懲戒権の濫用とされるのです。前記のとおり（⇨128頁），労働契約法15条との関係で

は，懲戒処分の相当性は同条の「社会通念上相当である」ことに相当し，その存否を「労働者の行為の性質及び態様その他の事情」に即して検討することになります（ネスレ日本事件・最判平成18・10・6労判925号11頁参照）。

「労働者の行為の性質及び態様」としては，非違行為の態様・性質・動機，業務に及ぼした影響，損害の程度が挙げられ，「その他の事情」としては，労働者の地位・態度・処分歴，使用者側の対応が挙げられます。また，「その他の事情」としては「公平の原則」も重要であり，懲戒は同種の行為に対しては同等のものでなければならず，突出して厳しい処分は懲戒権濫用とされます（⇨〔case33〕〔⇨130頁〕）。さらに，労働者の非違行為から長期を経過し，企業秩序回復の必要性もないのに懲戒を行うことも懲戒権濫用とされます（前掲ネスレ日本事件）。こうして，多くの事案（特に懲戒解雇）において，労働者の非違行為が懲戒事由該当性を肯定されつつも，過酷に失するとして無効とされています。

7.5.2 適正手続

懲戒処分については，就業規則や労働協約で手続的な規制を定めるのが普通です（本人の弁明の機会の付与，懲戒委員会による調査審議，労働組合との協議など）。このような懲戒手続が定められている場合に，それを経ないで行われた懲戒処分は，懲戒権の濫用として無効となります（中央林間病院事件・東京地判平成8・7・26労判699号22頁）。特に，本人に弁明の機会を付与することは規定の有無を問わず必要であり，しかも実質的に行われる必要があって，使用者が一方的に事情聴取を行うだけでは足りません（千代田学園事件・東京高判平成16・6・16労判886号93頁）。

133頁の〔case34〕で参照した小田急電鉄事件では，勾留中という特殊な状況下で行われた弁明の任意性が問題となりましたが，裁判所は，本人の発言や会話の内容から見て，弁明の機会は十分に保障されていたと判断しています。要は，場所ではなく中身ということでしょう。

第8章

労働災害の救済

　労働者にとって，その生命・健康は何よりも大切なものです。ところが一方，労働（仕事）というものは，様々な形で労働者の生命・健康を害する危険を内在しています（工場の爆発，過労による突然死〔過労死〕など）。そこで，**労働災害**から労働者を保護することは，労働法の最も重要な役割の一つということができます。

　労働災害の救済としては，労働災害を事前に防止する仕組み（労働安全衛生法が詳細な規定を設けています）と，災害が起きてしまった後の救済の仕組みが重要となります。本章では，後者について解説しましょう。これも，**労働者災害補償保険法（労災保険法）**に基づく**労災保険制度**と，**使用者の損害賠償責任（安全配慮義務）**に分かれます。

8.1　労災保険制度

8.1.1　労災保険の意義

　労働災害に被災した労働者を救済する制度としては，労災保険法に基づく**労災保険制度**が最も重要です。

　もともと労働災害の救済は，民法上は**不法行為**の規定（民709条）によって行われてきました。しかし，不法行為では，①過失責任の原則（行為者に過失がなければ責任を問われないという大原則）があるため，労働災害のすべてをカバーできませんし，使用者の過失や権利侵害の事実などのすべての要件を労働者が立証しなければなりません。また，②そもそも，資力に

乏しい労働者が企業を相手に民事損害賠償訴訟を提起することは難しいという問題点があります。

そこで、労基法（第8章）は、第2次大戦後、使用者の損害賠償責任を**無過失責任**とする**労災補償制度**を設けましたが（①を改善）、これでも②の問題は残りますし、たとえ訴訟を提起しても、使用者に資力がなければ補償を受けることはできません。そこで、使用者をあらかじめ国が運営する保険に加入させ、保険給付による安定的な救済を実現したのが**労災保険制度**です。今日では、労災保険法が労災補償の中心を占めています。

労災保険は、政府が保険者として運営し、原則として、労働者を使用するすべての事業に適用されます（公務員については、独自の公務災害補償制度があります）。保険料を負担するのは事業主（企業）だけで、労働者は保険料を負担しません。これは、労災保険法が労基法の労災補償制度（使用者の労災責任を追及するという性格の制度）を継承したことによるもので、この点で、国民が広く費用を負担する社会保障制度（たとえば、私傷病を対象に支給される健康保険）から区別されます。

給付の対象となるのは**労働者**であり、これは、**労基法上の労働者**（9条）と同義とされています（国・磐田労基署長事件・東京高判平成19・11・7労判955号32頁。⇨17頁）。ただし、中小零細企業の事業主や一人親方についても、労働者と同様の労働災害のリスクがあることから、**特別加入制度**が設けられ（労災保33条）、適用が拡大されています。この点で、労災保険法は社会保障法としての性格も一部有しているのです。

8.1.2　給付手続・給付内容

労災保険の給付は、労働者またはその遺族の請求によって行われます。まず、**労働基準監督署長**に保険給付を申請し、これに対して署長が支給または不支給の決定を行います。この決定に不服がある場合、労働者または遺族は、各都道府県の**労災保険審査官**に審査請求することができ、さらにその決定に不服があるときは、**労働保険審査会**に再審査を請求できます（労災保38条）。この審査会の裁決にも不服がある場合に、労働基準監督署長を相手とする決定の**取消訴訟**（労災保険の不給付という行政庁の裁決の取消

を求める訴え）を提起できることになります（同40条）。

労働災害に関する保険給付には7種類があります（労災保12条の8以下）。すなわち，①**療養補償給付**（診察，治療，薬の支給など），②**休業補償給付**（休業4日目から給付基礎日額〔労基12条の平均賃金〕の6割を支給するもの），③**障害補償給付**（傷病が固定し，医療効果が期待できない段階〔＝治癒〕で，身体に障害が残っている労働者に対し，障害の等級に応じて支給するもの），④**遺族補償給付**（労働者が死亡した場合，その収入によって生計を維持していた配偶者や子などの一定の親族に，年金または一時金を支給するもの），⑤**葬祭料**（葬祭に通常要する費用を考慮して支給），⑥**傷病補償年金**（業務上傷病が療養開始後1年6か月を経過しても治癒せず，かつ，その傷病による障害の程度が重大な傷病等級に達している場合に支給する年金），⑦**介護補償給付**（障害補償年金または傷病補償年金の権利を有する労働者が常時または随時介護を受ける場合に支給するもの）です。

なお，労働者が故意に負傷，疾病，障害もしくは死亡またはそれらの直接の原因となる事故を発生させた場合（自殺を含む）は，保険給付は行われません（労災保12条の2の2第1項）。

8.1.3　業務災害――「業務上」の定義

労災保険給付の内容は，業務外傷病に対して支給される健康保険法等の給付よりも**手厚い**水準となっています。そこで，ある災害が労災保険給付の要件である業務災害と認定されるかどうかが重要な問題となります。

労災保険法に基づく保険給付の対象となる**業務災害**とは，「業務上の負傷，疾病，障害又は死亡」をいいます（労災保7条1項1号）。「業務上」とは**業務起因性**をいい，「労働者が労働契約に基づき事業主の支配下にあることに伴う危険が現実化したこと」，平たくいえば「業務に内在する危険の現実化」を意味します。またこれは，業務（仕事）への従事が傷病・死亡の有力な原因と認められなければならず，単なる「条件関係」では足りないという意味で，**相当因果関係**とも呼ばれます。

「労働者が労働契約に基づき事業主の支配下にあること」は，**業務遂行性**とも呼ばれ，業務起因性を認めるための前提条件とされています。具体

的には,以下のようにタイプ分けされます。

① 作業中(労働時間中)の災害は,使用者の支配・管理下にあることから業務遂行性を認められ,また,使用者の指揮命令の下で業務を遂行しているため,業務起因性も認められます(トイレ等による短時間の中断も含む)。ただし,喧嘩等の私的逸脱行為や,天災事変・通り魔犯罪などの外部的行為による災害は,業務に内在する危険の現実化とはいえないため,原則として業務起因性を否定されます。

② 休憩や始業前・終業後など労働時間外に企業施設にいる間の災害は,使用者の支配・管理下にあるため業務遂行性は認められます。しかし,業務に起因する災害ではないため,業務起因性は原則として否定され,設備の不備・欠陥によるものである場合にのみ業務上となります。

③ 出張や事業場外労働に従事中の災害については,全体として使用者の支配・管理下にあり,また業務のための行為といえるので,私的逸脱行為によるものでない限り,往復や宿泊の時間を含めて業務上とされます(大分労基署長事件・福岡高判平成5・4・28労判648号82頁〔食事に通常伴う程度の飲酒による事故について業務上と判断〕)。これに対し,懇親会や慰安旅行における災害は,強制参加の場合を除いて業務遂行性・業務起因性ともに否定されます。

〔case35〕 以下の各災害は,業務災害か?
① D大学法学部のT教授は,労働法の授業の最中,天井敷設の電灯が落下して頭部にあたり,ケガをした。
② U自動車会社に勤務するG氏は,本務とは別に,従業員が自主的に行うQC活動・小集団活動に参加中,くも膜下出血で倒れ,死亡した。なお,これらの活動は労働時間ではないが,U社は事業成長の源泉力として重視し,事実上,ほとんどの従業員が参加していた。
③ 商社N社企画部に勤務するU氏らがオフィスで仕事中,侵入してきた暴漢にナイフで襲われ,U氏は全治1か月の大ケガをした。
④ サラリーマン金融業M社に勤務するV氏らがオフィスで仕事中,侵入してきた強盗にナイフで襲われ,V氏は全治1か月の大ケガをした。
⑤ 新幹線で出張から帰る途中のJ氏は,リラックスして同僚と一

杯飲んでいたところ，隣席の乗客からうるさいと注意されて口論となり，殴られてケガをした。

①は文句なく業務災害です。また，②についても，裁判例は，参加の強制や指揮命令はないものの，会社が事業活動として積極的に推進していたことを重視して，業務遂行性と業務起因性を認めています（国・豊田労基署長事件・名古屋地判平成19・11・30労判951号11頁）。

では，③はどうでしょうか。③の場合，業務遂行性はあり，仕事中に襲われたという条件関係もありますが，暴漢による襲撃というリスクは一般的にあることで，たまたま仕事中に襲われただけですから，「業務に内在する危険の現実化」とはいえず，業務起因性は否定されます。これに対し，④の場合は，サラリーマン金融業であるからこそ強盗に襲撃されるリスクが高く，このリスクは金融業に定型的に伴うリスクといえるので，「業務に内在する危険の現実化」と評価され，業務起因性を肯定されます。⑤は，出張中の私的逸脱行為として業務起因性を否定されます。

③や⑤が示すとおり，業務災害には限定があり，あらゆる災害をカバーするわけではありません。これは，労災保険制度が使用者の労災責任の追及という性格を有していること（⇒138頁）の帰結であり，この結果，使用者の労災責任の根拠となる業務起因性が限定的に解されるのです。この点は，いわゆる「過労死」問題において大きな問題となります。

8.1.4　脳・心臓疾患の業務起因性──「過労死」問題

過労死とは，医学的には，脳・心臓疾患（脳出血，くも膜下出血，脳・心筋梗塞など）による死亡をいいます。これらの疾患は，もともと高血圧や動脈硬化等の基礎疾患を有する労働者に発生することが多いため，業務起因性を肯定できるかが微妙な問題となります。労災保険制度との関係では，労基法施行規則35条別表第1の2は，医学的に見て業務により生ずる蓋然性の高い疾病を列挙するとともに，「その他業務に起因することの明らかな疾病」（9号）を掲げており，脳・心臓疾患がこの疾病に該当すれば，業務災害と認められてきました。問題は，その判断基準です。

この問題について，厚生労働省の認定基準は，業務上の過重負荷が基礎疾患の自然的増悪を超えて悪化させたといえるほどに有力な原因でなければならないという立場（相当因果関係説）に立っています。かつての行政解釈は，この立場を前提に，発症の直前ないし1週間に業務上の過重な負荷があったことを要件とする厳格な解釈を示し，業務起因性を厳しく限定してきました。しかし，これはきわめて不合理な結果をもたらします。

> 〔case36〕　以下のA氏とB氏の死亡は，業務災害と認められるか。
> 　A氏は，仕事が大変忙しく，ここ3年間は，毎月の残業が80時間を超え，休日も取れない状況が続いた。ところが，2009年2月の第1週・第2週は比較的暇で，定時で帰宅したほか，週休を第1週は1日，第2週は2日，年休を計2日取得した。しかし，A氏は，長年の疲労がたたり，高血圧が急激に増悪して，2月第3週，脳梗塞により死亡した。
> 　B氏は，A氏とは対照的に残業が少なく，定時で帰宅し，週休2日制を満喫していたが，2009年7月だけは業務繁忙期で忙しく，連日深夜まで残業して仕事をした。この疲労がたたり，高血圧が急激に増悪して，B氏は7月末日，脳梗塞により死亡した。

上記の行政解釈によれば，B氏の死亡は業務災害と認められますが，A氏の死亡は認められません。しかし，死亡直前の業務がたまたま忙しかったか暇だったかで業務起因性を判断し，それ以前の長期にわたる業務の過重性と疲労の蓄積を無視するのはどう考えても不合理でしょう。

このため，裁判例において，上記基準に基づいて出された労災保険給付の不支給決定を取り消す行政訴訟判決が続出し，厚生労働省は2001年，新たな認定基準を示しました（平成13・12・12基発1063号）。

この基準は，①発症直前から前日までの間に，時間的・場所的に明確な異常な出来事に遭遇した場合，②発症前おおむね1週間の期間に「特に過重な業務」に従事した場合，③発症前の長期間（おおむね6か月）の間に「著しい疲労の蓄積を伴う特に過重な業務」に従事した場合（月平均で残業が80時間を超えるなど）のいずれかに該当すれば，業務上の疾病として扱うというものです。特に③は，上述した長期にわたる業務の過重性を考慮す

るものであり，常識的な内容といえます。業務の過重性については，労働時間の長さのほか，勤務の不規則性，出張の多さ，作業環境，精神的緊張の程度等が考慮されます。

　裁判例も，行政解釈と同様の相当因果関係説に立っていますが，発症一定期間前の業務内容を中心に，長年の疲労の蓄積を総合して業務起因性をを判断し，かつ，広く肯定する傾向にあります（横浜南労基署長事件・最判平成12・7・17労判785号6頁〔過重な運転業務〕，立川労基署長事件・東京地判平成15・10・22労判866号71頁〔システムエンジニアの長時間労働〕等）。このことが，上述した認定基準の見直しを促す契機となりました。

　また，労働者が過重業務によりうつ病等の精神障害にかかり，正常な判断力を失って自殺するケースも少なくありません（過労自殺）。この種のケースでも，過重業務とうつ病，うつ病と自殺との間に相当因果関係が認められれば業務起因性が肯定されます（豊田労基署長事件・名古屋高判平成15・7・8労判856号14頁等）。この場合は，労災保険給付が否定される「故意による死亡」(労災保12条の2の2。⇨139頁）にあたりません。

　なお，2010年には，労基法施行規則35条別表第1の2が改正され，「過重負荷による脳・心臓疾患」および「心理的負荷による精神等障害」が新たに労災補償の対象疾病として列挙されることになりました。この結果，過労死・過労疾病が労働災害であるという位置づけがより明確になりました。

8.1.5　通勤災害

　通勤は，それ自体はもちろん業務ではありません。しかし，通勤は業務に不可欠の行為であり，通勤途上の災害を私傷病と同列に扱うことも適当でないため，通勤災害についても保険給付が行われています。

　通勤災害とは，「通勤による負傷，疾病，障害又は死亡」をいい（労災保7条1項2号），通勤に通常伴う危険が現実化したことを意味します（通勤途中，駅の階段で転倒した場合や交通事故など）。一方，通勤中殺害されたとしても，通勤がたまたま犯行の機会として選ばれたに過ぎないときは，通勤災害には該当しません（大阪南労基署長事件・大阪高判平成12・6・28労

判798号 7 頁〔通勤途中，オウム真理教信者に殺害された事件〕)。

「通勤」とは，労働者が，就業に関し，①住居と就業場所との間の往復，②就業場所からほかの就業場所への移動，③ ①の往復に先行または後続する住居間の移動を，合理的な経路および方法により行うことをいいます（労災保 7 条 2 項）。

「住居」とは，労働者の就業の拠点となる居住場所ですが，単身赴任者が反復継続して家族の住む住居（自宅）に往復する場合は，赴任先住居と自宅の双方が「住居」となります（平成 7・2・1 基発39号）。

「合理的な経路及び方法」は，労働者が通常用いるもののほか，合理的な代替経路・方法も含みます。また，帰宅途中に長時間飲酒するなど，往復経路からの逸脱や往復の中断があった場合は，それ以降は通勤と認められません（国・中央労基署長事件・東京高判平成20・6・25労判964号16頁）。ただし，日常生活上必要な一定の事由（日用品の購入，能力開発の受講，選挙権の行使，病院での診療等）による最小限度の逸脱・中断であれば，逸脱・中断の間はともかく，それ以降は通勤に復帰したものと認められ，その過程で事故に遭遇すれば，通勤災害と認められます（労災保 7 条 3 項）。帰宅途中にスーパーで買い物し，スーパーから帰宅する途中に交通事故に遭ったような場合です。

8.2　労働災害と安全配慮義務

8.2.1　安全配慮義務の意義

労災保険は，定額の給付とされているため，労働者・遺族が被った損害のすべてを補償するものではありません。また，自らまたは愛する家族を災害や死に追いやった使用者（企業）自身の責任を追及したいと考えるケースもあるでしょう。このため，労働者やその遺族が，使用者に対し，民法に基づく損害賠償を請求する訴訟も続出しています。この場合，労災保険法における無過失責任主義の適用はもはやなく，**過失責任主義**（⇨137頁）を前提とする民法上の損害賠償責任が問題となります。

使用者の損害賠償責任の根拠としては，**不法行為**（民709条，715条，717条）もありますが，今日では，**使用者の債務不履行責任**（労働契約に基づく責任）の追及（民415条）が主流となっています。債務不履行構成の場合，損害賠償請求権の消滅時効期間が10年と長く（民167条），債務不履行の帰責事由の立証責任を被告（使用者）が負担するなど，被害者救済に厚いことが理由です。その前提となるのが，使用者の**安全配慮義務**です。

　最高裁は，まず，公務員の突発的事故について国の安全配慮義務を認め（陸上自衛隊八戸車輌整備工場事件・最判昭和50・2・25民集29巻2号143頁），ついで，民間労働者についても安全配慮義務を認めました（川義事件・最判昭和59・4・10民集38巻6号557頁）。それによれば，安全配慮義務とは，「労働者が労務提供のため設置する場所，設備もしくは器具等を使用し又は使用者の指示のもとに労務を提供する過程において，労働者の生命及び身体等を危険から保護するよう配慮すべき義務」をいいます。

　また，労働者が過重労働によって死亡したり，うつ病に罹って自殺するケース（過労死・過労自殺）については，「使用者は，その雇用する労働者に従事させる業務を定めてこれを管理するに際し，業務の遂行に伴う疲労や心理的負荷等が過度に蓄積して労働者の心身の健康を損なうことがないよう注意する義務を負う」と判断されています（電通事件・最判平成12・3・24民集54巻3号1155頁）。これは，不法行為法上の**注意義務**に関する判断ですが，その後の裁判例は，この注意義務と同一内容の義務を労働契約上の安全配慮義務として肯定しています（アテスト・ニコン事件・東京地判平成17・3・31労判894号21頁等多数）。

　判例によれば，安全配慮義務は，「ある法律関係に基づいて特別な社会的接触の関係に入った当事者間において，当該法律関係の付随義務として……信義則上負う義務として一般的に認められるべきもの」です（前掲陸上自衛隊八戸車輌整備工場事件）。しかし同時に，労働契約においては，労働者が使用者の指揮命令の下で労働し（**労働の他人決定性・労務の管理支配性**。⇨15頁），また，労働が労働者の生命・健康への危険を内在していること（**人格的性格**。⇨16頁）から，安全配慮義務の内容は，一般の契約関係より広範かつ高度なものとなります。この意味では，安全配慮義務は労働契約

における独自の義務としての性格も有しています。

8.2.2　安全配慮義務の立法化——労働契約法5条

　以上の判例・学説の展開をふまえて，労働契約法は，総則規定に1条を設け，「使用者は，労働契約に伴い，労働者がその生命，身体等の安全を確保しつつ労働することができるよう，必要な配慮をするものとする」と規定しました（労契5条）。

　この規定は，上に述べた判例法上の安全配慮義務を立法として認知する趣旨の規定であり，安全配慮義務は労働契約法に法律上の根拠を有することになりました。とはいえ，5条にいう「必要な配慮」は非常に抽象的な概念なので，その内容を明確化することが課題となります（土田・契約法467頁も参照）。

8.2.3　安全配慮義務（労働契約法5条）の内容

　まず，**安全配慮義務**は，労働者の安全（という結果）それ自体を確保する義務（**結果債務**）なのか，それとも，安全確保のための措置（手段）を講ずる義務（**手段債務**）なのかが問題となります。労働災害に関する結果責任は，無過失責任を採用する労災保険制度の役割ですから，安全配慮義務は**手段債務**と考えるべきでしょう。この結果，使用者が「必要な配慮」（労契5条）を行っていれば，結果として労働者が病気に罹ったり死亡したとしても，使用者は責任を問われないことになります。

　安全配慮義務の具体的内容は，個々の状況によって異なりますが，裁判例の積み重ねを経て，次のように類型化されています。

　まず，事故・災害性の労働災害については，①**物的施設を整備する義務**（施設・機械の整備・点検等），②**人的配備を適切に行う義務**（適任者の配置等），③**安全教育・適切な業務指示を行う義務**に類型化されます。

　また，過重労働に起因する疾病・死亡・自殺のケースについては，前掲電通事件判旨をふまえつつ，「労働時間，休憩時間，休日，休憩場所等について適正な労働条件を確保」し，「健康診断を実施した上，労働者の年齢，健康状態等に応じて従事する作業時間及び内容の軽減，就労場所の変

更等適切な措置を採るべき義務」を挙げる裁判例が増えています（システムコンサルタント事件・東京高判平成11・7・28労判770号58頁）。その後の裁判例（榎並工務店事件・大阪高判平成15・5・29労判858号93頁等）を総合すると，安全配慮義務の具体的内容としては，①労働時間・業務状況の把握，②健康診断や日常の観察に基づく心身の健康状態の把握，③適正な労働条件の確保，④労働時間・業務軽減措置の各義務が求められます。

特に，過重労働によって心身の健康状態が悪化し，生命・健康への危険が一定の段階（特別的危険）に達した労働者については，③・④の特別の配慮措置が重要となり，使用者がなすべき「必要な配慮」（労契5条）となります。判例（前掲電通事件）も，常軌を逸した長時間労働に起因するうつ病自殺の事案につき，使用者が一般的な健康管理措置（健康管理センター，深夜宿泊施設の確保，出勤猶予制度等）を実施していたと主張したのに対し，実質的に機能していないとして斥けています。その上で，労働者に対する配慮措置としては，上司が行った健康指導だけでは不十分であり，より積極的な業務軽減措置を講ずるべきであったと判断しました。

〔case37〕　広告代理店J社に入社し，営業企画部に配属されたF氏は，張り切って仕事をしていたが，入社5年目，責任あるポストに就き，仕事に忙殺されるようになった。J社では，1日の労働時間が8時間，原則週休2日とされ，また三六協定では，時間外労働の上限は1日3時間，1か月40時間とされていたが，実際には守られておらず，F氏も，自己申告分だけで月80時間前後の残業を行い，しかも実際の残業は100時間超に達し，深夜まで残業していた。J社では，健康管理センターを設置し，深夜宿泊施設を確保していたが，若手社員は遠慮して利用していなかった。上司のH氏は，F氏の顔色が悪くなり，ふさぎ込むようになったことを心配して，早く帰宅したり，年休をとるよう勧めたが，F氏は仕事量を減らすわけにもいかず，体育会出身で体力には自信があるとして聞き入れなかった。この結果，F氏はうつ病に罹り，電車に飛び込んで自殺した。

J社は，F氏の死亡について安全配慮義務違反の責任を負うか。

前掲電通事件をベースとしたケースです。前記のとおり，F氏のように，

過重労働によって心身の健康状態が特別的危険の段階に達した労働者については，使用者（J社）は，③の適正な労働条件の確保や，④の労働時間・業務軽減措置を講ずる必要があり，それらを尽くしていない限り，安全配慮義務違反の責任を免れません。J社における健康管理センターのような一般的健康管理措置では足りませんし，上司のH氏が行ったような年休取得の指導程度の配慮でも足りないと考えるべきです。

　もっとも，労働者の**業務軽減措置**（業務量の軽減・労働時間の軽減のほか，軽易業務への配転，休職，責任あるポストからの降格等）の多くは，仕事の取り上げやキャリアの中断として労働者に不利益を及ぼすものです。したがって，業務軽減措置については，原則として本人同意を要すると考えるべきでしょう。その代わり，同意を拒否した労働者については安全配慮義務を免責する必要があります（富士電機E&C事件・名古屋地判平成18・1・18労判918号65頁参照）。

8.2.4　帰責事由・因果関係・過失相殺

　安全配慮義務は，使用者の債務不履行責任を問う法理ですから，使用者の故意・過失をはじめとする**帰責事由**が要件となります（民415条）。具体的には，使用者が傷病・死亡の結果を予見できたにもかかわらず予見しなかった場合（前掲システムコンサルタント事件）や，結果を予見したにもかかわらず，必要な結果回避措置（前述した具体的安全配慮義務の内容と重複します）を講じなかった場合（オタフクソース事件・広島地判平成12・5・18労判783号15頁）は帰責事由が肯定されます。これに対し，使用者がチェンソーの使用による林野労働者の振動障害を予見することが不可能であり，予見可能となった以降，社会通念上相当な措置を講じていた場合は，帰責事由は否定されます（林野庁高知営林署事件・最判平成2・4・20労判561号6頁）。

　また，業務従事と疾病・死亡との間の**相当因果関係**も要件となりますが，ここでは，労災認定における業務起因性の判断（⇨142頁）と同様，労働者の業務従事が疾病・死亡の相対的に有力な原因といえるか否かが決め手となります。

　使用者が安全配慮義務に違反した場合に，労働者にも過失があって事故

や傷病に至ったときは，**過失相殺**が行われます（民418条）。特に，労働者自身の治療の懈怠や，本人の性格・心因的要因は過失相殺事由となりえます。〔case37〕でも，F氏が体力に自信があるとして上司の健康指導を聞き入れなかったことは，過失相殺事由として考慮すべきでしょう。

8.2.5 　安全配慮義務の適用範囲の拡大

　安全配慮義務は，労働契約を締結した当事者である使用者が負う義務です（労契5条）。しかし，もともと「ある法律関係に基づいて特別の社会的接触の関係に入った当事者間において」認められた義務である（前掲陸上自衛隊八戸車輌整備工場事件）ことから，直接の労働契約関係にない当事者間でも肯定されることがあります。ただし，実質的に労働契約と同視できるような関係（**労務の管理支配性＝指揮命令関係**）は必要です。

　具体的には，この考え方に基づいて，下請会社の労働者に対する元請会社の安全配慮義務（三菱重工業事件・最判平成3・4・11労判590号14頁，前掲アテスト・ニコン事件）や，出向労働者に対する出向先会社の安全配慮義務（JFEスチール・JFEシステムズ事件・東京地判平成20・12・8労判981号76頁）が肯定されています。これらの場合，元請会社や出向先は，労働者と労働契約を結んでいませんが，労働者を受け入れて指揮命令を行っていることから，その関係に伴う義務として安全配慮義務を負うのです。

第 9 章

労働条件・雇用関係の変動

本章では，労働条件の変更の問題と，企業組織の変動の問題を取り上げます。前者は，同一企業との労働契約を維持しつつ労働条件を変更することをいい，後者は，合併，事業譲渡，会社分割等によって労働契約自体に変動が生ずることをいいます。長期雇用システムの変化が激しい今日，労働条件・雇用関係の変動をめぐる紛争は多発しており，適切な解決が求められています。

9.1 就業規則による労働条件の変更

9.1.1 労働条件の変更とは

労働契約は，長期間にわたって継続する契約です。長い人では，大学を卒業して入社後，定年退職まで40年近く続きます。このため，労働契約を展開する中で，労働条件の変更に遭遇するケースが必ず出てきます。

個々の労働者に関する労働条件（個別的労働条件）の変更（典型は人事異動。⇨第6章）も重要ですが，それ以上に重要なのは，多数の労働者に共通して適用される労働条件（集団的労働条件＝賃金体系，労働時間制度など）の変更です。このような集団的労働条件の変更が労働者にとって有利な場合は問題ありませんが（賃上げ，労働時間短縮），不利益変更を意味する場合は話は別です。〔case38〕に即して考えていきましょう。

〔case38〕 ① 部品メーカーG社は、世界的金融不況の影響を受けて業績が悪化したため、退職金規程を改訂し、支給率を従来の「基本給月額×在職月×0.8」から「基本給月額×在職月×0.5」に変更したいと考えている。この結果、社員によっては、退職金が従来の3分の2に減ってしまう（たとえば、従来の2,000万円が1,300万円）人も出てくる。このような変更を行うためには、どのような方法があり、いかなる要件に服するか。

② N社は、従業員の要望が高い週休2日制（土日休日）を導入することにした。しかし、総労働時間（週40時間）を維持する必要があるため、月曜日～金曜日の所定労働時間を7時間から8時間に延長した。ところが、この結果、所定労働時間を超える場合に支給されてきた時間外勤務手当が支払われなくなるため、月額平均1万5,000円の減収が生ずることになった。N社には、従業員の80％を組織するB労働組合と、5％を組織するC労働組合があるが、B組合が賛成したのに対し、C組合は断固反対の姿勢をとり、団体交渉によっても合意できなかった。そこで、N社は就業規則を変更して、全従業員について新たな労働時間制度を導入した。C組合は、訴訟を起こすと主張している。

労働条件の変更方法としては、3つの方法があります。

第1の方法は、個々の労働者と合意し、新たな契約を結んで変更する方法です。契約法の原則は、労働条件（契約内容）の変更には当事者の合意を要するというもの（**合意原則**）ですから、これは最もオーソドックスな方法といえます。しかし、この方法は時間がかかり、非効率です。また、全員が同意してくれればよいのですが、1人でも反対する労働者がいれば、その人については労働条件を変更できず、労働条件が不統一となってしまいます（〔case38〕①の場合、ほぼ全員が「基本給月額×在職月×0.5」に同意したのに、3名だけ同意せず、「0.8」のままというように）。しかし、労働条件の不統一は不公平を意味するため、適切ではありません。

第2の方法は、労働組合と団体交渉を行い、**労働協約**を締結する方法です。これが成功すれば、労働協約は**規範的効力**（労組16条）を有するため、労働条件を確実に変更することができます（⇒162頁）。しかし、労働協約

は協約を締結した組合の組合員だけに適用され，非組合員（他組合員，管理職，パートタイマー等の非正社員）には適用されないため，これだけではやはり労働条件を統一することはできません。〔case38〕②で，B組合との間で協約が締結された場合を考えると，その協約は，B組合員には適用されますが，断固反対したC組合員には適用されないのです。

そこで重要となるのが，第3の方法，すなわち，<u>就業規則の変更</u>（改訂）です。就業規則は，使用者が一方的に作成し，事業場の全労働者に適用されるルールですから（⇨47頁），就業規則の変更によって，労働条件変更を統一的かつ効率的に実現することができるのです。〔case38〕①のような退職金規程の不利益変更についても，就業規則の変更が用いられるのが普通ですし，労働組合と労働協約を締結して組合員の労働条件を変更した後，それと同じ内容の就業規則変更を行い，非組合員に適用することもよく見られます。さらに，労働組合が存在しない企業では，労働条件の集団的変更のほぼ唯一の方法は就業規則の変更となります。

問題は，就業規則による労働条件の不利益変更が法的な拘束力を有する根拠を何に求めるかです。第1の方法（合意による労働条件変更）と異なり，就業規則の変更は，使用者が一方的に行うものです。したがって，そのような就業規則による労働条件の変更が，それに同意しない（＝反対する）労働者を拘束するといえるためには，前述した契約法の原則（合意原則）を排除するための法的根拠が必要となるはずです。ところが，労基法の中には，最も肝心なこの点に関する規定がありません。

このため，この問題の解決は，判例・学説の議論に委ねられてきました。そして，<u>労働契約法</u>は，次に述べる判例法の内容を立法化しました。

9.1.2 判例法の展開

最高裁は，有名な秋北バス事件大法廷判決において，次のような判断を示しました（最大判昭和43・12・25民集22巻13号3459頁。定年制のない事業所で定年制を新設した事案）。いわく，「新たな就業規則の作成又は変更によって，既得の権利を奪い，労働者に不利益な労働条件を一方的に課することは，原則として，許されない……が，労働条件の集合的処理，特にその統一的

かつ画一的な決定を建前とする就業規則の性質からいって，当該規則条項が合理的なものであるかぎり，個々の労働者において，これに同意しないことを理由として，その適用を拒否することは許されない」。つまり，「就業規則に基づく労働条件の不利益変更は原則として許されないが，合理性があれば例外的に変更できる」というルールです。

次に，判例は，合理性という抽象的な要件を明確化する判断を示しました（第四銀行事件・最判平成9・2・28民集51巻2号705頁。定年延長に伴い，延長後の賃金を引き下げた事案）。それによれば，労働条件の不利益変更の合理性の有無は，「変更によって労働者が被る不利益の程度，使用者側の変更の必要性の内容・程度，変更後の就業規則の内容自体の相当性，代償措置その他関連する他の労働条件の改善状況，労働組合等との交渉の経緯，他の労働組合又は他の従業員の対応，同種事項に関する我が国社会における一般的状況等を総合考慮して」判断されます。特に，賃金・退職金等の重要な労働条件については，その変更による不利益を労働者に法的に受忍させることを許容できるだけの「高度の必要性に基づいた合理的な内容のもの」であることが要求されます。

この判例法は，経営環境の変化に応じて労働条件変更を行わざるをえない企業に対し，「合理性を要件に不利益変更を認める」という柔軟な解決方法を提供したため，企業実務に大きな影響を与えました。また，その後の下級審裁判例も，一致してこの判例法に従うようになりました。

では，なぜ判例法は支持されたのでしょうか。この点は，解雇権濫用規制（労契16条。⇨179頁）と深く関連しています。前記のとおり，契約法の原則によれば，使用者は，労働条件変更に同意しない労働者の労働条件を変更することはできません。そうかといって，そのような労働者を解雇できるかといえば，解雇権濫用規制があることから，それも困難です。たとえば，〔case38〕①の場合，退職金支給率の「0.8」から「0.5」への変更に同意しないG社社員を解雇することに「客観的に合理的な理由」があるとはとうていいえないでしょう。退職金支給率「0.8」は，G社社員が有している権利（既得権）だからです。しかし，そうなると，使用者（G社）は，労働条件を変更できず，そうかといって，労働者を解雇することもで

きず，労働契約が著しく硬直化する結果となります。そこで，解雇を規制する代わりに，使用者が就業規則によって労働条件を柔軟に変更することを認める必要があると考えられたのです。

このように考えると，判例法は，実質的には妥当なものと考えられます。しかし，前述した契約法の原則（**合意原則**）との関係では問題が残ります。つまり，判例は，就業規則変更に合理性があれば（＝裁判所が合理的と判定すれば），反対する労働者を拘束すると解し，合意原則を修正していますが（前掲秋北バス事件），その根拠については何も述べていないのです。

こうして，立法的解決が求められ，労働契約法は，3つの条文から成る規制を定めるに至りました。

9.1.3　労働契約法の規制

(1)　概　　説　　まず，労働契約法9条は，労働契約法が基本とする**合意原則**（3条1項，8条。⇨152頁）を受けて，「使用者は，労働者と合意することなく，就業規則を変更することにより，労働者の不利益に労働契約の内容である労働条件を変更することはできない」と規定しています。つまり，労働条件の変更については，原則として労働者の同意が必要となるのです。前述した第1の方法こそが原則ということです。

しかし，労働契約法9条には但書があり，次の10条を指示しています。この10条こそ，先に示した判例法の内容を立法化したものです。すなわち，「使用者が就業規則の変更により労働条件を変更する場合において，変更後の就業規則を労働者に周知させ，かつ，就業規則の変更が，労働者の受ける不利益の程度，労働条件の変更の必要性，変更後の就業規則の内容の相当性，労働組合等との交渉の状況その他の就業規則の変更に係る事情に照らして合理的なものであるときは，労働契約の内容である労働条件は，当該変更後の就業規則に定めるところによるものとする。ただし，労働契約において，労働者及び使用者が就業規則の変更によっては変更されない労働条件として合意していた部分については，第12条に該当する場合を除き，この限りでない」。

このように，労働契約法10条は，判例法を踏襲して，「労働条件の不利

益変更は原則として許されないが，内容の合理性があれば例外的に変更できる」ことを規定しました。合理性があれば労働条件を変更できることの理由は，条文にあるとおり，変更就業規則が労働契約内容となること（＝労使が合意したものとみなされること）に求められます。こうして，10条は，就業規則による労働条件の変更が反対労働者を拘束することの根拠を立法として明示したのです。

ただし，労働契約法10条が判例と異なる点が1点あります。それは，**周知**の要件（フジ興産事件・最判平成15・10・10労判861号5頁）を付加したことです。これは，合意原則を修正して就業規則による労働条件の一方的変更を認める以上，周知（労働者が規則内容を知ろうと思えば知りうる状態にしておくこと）が必須の要件と考えられたためです。**周知**については，労働契約法7条の解説を参照して下さい（⇨52頁）。

(2) **就業規則変更の手続**　さらに，労働契約法11条は，**就業規則の変更手続**について，労基法「第89条及び第90条の定めるところによる」と規定し，届出義務（労基89条）と意見聴取義務（同90条）を引用しています。一見すると，これら手続を踏まない限り，就業規則による労働条件変更の拘束力（労契10条）は生じないかのように見えます。しかし，労働契約法10条では合理性と周知しか挙げていないので，労基法の手続は就業規則の拘束力の要件ではなく，ただ，10条の「その他の就業規則の変更に係る事情」として考慮されると説く見解が有力です（土田・契約法513頁）。

9.1.4　労働条件変更の合理性の判断基準

では，労働条件変更の**合理性**は，どのように判断されるのでしょうか。この点について，労働契約法10条は，①労働者の受ける不利益の程度，②労働条件変更の必要性，③変更後の規則内容の相当性，④労働組合等との交渉の状況，⑤その他就業規則の変更に係る事情，を掲げています。結局，判例と同様，総合判断の考え方を採用したものです（図11）。

もっとも，10条を見ると，判例（前掲第四銀行事件）が合理性の判断要素として掲げた「代償措置その他関連する他の労働条件の改善状況」および「同種事項に関する我が国社会における一般的状況」が見当たりませんが，

```
      ┌─ 不利益の程度
      │              ┌─ 変更後の就業規則の内容の相当性
      │              │   ・代償措置・関連労働条件の改善状況
「合理性」の ←────────┤   ・同種事項に関する一般的状況
 総合判断              │   ・変更後の内容自体の相当性
      │
      ├─ 変更の必要性
      │
      ├─ 労働組合との交渉の状況
      │
      └─ その他変更に係る事情
```

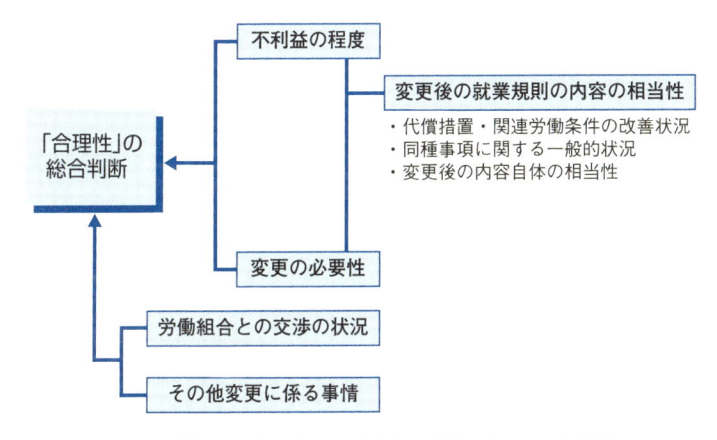

図11　労契法10条に基づく就業規則変更の合理性判断

　これら2要素は，「変更後の就業規則の内容自体の相当性」とともに，③の「変更後の就業規則の内容の相当性」に含まれるものと解されています。
　以下，ポイントとなる点を解説しましょう（土田・契約法495頁も参照）。
　(1)　**基本的枠組み**　　まず，「**労働条件の変更の必要性**」(②) と「**労働者の受ける不利益の程度**」(①) の比較衡量が基本となります。実際には，これら2大要素は拮抗し，決着がつかないことが多いのですが，その場合の決め手となるのが**代償措置・関連労働条件の改善状況**（③）です。たとえば，農協の合併に伴う労働条件統一の事案である大曲市農業協同組合事件（最判昭和63・2・16民集42巻2号60頁）では，退職金の支給率が引き下げられたものの，それ以外の労働条件が改善されたという事情があり，これが決め手となって変更の合理性が肯定されました。
　また，変更される労働条件の内容・性質もポイントとなります。前記のとおり，賃金・退職金の不利益変更については，「**高度の必要性に基づいた合理的な内容のもの**」であることが要求され，変更の合理性は厳しく判断されるのです。〔case38〕①はその一例であり，いくら会社業績が悪化したといっても，退職金のような重要な労働条件を変更するためには，「高度の必要性に基づいた合理的な内容」が要求されます。上記のとおり，何らかの代償や関連労働条件の改善が必要となるのです。

一方,〔case38〕②のように,労働条件の有利な変更（週休2日制の導入）と不利益変更（時間外勤務手当の不支給）がセットとなったケースでは,明確な代償（週休2日制）が存在するため,変更の合理性が肯定されやすくなります（同種のケースについて合理性を肯定した判例として,函館信用金庫事件・最判平成12・9・22労判788号17頁）。

(2) **経過措置**　とはいえ,会社の状況が本当に苦しい場合は,代償や関連労働条件の改善を行うことが難しい場合も多いでしょう。そのような場合には,労働者が被る不利益を和らげるための経過措置が重要となります。たとえば,〔case38〕①の場合,退職金支給率を「基本給月額×在職月×0.8」から「0.5」に改訂した直後に退職し,退職金が従来の2,000万円から1,300万円に減ってしまう社員に対して,いきなりこれを呑めというのはどう考えても酷です。ですから,退職金支給率の引下げ率を当初は抑制しておき,徐々に高めるなどの経過措置が必要となるのです。この点は,労働契約法10条の①・③の判断要素として考慮されます。

判例も,労働条件の急激な不利益変更が問題となったケース（経営低迷が続く地方銀行が満55歳以上の管理職を専任職に移行させ,給与を33％〜46％（！）引き下げた事案）について,経営体質の改善の必要性等をふまえると,企業・従業員全体の立場から長期的に見れば相当性を肯定できると述べつつも,短期的に見れば,特定層の行員（高齢管理職）にのみ賃金コスト抑制の負担を負わせていると述べ,このような場合には,「一方的に不利益を受ける労働者について不利益性を緩和するなどの経過措置を設けることによる適切な救済を併せ図るべきであ」るところ,十分な経過措置がないとして,変更の合理性を否定しています（みちのく銀行事件・最判平成12・9・7民集54巻7号2075頁）。

(3) **多数組合との合意**　第3に,就業規則変更の事前に行われた多数労働組合との合意もポイントとなります。もともと労働組合が存在する企業では,就業規則の変更前に団体交渉を行い,その妥結を経て就業規則を変更するのが一般的です（〔case38〕②はその一例）。そこで,このプロセスを経て行われた就業規則の変更が非多数組合員（少数組合の組合員,管理職などの非組合員）に不利益を及ぼす場合に,多数組合が同意したことを合

理性判断においてどのように評価すべきかが問題となるのです。

この点について、前掲第四銀行事件は、就業規則変更が労働者の90%を組織する労働組合との交渉・合意（協約締結）を経て行われたことから、「労使間の利益調整がされた結果としての合理的なものであると一応推測」できると述べ、管理職として組合に加入できなかった原告社員との関係でも、合理性を肯定できる根拠の一つとなると判断しました（「合理性の一応の推測」論）。多数組合の合意については、労働条件変更に関する代表的従業員集団の基本的合意として尊重する必要があることから、妥当な判断と考えられます（労働契約法10条では、④の判断要素となります）。

もっとも、就業規則の変更による労働者の不利益があまりに大きい場合は、多数組合の合意による合理性の一応の推測は働きません。判例も、前掲みちのく銀行事件において、行員の約73%を組織する労働組合の合意を得て就業規則を変更したことにつき、特定層の不利益が著しいことから、「労組の同意を大きな考慮要素と評価することは相当ではない」と判示しています。このように、多数組合の合意による「合理性の推測」は、あくまで「一応の」推測にとどまるのです。

9.1.5 成果主義人事の導入

以上では、労働条件を現実に引き下げる場合について解説しました。では、次のケースについてはどのように考えるべきでしょうか。

〔case39〕 D社は、従来の年功的賃金制度を改め、就業規則を変更して、成果主義型の賃金制度を導入した。年齢に応じた年齢給の上限を40歳から30歳に下げ、上限を15万円とする一方、職務給・成績給など人事考課を経由する成果型賃金のウェイトを高め、全体の80%とした。ただし、制度改訂時の賃金との差額を支給する調整給を経過措置として2年間設けている。この結果、成績優秀な社員は給与が上昇したが、成績不振の社員は減少し、たとえば45歳のU氏の場合、経過措置終了後の基本給が35万円から28万円に下がってしまった。U氏は、「労働条件の不利益変更だ」と怒っているが、D社は、給与が上昇した社員もいるのだから「不利益変更」ではないという。どちらの主張が正しいか。

本問は，**成果主義賃金・人事制度**の導入事例です（成果主義については⇨66頁）。ここでは，2つの点が問題となります。

　まず，D社が主張するように，**成果主義人事の導入**が，そもそも労働条件の**不利益変更**に該当するか否かが問題となります。成果主義人事の導入は，労働条件（賃金）を直ちに引き下げるものではなく，引下げの可能性を伴うにとどまるものですし，人事考課によっては賃金が上昇する労働者もいるからです。しかし，この点は，間違いなく**不利益変更**にあたると解されます。労働契約法10条が定める「労働条件（の）変更」とは，現実に不利益変更を行う場合だけでなく，不利益変更の可能性がある場合も含むからです（土田・契約法515頁）。

　では，**変更の合理性**をどのように考えるべきでしょうか。この点，成果主義人事の導入は，賃金原資全体（人件費）の削減ではなく，原資の配分方法を変更する措置（年功による配分から能力・成果による配分への変更）を意味しています。またそれは，賃金をストレートに削減するものではなく，労働者の能力・成果によって賃金を増減させる制度です。したがって，賃金を現実に引き下げる場合のような「高度の必要性に基づいた合理的な内容」（⇨154頁）まで求める必要はないと解されます。

　むしろ，成果主義人事制度の上記特質をふまえれば，賃金原資が維持され，急激な変更を緩和するための経過措置が講じられていること（⇨156頁の①・③），成果主義の生命線を握る公正かつ合理的な人事考課制度が整備されていること（③），労働者・労働組合との十分な労使協議が行われていること（④）といった要件が整えば，就業規則変更の合理性を肯定すべきです。裁判例も同様に解しており，たとえば，職務給制度の導入について，人事考課制度の合理性と経過措置に重点を置いて就業規則変更の合理性を判断し，肯定した例があります（ノイズ研究所事件・東京高判平成18・6・22労判920号5頁）。

　〔case39〕でも，以上の諸点がポイントとなり，それによってU氏またはD社の主張の当否が判断されることになります。

9.1.6 特約優先規定

労働契約法10条但書は，労働者・使用者が就業規則による変更を予定しない労働条件を合意していた場合は，その**特約**が優先することを規定したものです。つまり，そのような労働条件については，仮に就業規則の変更に合理性があったとしても，不利益変更の拘束力は生じないのです。

> 〔case40〕 152頁の〔case38〕①で，G社のライバル会社H社から引き抜かれたP氏は，退職金を5,000万円支払うことを条件にG社に入社した。G社が新たに行うおける退職金規程の改訂を適用すると，P氏の退職金は4,000万円弱に減ってしまうが，このような変更は許されるか。

労働契約法10条但書により，認められません。労使が〔case40〕のような特約を結ぶのにはそれなりの理由や背景があるでしょうから，それに基づく特約を優先させる考え方は妥当と評価できます。

9.2 労働協約による労働条件の変更

9.2.1 労働条件の変更と労働協約の規範的効力

次に，**労働協約**による**労働条件の変更**について解説しましょう。

労働組合が存在する企業において，労働協約に定めた労働条件を変更するためには，**団体交渉**を行い，労働協約の改訂または新協約の締結という手続を踏む必要があります。この手続を踏まないまま就業規則だけを改訂しても，その就業規則は，労働協約に反する規則として無効となってしまうのです（労基92条，労契13条。⇨48頁）。

労働協約が改訂または締結されると，それは**規範的効力**（労組16条）によって労働契約を規律することになります。問題は，この規範的効力が，労働条件を不利益に変更する労働協約にも生ずるか否かですが，この点は異論なく肯定されています。後述するとおり（⇨248頁），労働協約は，そ

れを下回る労働条件を定めた労働契約のみならず，上回る労働契約も規律する効力（両面的効力）をもつ（有利原則は否定される）ため，労働条件を引き下げる労働協約にも規範的効力が認められるのです。すなわち，労働協約による労働条件の不利益変更については，その規範的効力を原則として肯定する解釈が確立しています。この点，就業規則による労働条件の不利益変更の場合（⇨154頁）とは，不利益変更の拘束力に関する原則と例外が逆転することに注意して下さい。

9.2.2　規範的効力の限界

では，なぜ労働協約による労働条件の不利益変更は広く認められるのでしょうか。その理由は2つあります。第1の理由は，当たり前のことですが，労働協約は就業規則と異なり，労働組合・使用者間の合意（協定）だということです。第2の理由は，労働組合の内部関係を見ても，組合は組合員の意見・利益を代表して交渉し，組合員は自己の意思・利益を交渉過程に反映させることができる立場にあるため，その成果である労働協約を尊重する必要があるということです。もともと労働法は，労働組合が使用者との団体交渉の中で労働条件を長期的・総合的に維持改善し，労働協約を締結することで労使間の対等関係を確立することを促進する趣旨に立っています（憲28条，労組2条本文。⇨247頁）。ですから，たとえ労働協約が労働条件の不利益変更を含む場合であっても，その規範的効力を基本的に肯定すべきことになるのです。

最高裁も，企業合併に伴う労働条件の統一過程で生じた定年制・退職金の不利益変更（定年を63歳から57歳に引下げ，退職金基準率を71.0から51.0に引下げ）について，労使交渉・協約締結の経緯，会社の経営状況，変更後の退職金水準などから，変更後の基準に「全体としての合理性」があることをふまえれば，「協約が特定の又は一部の組合員を殊更不利益に取り扱うことを目的として締結されたなど労働組合の目的を逸脱して締結されたものとはいえ」ないと述べ，規範的効力を広く肯定しています（朝日火災海上保険事件・最判平成9・3・27労判713号27頁）。

〔case41〕 〔case38〕①をアレンジして，G社に，同社の70％の社員が加入するH労働組合が存在するとする。団体交渉において，G社が退職金支給率を「基本給月額×在職月×0.8」から「基本給月額×在職月×0.5」に変更する旨の労働協約の改訂を提案したところ，H組合は最初は反対していたが，団体交渉の過程で，このままでは組合員の人員整理も避けられない事態であることがわかったため，「0.6」に修正し，かつ，組合員の雇用を保障することを条件に労働協約の改訂を受け入れ，締結した。この改訂は，H組合の組合員を拘束するか。

上述したところから，原則として拘束するという結論になります。H組合がG社との団体交渉の結果，組合員の人員整理の回避というメリットを獲得するため，退職金支給率の引下げというデメリットを受け入れることを決定し，合意したのであれば，その合意は尊重されるべきです。

もっとも，労働協約による労働条件の不利益変更も無制限に認められるわけではありません。まず，労働組合は，協約の締結に際して，組合員の意見をきちんと聴いて真剣に討議し，それら意見を公正に代表して交渉し，組合規約（⇨233頁）所定の民主的な手続（組合大会の付議等）を経て協約を締結しなければなりません（これを**公正代表義務**ともいいます）。したがって，こうした公正な手続を欠いたまま締結された労働協約は，規範的効力を否定されます（中根製作所事件・東京高判平成12・7・26労判789号6頁。鞆鉄道〔第2〕事件・広島高判平成20・11・28労判994号69頁も参照）。

次に，たとえ公正な手続が行われたとしても，協約締結によって一部の組合員に著しい不利益が生ずる場合は，「特定の又は一部の組合員を殊更不利益に取り扱うことを目的として締結された」協約（前掲朝日火災海上保険事件）として，規範的効力が否定されることがあります。

〔case41〕でも，G社とH労働組合は，上記のような例外的規制があることに注意する必要があります（土田227頁参照）。

9.2.3 労働協約の拡張適用

労働協約による労働条件の不利益変更を非組合員に及ぼす方法としては，

労働協約の拡張適用（労組17条）もあります。拡張適用制度とは，事業場の4分の3以上を組織する多数労働組合が存在することを要件に，その多数組合が締結した協約基準を非組合員に及ぼすことを認める制度ですが（⇨252頁），これが**労働条件の不利益変更**にも適用されるのです。

　もっとも，非組合員は組合員と異なり，労働組合の方針や意思決定に関与する機会をもたないことから，このような不利益変更を認めるべきではないという議論もあります。しかし，判例は，①事業場の多数労働組合が締結した労働協約であることを重視して，不利益変更を原則として肯定する立場をとっています。ただし，判例は，②未組織労働者は組合の意思決定に関与できず，組合もそれら労働者の利益のために活動する立場にないことから，協約のもたらす不利益の程度・内容，協約締結の経緯，当該労働者が組合員資格を認められているかどうか等に照らし，協約を未組織労働者に適用することが著しく不合理と認められる特段の事情がある場合は一般的拘束力は及ばないと判断しています（朝日火災海上保険事件・最判平成8・3・26民集50巻4号1008頁。162頁の同名事件とは別事件）。

　これに対し，事業場内で少数組合を結成している組合員については，労組法が**複数組合主義**（組合員の多寡を問わず団体交渉権を平等に保障すること）を採用しているため，拡張適用は否定されます（⇨253頁）。

9.3　個別的合意による変更

　集団的労働条件の変更手段としては，以上の就業規則と労働協約が代表的なものですが，冒頭に述べた第1の方法，つまり，個々の労働者との間の合意による変更が行われることもあります。しかし，この変更には以下のような規制が及びます。

　第1に，労働契約内容の変更である以上，労働者の同意が必要となります。労働契約法8条は，「労働者及び使用者は，その合意により，労働契約の内容である労働条件を変更することができる」と規定し，労使間合意の要件（**合意原則**）を明示しています。

　第2に，このような合意原則の重要性をふまえれば，労働条件変更に関

する労働者の同意は，その**自由意思**に基づくものであることが要件となります。労働者の同意は黙示の同意でも構いませんが，使用者による十分な説明・情報提供が行われ，労働者が納得の上で同意したといえることが必要です（賃金引下げに関し，⇨60頁）。

　第3に，労働者の同意が得られたとしても，同じ労働条件が労働協約や就業規則で定められ，その内容が同意に基づく変更内容より労働者に有利であれば（協約の場合はたとえ不利であっても），合意内容は無効となります（協約につき労組16条，就業規則につき労契12条）。

9.4　変更解約告知

9.4.1　変更解約告知の意義と要件

　それでは，使用者が労働者に労働条件変更を申し込み，それを拒絶した労働者を解雇することはできるでしょうか。このような**解雇**を**変更解約告知**（Änderungskündigung）といい，本章で解説した集団的労働条件の変更のほか，人事異動のような個別的労働条件の変更手段としても用いられます。もともとドイツで発展した考え方ですが，日本でも，航空会社が労働条件や雇用形態を大きく変更する提案を行い，拒否した労働者を解雇したケースにつき，上記解雇を変更解約告知（「雇用契約で特定された職種等の労働条件を変更するための解約」）と解し，有効と判断した裁判例が登場しています（スカンジナビア航空事件・東京地決平成7・4・13労判675号13頁）。

　では，変更解約告知の要件をどのように考えるべきでしょうか。変更解約告知は，労働条件変更のための解雇ですから，①労働条件変更の必要性と，それによって労働者が被る不利益とを比較衡量の上，②変更の必要性がそれに応じない労働者の解雇を正当化するに足るやむをえないものと認められ，③使用者が解雇回避努力義務を尽くしていることを要件と解すべきです（同旨，前掲スカンジナビア航空事件）。特に，③の解雇回避努力義務は重要であり，変更解約告知も解雇である以上，**最後の手段の原則**（⇨181頁）が妥当することから，使用者は，労働条件変更の目的を達成する

のにより穏健な方法があれば，それを尽くした後でなければ変更解約告知を行うことはできません。

この結果，変更解約告知が機能する範囲は限定されますが，〔case29〕（⇨115頁）のような職種限定の合意がある場合の配転のケースでは有意義と考えられます。そこで述べたとおり，〔case29〕では，職種限定の合意を認め，配転命令の効力を否定する解釈が自然ですが，他方，配転が解雇回避措置としての意義を有することも考えると，一方的配転命令を否定しつつ，使用者（〔case29〕のJ社）が配転を内容とする変更解約告知を行うことを認めるべきでしょう。労働者（同じくR氏ら）から見ても，一方的に配転を強制されるのではなく，配転の申込みを受け入れるか，拒絶して解雇されるかを自ら選択できることから，変更解約告知は，労働条件対等決定の原則（労基2条1項。⇨25頁）に整合的と考えられるのです。

9.4.2　留保付承諾

もっとも，変更解約告知に直面した労働者にとって，選択肢が労働条件変更を受諾するか，拒否して解雇されるかの二者択一しかないとすれば，労働条件対等決定の原則は「絵に描いた餅」に帰してしまいます。そこで，変更解約告知に対する留保付承諾（労働条件変更に異議をとどめて承諾しつつ，事後的に変更の効力を争うこと）を認めるべきでしょう。ドイツでは，立法で認められていますが，日本でも，解釈論として肯定すべきです（土田・契約法533頁）。

9.5　企業変動と労働契約

企業の合併，営業譲渡，会社分割など，企業組織を抜本的に改編することを企業変動と呼びます。近年，社会経済のグローバリゼーションに伴う国内外の競争の激化によって企業の経営環境が激変し，企業変動が急ピッチで進んでいます（都市銀行の再編が好例です）。このような企業変動は，企業（使用者）の消滅・交替や，変動時の労働条件変更を伴い，労働者の雇用に影響を及ぼすことが少なくありません。以下，合併，会社解散，事

業譲渡，会社分割をめぐって生ずる労働法上の問題を取り上げます。

9.5.1　合併と労働契約

　<u>合併</u>とは，2以上の会社が契約によって1の会社に合同することをいいます（たとえば，三井銀行＋住友銀行＝三井住友銀行）。

　合併においては，消滅会社の権利義務が存続会社に包括的に承継される（会社750条1項，754条1項）ため，会社が合併して存続会社を新設する場合（<u>新設合併</u>）も，ある会社が別会社を吸収する場合（<u>吸収合併</u>）も，消滅会社の労働者の労働契約は，当然に存続会社に承継されます。つまり合併の場合は，雇用への影響はさほど大きくありません。

9.5.2　会社解散と労働契約

　これに対して，労働者が働いていた会社が完全になくなってしまう場合もあります。法的には，まず<u>会社解散</u>（会社471条）が重要で，この場合，清算手続によって会社の法人格が消滅するため，労働契約も終了してしまいます。実際には，会社解散に先立って解雇が行われますが，企業には営業の自由（憲22条1項）があるため，解雇は原則として有効とされます。雇用に及ぼす影響が最も大きい場面といえるでしょう。

9.5.3　事業譲渡と労働契約

　(1)　**意　義**　会社がなくなってしまうもう一つのケースは，<u>事業譲渡</u>です。事業譲渡とは，事業財産を一体として契約により別会社に移転することをいい，事業の<u>全部譲渡</u>と<u>一部譲渡</u>（会社の一部部門の譲渡）に分かれます。特に問題となるのは全部譲渡であり，この場合，譲渡会社は実体を失い，上記の解散手続を経て消滅してしまいます（会社471条）。このため，譲渡会社で働いていた労働者の雇用（労働契約）がどうなるかが重大な問題となるのです。これについては，次のように解されています。

　(2)　<u>事業譲渡と労働契約の承継</u>　事業譲渡においては，事業を構成する個々の権利義務の承継手続が必要となります（<u>特定承継</u>といいます）。つまり，譲渡会社が有する権利・負う義務を譲受会社が承継するか否かは，両

社間の合意（譲渡契約）によって決定されるのです。この点は，労働契約の場合も同じであり，譲渡会社で働いていた労働者の労働契約を譲受会社が承継するか否かは，譲渡会社・譲受会社が自由に決定することができます（東京日新学園事件・東京高判平成17・7・13労判899号19頁）。

　もっとも，労働契約承継に関する合意は，明示の合意に限られず，黙示の合意も含みます。黙示の合意の認定に際しては，事業譲渡前後の事業の同一性がポイントとなり，譲受会社が譲渡会社の事業（事業内容，資産，事業所，主要取引先）をそのまま引き継ぎ，大部分の従業員を雇用していれば，次に述べる反対特約が存在しない限り，労働契約承継の黙示の合意が認められます（タジマヤ事件・大阪地判平成11・12・8労判777号25頁）。この場合，労働者は安心して譲受会社に移籍することができます。

　これに対し，事業譲渡当事者が，譲渡会社の労働者の採用を譲受会社の専権事項とする旨の特約（⇨【case42】）を締結していれば，それら明示の特約の効力が優先され，その特約から排除された労働者の労働契約は承継されません（前掲東京日新学園事件）。しかも，全部譲渡の場合は，譲渡会社は消滅してしまいますから，承継から排除された労働者は，直ちに雇用を失う（＝失業する）ことになります。ただし，不当労働行為の禁止（労組7条）等の強行法規に反することはできません（青山会事件・東京高判平成14・2・27労判824号17頁参照）。

　このように，事業譲渡においては，強行法規に反しない限り，譲渡当事者間の合意によって労働契約の承継が決定されます。このため，譲渡会社の労働者がどれほど譲受会社に移りたいと思っても移ることができず（**承継排除の不利益**），しかも，それが失業に直結するという深刻な問題が発生するのです。

　一方，権利義務の特定承継を特質とする事業譲渡においては，労働契約の承継には，債権者である労働者の同意も必要となります（民625条1項）。したがって，譲渡会社の労働者が譲受会社に移りたくない場合（労働契約を承継されたくない場合）は，これを拒否することができます。この**拒否権**は，譲渡会社が存続する一部譲渡の場合は，重要な意義を有しています。

> 【case42】　S社は，ホテル部門をT社に譲渡することにした。①S社を愛するV氏はS社に残りたいが，T社に移籍を予定されている。②ホテル業務を愛するU氏は，T社に移籍したいが，T社は，S社との間の事業譲渡契約に定めた「T社は，S社従業員のうち，T社が営業上必要と認めた者を雇用する」との条項に基づき，U氏を不採用とした。

①では，譲受会社への移籍に本人同意が必要となるため，V氏はS社における地位を主張できます。これに対して②では，労働契約承継排除の明示の合意があるため，U氏はS社に残るほかありません（全部譲渡のケースなら，S社は解散に至るため，雇用自体を失うことになります）。

このように，事業譲渡においては，労働契約に関する**承継排除の不利益**が大きくなるため，事業譲渡に関する立法論も議論されています。しかし，未だ陽の目を見ていません（土田237頁）。

9.5.4　会社分割と労働契約

(1)　会社分割法制と労働契約承継法　**会社分割法制**とは，企業再編をより円滑・機動的に進めるための法制度として，2000年の商法改正により創設されたものです（会社法制定後は757条以下）。これに伴い，労働契約承継の基本的ルールを定める法律として制定されたのが**労働契約承継法**です。

会社分割とは，会社が「事業に関して有する権利義務の全部又は一部……を承継させること」をいい（会社2条29号・30号），既存の会社（吸収分割承継会社）に事業を承継させる**吸収分割**（会社2条29号・757条）と，分割により新会社を設立して（新設分割設立会社），事業を承継させる**新設分割**（会社2条30号・762条）に分かれます（図12。都市銀行再編では，みずほフィナンシャルグループがこの方法を使いました）。

会社分割における権利義務の承継は，**部分的包括承継**（=「当然承継であって部分的承継」）というものです。事業の一部譲渡（⇒167頁）に似ていますが，一部譲渡と異なるのは，事業部門の承継に際して，債権者同意等の煩雑な承継手続を必要とせず，その事業部門の権利義務が当然に承継され

■ 9.5　企業変動と労働契約

(1) 新設分割

分割会社A社　①　②　→【分割計画】→　分割会社A社　①　　　新設会社B社　②

(2) 吸収分割

分割会社A社　①　②　／　承継会社B社　→【分割契約】→　分割会社A社　①　／　承継会社B社　②

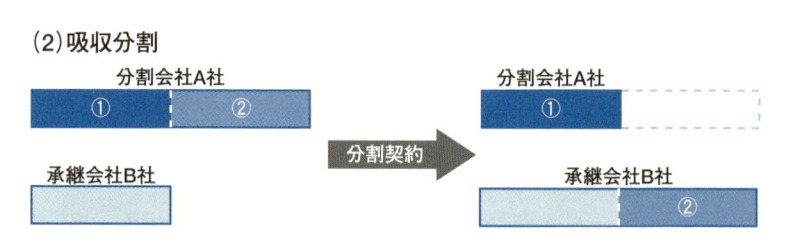

図12　会社分割と労働契約の承継

るという点にあります。これによって，スリムで機動的な企業組織再編を促進することが会社分割法制の目的とされています。

　分割会社で働く労働者の労働契約を含めて，分割会社の権利義務が吸収分割承継会社・新設分割設立会社（以下「承継会社等」）に承継されるか否かは，会社間の分割契約（吸収分割の場合）・分割計画（新設分割の場合＝以下「分割契約等」）に記載されるか否かで決まります。

(2)　労働契約承継のルール

①　この結果，承継事業に主として従事し，分割契約等に記載のある労働者の労働契約は，承継会社等に当然に承継されます（承継法3条）。つまり，労働者は承継会社等に当然に移籍することになり，転籍（⇨123頁）や事業譲渡（⇨168頁）のような拒否権はありません。会社分割法制に伴い，契約当事者の変更には労働者の同意を要するとの原則（民625条1項）を修正したものです。一方，労働条件については，分割会社における労働条件が承継会社等にそのまま承継されることになります。

②　次に，会社分割法制によれば，承継事業に主として従事する労働者であっても，承継を予定しない（分割契約等への記載がない）ときは，労働

契約承継から排除されてしまいます（承継排除の不利益）。そこで，労働契約承継法は，このような労働者に異議申出権を認め，その行使によって労働契約が承継されることを定めています（承継法4条1項。異議申出の期間は，分割に関する通知がなされた日から13日間。同2項）。労働者が異議を申し出れば，自動的に承継会社等に移ることができます。

③　さらに，会社分割法制によれば，承継事業に従としてしか従事しない労働者でも，承継を予定する（分割契約等に記載される）ときは，労働契約が承継されてしまいます（承継強制の不利益）。そこで，労働契約承継法は，このような労働者にも異議申出権を認めており，異議を述べたときは労働契約の承継が否定され，分割会社に残ることができます（承継法5条）。承継事業に全く従事していない労働者についても同じです。

このように，労働契約承継法によれば，労働者が承継事業に「主として」従事しているか否かが重要となりますが，これについては，同法の指針（平成18・4・28厚労告343号）を参照して下さい（土田239頁）。

(3)　**労働契約承継の手続**　　会社分割の場合，分割を決めていきなり労働者に移籍か残留かを迫るのは酷なので，労働契約承継法および商法等改正附則は，3種類の事前手続（分割会社の義務）を定めています。すなわち，①会社分割の企画に際して，過半数組合または過半数代表者との間で集団的協議を行い，理解と協力を得るよう努める義務（承継法7条），②分割契約等を作成する過程で，承継事業に従事する労働者個人と協議する義務（平成12年商法等の一部を改正する法律附則5条1項），③以上の手続を経て作成した分割契約等をもとに，一定の期日までに，承継事業に従事する労働者に対して，労働契約承継に関する事項を通知する義務（承継法2条）の3つの手続です。

特に，②の労働者個人との協議義務（5条協議）は重要で，分割会社は，労働契約の承継に疑問を有する労働者に対して承継の有無，分割後の業務内容・就業場所・就業形態等について説明するとともに，労働者の希望を聴取し，誠実に協議する義務を負います。分割会社がこの協議を全く行わず，または著しく不十分な説明・協議しか行わなかった場合は，労働者は，自己の労働契約が承継会社等に承継されないことを主張することができま

す（日本アイ・ビー・エム事件・最判平成22・7・12判例集未登載）。

第10章

雇用の終了

　雇用（労働契約）は，様々な理由によって終了します。一番典型的な辞め方は，「定年で辞める」ことでしょう（定年制）。また，労働者が転職する場合は，会社を退職することになります（労働契約の合意解約，一方的解約）。さらに，労働者は辞めたくないのに，使用者が雇用を一方的に終了させることもあります（解雇）。解雇については，労基法および労働契約法を中心に，法律上，様々な規制が行われています。加えて，雇用の流動化が進んだ今日では，労働契約終了後の紛争（同僚や部下の引抜き，前会社の秘密の漏洩，競業など）も増えています。

　本章では，これら論点をふまえて，**期間の定めのない労働契約の終了**について解説します。

10.1　退　　職

　労働者が転職等のために退職する場合，まずは**依願退職**するのが普通です。依願退職は，法的には，**労働契約の合意解約**（労働者と使用者が，労働契約を将来に向けて合意により解約すること）をいい，労働者が合意解約を申し込んで使用者が承諾することをいいます。

　合意解約の申込みは，通常は退職願等の書面によって行われますが，それに限られるわけではなく，口頭や電子メールでも可能です（常識的には，書面で行うべきでしょう）。ただし，労働契約の終了をもたらす以上，申込みの意思表示は明確に行われなければなりません。したがって，たとえば，労働者が上司と喧嘩して興奮し，「こんな会社，辞めてやる」と口走った

としても，直ちに合意解約の申込みとされるわけではありません。

では，会社が合意解約に応じてくれず，辞めさせてくれない場合は，どうすればよいのでしょうか。

> 〔case43〕　大手不動産業のＹ社に勤務するスーパー営業マンのＪ氏は，知り合いのＫ氏から誘いを受け，新会社を立ち上げることとし，会社に退職願を提出した。ところが，上司のＴ氏はＪ氏を手放したがらず，言を左右にして退職願を受け取らない。どうすればよいか。

この場合，Ｊ氏は，労働契約を一方的に解約することができます（一方的退職）。民法によれば，期間の定めのない労働契約においては，当事者は２週間の予告期間をおけば，「いつでも」労働契約を解約することができるからです（民627条１項）。この「いつでも」とは，「いかなる理由があっても」解約できるという意味で，解約自由の原則と呼ばれています。解約自由の原則は，使用者による解雇については労働法で修正されていますが（解雇権濫用規制＝労契16条），労働者による解約には修正はなく，退職の自由が保障されているのです。

したがって，Ｊ氏が内容証明郵便などで一方的退職の意思表示を行い，その後２週間を経過すれば，退職の効果が当然に生じ，労働契約が終了することになります。企業は，労働者の退職を防ぐため，「退職には会社の承認を要する」との規定を就業規則に設けることがありますが，これは，一方的意思表示による退職には対抗できないと解されています。

> 〔case44〕　同じくＹ社に勤務するＤ氏も，独立を考えているが，本音をいうと自信がないので，会社が昇進を約束してくれれば残ろうと考えている。そこで，上司のＴ氏に退職願を提出したら，昇進の約束どころか，あっさり「わかった。それでは今月末で退職」と返答された。慌てたＤ氏は翌日，「やっぱり辞めるのを止めます」と申し出たが，Ｔ氏は「何を今さら」とつれない返事。これはどうしようもないか。

基本はどうしようもありません。ただし，一つだけ方法があって，〔case44〕のような合意解約の申込み（退職願）であれば，労働者は一定

期間中は撤回することができます。合意解約の効力は，労働者による解約の申込みを使用者が承諾した時点で発生するため，それまでの間は，労働者は意思表示を撤回することができるのです。

　問題は，使用者がどの時点で合意解約を承諾したかですが，これは，企業において退職の決済権が誰に付与されているかによって決まります。そこでたとえば，人事部長が退職承認の最終決裁権を有している場合は，退職決裁後に撤回することはできません（大隈鐵工所事件・最判昭和62・9・18労判504号6頁）。

> 〔case45〕　Ｕ氏は，人事部長のＳ氏に呼ばれ，「いや〜，うちも苦しくてね。君は成績評価が今一つなので，辞めてもらうことにしたよ。よろしく」と宣告された。妻子を抱えるＵ氏は，もちろん辞めたくない。

　まず，この「辞めてもらうことにしたよ」とは，何を意味するのでしょうか。これが解雇の意思表示だとすれば，解雇権濫用規制（労契16条）が適用されます（⇨179頁）。一方，使用者による退職（合意解約）の申込みだとすれば（「依願退職」の逆）だとすれば，合意が必要ですから，Ｕ氏は，合意（同意）しなければよいのです。

> 〔case46〕　Ｕ氏がちっとも同意しないので，業を煮やしたＳ氏は，昔のことを持ち出し，「君，以前に無断欠勤を3回したろう。あれは本来，懲戒解雇ものだが，退職してくれれば穏便に済ませよう。退職しなければ懲戒解雇だ」などとしつこく迫る。Ｕ氏はこれに応ずるべきか。

　応ずるべきではありません。無断欠勤3回程度では，とうてい懲戒解雇事由とは認められないからです（⇨129頁）。また，うっかり退職に応じてしまったとしても，民法が強い味方になります。つまり，労働者に懲戒解雇事由がないにもかかわらず，退職の意思表示をしなければ懲戒解雇になると誤信して退職願を提出し，その事情を使用者側が知っていた場合は，退職の意思表示は要素の錯誤として無効となるのです（民95条）。

〔case47〕　S氏と会社に嫌気がさしたU氏は、再就職活動を行い、めでたく再就職を果たして会社を退職した。しかし、度重なる退職強要に気の収まらないU氏は、会社に対して損害賠償を求めたいと考えている。

　このような請求も可能です。まず、使用者が労働者を追い出す目的で、社会的相当性を逸脱する態様で退職勧奨を行った場合は、労働者の精神的自由を侵害する行為として不法行為（民709条）が成立します（下関商業高校事件・最判昭和55・7・10労判345号20頁）。また事案によっては、こうした精神的損害の賠償（慰謝料）だけでなく、退職を余儀なくされたことに基づく経済的逸失利益（一定月数の賃金相当額）の損害賠償を求めることもできます（土田245頁）。

10.2　定　年　制

10.2.1　定年制の意義

　定年制とは、労働者が一定の年齢に達したことを理由に労働契約を終了させる制度をいいます。日本では広く普及しており、2007年の調査では、定年制設定企業が92.2%（60歳～64歳定年制が90.8%）を占めています。

　しかし、定年制は、国際的にはそれほど普及しているわけではありません。また、労働者の能力や資質に関係なく、一定年齢に達したことを理由に雇用を一律に終了させる制度ですから、年齢差別的な側面があります。実際、定年年齢のスタンダードである60歳の人を見ると、個人差が大きく、年より老けている人もいれば、若者顔負けのバリバリ元気な人もいます。定年制は、こうした個人差にかかわりなく、労働者を強制的に引退させる制度という側面を有しているのです。

　しかし、日本では、定年制は法的な合理性をもつ制度と考えられています。つまり、長期雇用制度（終身雇用制）を採用する日本では、高齢者だからといって解雇することは困難ですし、法的にも、解雇権濫用規制が確

立しています（労契16条）。一方，終身雇用制の下で高齢者を雇用し続けると，年功賃金によって企業の人件費負担が過重となり，若年労働者への転換もスムーズに進みません。そこで，定年制は，解雇を避けつつ労働力の新旧交代を図る制度として合理的であり，しかも，労働者を選別する方法に比べて一律・公平であるという理由から適法と解されているのです（アール・エフ・ラジオ日本事件・東京地判平成12・7・13労判790号15頁）。ただし，今後，終身雇用制が変化（後退）していけば，定年制の法的評価も変化する可能性があります。

10.2.2　高年齢者雇用安定法の規制

定年年齢を何歳とするかは，かつては自由に決めることができましたが，高齢社会の到来に伴い，高年齢者雇用安定法が制定され，定年年齢を60歳以上とすることが義務づけられています（8条）。また，65歳未満の定年を定めている企業は，65歳までの雇用継続確保措置を講ずる義務を負います（9条）。具体的には，①定年の引上げ，②継続雇用制度，③定年制の廃止のいずれかの措置を講じなければなりません（9条1項）。このうち，最も現実的な方策は，継続雇用制度であり，再雇用制度，雇用延長制度，グループ会社への出向・転籍が多用されています（NTT西日本事件・大阪高判平成21・11・27労判1004号112頁。上田・契約法568頁参照）。

10.3　解　　雇

10.3.1　解雇とは

誰もが一番経験したくないし，会社としてもできればしたくないこと——それが解雇です。

解雇とは，法的には，使用者が労働契約を将来に向けて一方的に解約することをいいます。前記のとおり，民法627条1項は，期間の定めのない労働契約について解約自由の原則を定めており，労働者側の退職の自由として，使用者側の解雇の自由として現れます。

しかし実際には，この2つの自由がもつ重みは全く違います。つまり，労働者が退職しても，よほど優秀な社員（⇨〔case43〕）でない限り，使用者はそれほど困りませんが，労働者が解雇されると，明日からの生活に困ることになります。このように，解雇は労働者に大きな経済的・精神的不利益をもたらすため，その法規制が必要となるのです。特に，日本の長期雇用制度の下では，解雇された労働者が再就職しても，賃金や退職金の面で不利となるため，解雇規制の必要性は高いといえます。

こうして，解雇の自由は労働法によって大きく修正され，制限されています。具体的には，解雇理由の制限（労基法ほか各種法令），解雇禁止期間の規制（労基19条），解雇予告制度（同20条），そして，解雇権濫用規制（労契16条）に分かれます（懲戒解雇については⇨129頁）。

10.3.2　法令による規制

(1)　**差別的解雇の規制**　　労基法などの法令は，一定の理由に基づく解雇を禁止し，差別的解雇（discriminatory dismissal）として規制しています。特に，①労働者の国籍，信条または社会的身分を理由とする解雇（労基3条），②監督機関への申告を理由とする解雇（同104条2項），③性別を理由とする解雇（雇均6条4号），女性が婚姻・妊娠・出産したこと等を理由とする解雇（同9条2号～4号），④労働者が公益通報を行ったことを理由とする解雇（公益通報3条），⑤労働者が労働組合員であることや，正当な組合活動をしたこと等を理由とする解雇（労組7条1号），⑥育児・介護休業を申し出，または取得したことを理由とする解雇（育介法10条・16条）が重要です。詳細は，各箇所を参照して下さい。

(2)　**解雇禁止期間**　　使用者は，労働者が業務上の負傷・疾病による療養のため休業する期間およびその後の30日間は，その労働者を解雇してはなりません。また，産前産後休業期間およびその後の30日間も解雇が禁止されます（労基19条1項）。これらの期間は再就職が困難であるため，解雇を禁止して労働者を保護し，休業に専念できるようにすることを趣旨としています。

(3)　**解雇予告制度**　　使用者は，労働者を解雇しようとする場合，少な

くとも30日前にその予告（解雇予告）をしなければならず，予告をしない場合は，30日分の平均賃金（解雇予告手当）を支払わなければなりません（労基20条1項）。この予告日数は，平均賃金を支払った日数だけ短縮することができます（同2項）。

民法627条によれば，使用者は2週間の予告によって労働者を解雇できますが，労基法20条は，労働者の再就職活動の便宜等を考慮して，この予告期間を30日に延長し，かつ，これを罰則付き（労基119条1号）で保障したものです。つまり解雇予告制度は，民法の規制を労働者保護のために修正した制度です。

ただし，解雇予告制度には例外があり，使用者は，①「天災事変その他やむを得ない事由のために事業の継続が不可能となった場合」と，②「労働者の責に帰すべき事由に基いて解雇する場合」には，労働者を即時解雇することができます（労基20条1項但書）。このうち②は一見，労働者に何らかの責任（帰責事由）がある解雇であれば即時解雇できるように読めますが，そうではありません。即時解雇が許されるのは，労働者の非違行為が，予告制度による保護を否定されてもやむをえないと認められるほど重大・悪質な場合に限られることに注意して下さい。

10.4 解雇権濫用規制

10.4.1 プロフィール

以上の法令によって，解雇は相当程度規制されますが，まだ十分ではありません。

〔case48〕　Y社に勤務するX氏は，やや生意気なところがあって，上司や同僚から嫌われていたが，ある日，無断で遅刻したので，Y社は，これ幸いとばかりにX氏を解雇した。

この解雇は，法令が禁止する差別的解雇（⇒178頁）のどの解雇理由にも該当しません。そこで，解約自由の原則（民627条1項）に立ち戻れば，Y

社はX氏を解雇できることになります。しかし，これでは労働者に著しく酷な結果となり，雇用社会の混乱を招きます。

そこで，裁判所は，解雇権（解雇の自由）を一般的に制約する法理として，解雇権濫用法理を確立してきました（日本食塩製造事件・最判昭和50・4・25民集29巻4号456頁）。そして，この解雇権濫用法理は2003年，労働基準法に明文として立法化され（労基18条の2），2007年の労働契約法制定に伴い，同法16条に移行しました。すなわち，「解雇は，客観的に合理的な理由を欠き，社会通念上相当であると認められない場合は，その権利を濫用したものとして，無効とする」。労働法における最も重要なルールです。

解雇権濫用規制は，「解雇は，客観的に合理的な理由および社会的相当性を要する」という要件面の規制と，この要件を欠く解雇は「権利濫用として無効となる」という効果面の規制（解雇無効の効果）から成ります。このうち，解雇の要件はさらに，①就業規則上の解雇事由に該当するか否かの判断と，②それ以外の要素（労働者の情状・処分歴，ほかの労働者の処分との均衡，解雇手続等）に関する判断に分かれます。①が「解雇の合理的理由」に，②が「社会通念上の相当性」に相当するといってよいでしょう。解雇権濫用の否定を基礎づける事情（解雇の合理的理由）を主張立証する責任は，使用者側が負うと解されています（解雇権濫用規制をめぐる議論については，土田・契約法580頁参照）。

10.4.2 解雇の要件——解雇の合理的理由

解雇の理由（事由）は通常，就業規則において規定されます（「解雇の事由」は，就業規則の絶対的必要記載事項とされています〔労基89条3号〕。⇨47頁）。就業規則上の解雇事由は，労働者側に存する事由（①労働者の傷病，②能力不足・適格性の欠如，③欠勤，勤務態度不良等の職務懈怠，④経歴詐称，⑤業務命令違反，不正行為等の非違行為・服務規律違反）と，⑥使用者側の経営上の必要性（主に整理解雇）に分かれます。

もっとも，労働者の行動が形式的に就業規則の解雇事由に該当するからといって，直ちに解雇が有効となるわけではありません。解雇権濫用規制（労契16条）によれば，解雇は「客観的に合理的な理由」を要するため，就

業規則の解雇事由に該当することが客観的に見ても合理的な理由といえるか否かが厳しく判定されるからです。具体的には，単に債務不履行（労働義務・付随義務違反）の事実があるだけでは足りず，その事実が雇用を終了させてもやむをえないと認められる程度に達していることが必要とされます。これを最後の手段の原則といい，3点に具体化されます。

① 労働者の解雇事由が重大で業務に支障を生じさせ，または反復・継続的で是正の余地に乏しいこと。
② 使用者が事前の注意や指導によって是正に努めていること。
③ 使用者が休職・配転・出向等の軽度の措置によって解雇回避の努力をしていること。②③を解雇回避努力義務といいます。

他方，④労働者の能力・適性，職務内容，企業規模その他の事情を勘案して，使用者に解雇回避措置を期待することが客観的に困難な場合は，解雇が正当とされます（期待可能性の原則）。つまり使用者は，客観的に期待可能な範囲で解雇回避努力義務を負うのです。

なお，就業規則上の解雇事由については，限定列挙なのか（この場合，使用者は列挙事由がある場合にのみ解雇できます），それとも例示列挙なのか（この場合，列挙事由に該当しなくても，客観的に合理的な理由があれば解雇できます）が問題となりますが，近年は，限定列挙説が有力です（土田252頁）。ただし限定列挙説に立っても，就業規則には「その他前号に準じる理由」等の包括条項が設けられるため，例示列挙説との違いは大きくありません。

(1) 傷病・能力不足・成績不良

〔case49〕　以下の事例で，使用者は労働者を解雇できるか。
① G航空会社の客室乗務員として13年間勤務してきたK氏は，腰痛が悪化したため長期の入院が必要となり，勤務継続が不可能となった。G社では，最長2年間の病気休職制度が設けられている。一方，G社の就業規則には，「精神または身体の障害により，職務に耐えられないと認められるとき」が解雇事由として規定されている。
② C氏は，O保険会社P支店に勤務する保険外交員であるが，内気な性格のためか成績が上がらず，6か月連続してP支店の外交員の中で最下位ランクに位置している。C氏の上司は指導を重ね，C氏も

> それに応えて熱心に努力しているが、状況に変化は見られない。O社の就業規則には、「勤務成績または能率が劣り、業務に適さないと認められるとき」が解雇事由として規定されている。

　労働者が病気に罹ったり、健康状態が悪化して労働能力が低下することは、典型的な解雇事由の一つです。しかし、傷病や健康状態の悪化が直ちに解雇事由となるわけではなく、傷病等が労働義務の履行を期待できないほどに重大なものであることが必要です（最後の手段の原則）。また、傷病によって現在の仕事が困難としても、使用者は休職制度を活用したり、軽易業務への配転・能力開発等によって雇用を継続する必要があります。

　〔case49〕①では、休職制度があるため、G社はまずはこれを活用すべきであり、休職を経てもなお職務（原則として原職＝客室乗務員）を履行できない場合にはじめて、「精神または身体の障害により、職務に耐えられないと認められるとき」への該当性が肯定され、「客観的に合理的な理由」と認められるのです（裁判例として、K社事件・東京地判平成17・2・18労判892号80頁。休職については⇨124頁）。

　労働者の能力不足・成績不良・適格性の欠如は、労働義務の不完全履行にあたり、やはり典型的な解雇理由です。しかし、ここでも最後の手段の原則が適用され、解雇が正当とされるのは、能力不足等の事実が労働契約の継続を期待し難いほど重大な程度に達している場合に限られます。つまり、①問題となる能力・成績が容易に是正し難いほど不良である必要がありますし、仮にこの点が肯定されても、②指導・教育や職種転換（配転・降格）によって能力を活用する余地があれば、それら措置によって雇用を継続する努力が求められます（セガ・エンタープライゼス事件・東京地決平成11・10・15労判770号34頁）。他方、配転や研修機会を与えても能力・適格性が向上せず、改善の余地がない場合は、雇用の継続を期待し難いこと（期待可能性の原則）から解雇有効とされています（日水コン事件・東京地決平成15・12・22労判871号91頁）。

　要するに、いったん労働者を雇用した以上、使用者は、労働者を長期的な観点から育成し、一人前に育て上げる責任を負うのであり、ここから安

易な解雇が制限されるのです。〔case49〕②では，C氏の指導は限界に近いようですが，なお指導に応えて熱心に努力している以上，O社は他職種や他支店への配転等の解雇回避措置を講じなければなりません。しかし，それでもなお状況が改善しない場合は，「勤務成績または能率が劣り，業務に適さないと認められるとき」への該当性が肯定され，解雇は「客観的に合理的な理由」に基づくものと認められます。

> 〔case50〕 E社は，営業力強化の一環として，営業本部長を公募し，他社から応募してきたU氏を中途採用した。ところが，このU氏，肩書きをひけらかして部下に威張り散らすばかりで，仕事の手腕は一向にひけらかさず，顧客の評価も悪く，営業成績はかえって大きく低下してしまった。E社としては，すぐにでもU氏を解雇したい。

　この場合も，E社はU氏を雇用したのですから，長期的な観点から育成する責任を負いそうなものですが，裁判例は，U氏のように，地位や職種を特定して雇用された労働者の解雇については緩やかに判断しています。つまり，こうした中途採用者については，その地位に要求される高度の能力が不十分とされれば解雇事由該当性が肯定され，職種転換などの解雇回避措置も特段必要とされていません（フォード自動車事件・東京高判昭和59・3・30労民集35巻2号140頁）。長期雇用型の労働者ではないという判断がベースにあるのでしょう（ややアンバランスという気もしますが）。

　(2)　その他の解雇事由　　無断欠勤，遅刻・早退過多，勤務態度の不良などの職務懈怠（労働の遂行状況が不適切なこと）も解雇事由となります。しかし，ここでも最後の手段の原則が適用され，解雇が有効とされるのは，労働義務違反の程度が重大または反復継続的で（勤務態度が著しく不良である等），指導・注意によっても改善の見込みがなく，雇用の継続を期待し難い程度に達している場合に限られます（三菱電機エンジニアリング事件・神戸地判平成21・1・30労判984号74頁）。

　また，暴行・脅迫，業務妨害行為，業務命令違反，不正行為，内部告発，企業外非行などの非違行為は，懲戒事由となるとともに，解雇理由ともなり，行為の重大性や反復継続性によっては解雇有効とされています。たと

えば，教員が学園や校長を批判する文書をリークする過程で，虚偽の内容や事実の誇張・歪曲によって学園の信用を失墜させたケースでは，学園との「労働契約上の信頼関係を著しく損なうもの」として解雇有効と判断されています（敬愛学園事件・最判平成6・9・8労判657号12頁）。

10.4.3　解雇の要件──解雇の相当性

解雇は，労働者の行為が解雇事由に該当することから直ちに正当とされるわけではありません。すなわち，解雇は，労働者の情状，ほかの労働者の処分とのバランス，使用者側の対応などを考慮して，労働者に均衡を失するほどの不利益を及ぼす場合は，社会通念上の相当性を欠くものとして解雇権濫用とされます（労契16条）。

まず，労働者に解雇事由該当性が認められても，本人の情状（反省の程度，過去の勤務態度・処分歴，年齢・家族構成等）から見て解雇が酷に過ぎると認められれば，解雇権濫用とされることがあります（高知放送事件・最判昭和52・1・31労判268号17頁）。また，労働者の非違行為が解雇事由に該当しても，同種の行為を犯したほかの労働者に対して，あるいは過去の同種例において解雇が行われていない場合は，懲戒と同様の「公平の原則」が働き（⇨135頁），解雇は不当に重い手段として解雇権濫用と判断されます。労働者に非違行為がある一方，使用者側の対応に問題がある場合も同様です（S社事件・東京地決平成14・6・20労判830号13頁。会社が性同一性障害の労働者の就労に関する配慮を怠ったまま性急に解雇したことについて解雇権濫用と判断）。

10.4.4　解雇の要件──解雇手続

解雇について，労働協約や就業規則で一定の手続（労働組合との協議，人事委員会の開催等）を定めている場合は，それら解雇手続を経ないで行われた解雇は無効となります。特に，協約上の協議条項は規範的効力（労組16条。⇨246頁）を認められ，重要な手続に位置づけられます。

労基法上の手続としては，解雇理由の証明義務が重要です。すなわち，労働者が解雇によって退職する場合，解雇の理由について証明書を請求し

た場合は，使用者は遅滞なくこれを交付しなければなりません（労基22条1項）。解雇予告の日から退職日までの間に，労働者が解雇理由の証明書を請求した場合も同様です。労働者が請求したにもかかわらず，使用者が解雇理由を明示しなかったときは，重要な手続を怠ったものとして，解雇権濫用の一理由となります。

10.4.5　解雇の効果

(1) 解雇の無効　　解雇は，使用者が一方的に行う行為ですから，解雇の意思表示がなされれば，法定予告期間（労基20条）を経て労働契約は当然に終了するはずです。しかし，解雇がその要件を満たさない場合は，解雇は「その権利を濫用したものとして，無効」となります（労契16条）。

解雇が**無効**となるということは，「なかったことになる」ということですから，労働契約が存続し，労働者は，職場復帰（復職）という強力な救済を得ることができます。訴訟上は，裁判所は，労働者が労働契約上の権利を有する地位（従業員たる地位）にあることを確認する判決を下すことになります。

(2) 解雇と賃金　　また，解雇が無効と判断されれば，民法536条（**危険負担**）によって**賃金請求権**が肯定されます。つまり，解雇が無効の場合，労働契約は存続していますが，実際には，使用者の就労拒否によって労務の履行不能が生じています。しかし，これは債権者である使用者の帰責事由によって生じたものであるため，民法536条2項によって，労働者の反対給付（賃金）請求権が肯定されるのです（⇨65頁）。

> 〔case51〕　181頁の〔case49〕の解雇が不当とされた場合，K氏やC氏は，会社に対していかなる請求をすることができるか。

上記のとおり，K氏やC氏は，会社に対して，従業員たる地位の確認および未払賃金を請求することができます。また，特に悪質な解雇については**不法行為**（民709条）が成立することもあり，この場合，労働者は，精神的損害に対する賠償（慰謝料）を求めることもできます。ただし，K氏やC氏が従業員たる地位を得ても，会社が職場復帰に任意に応じない場

合は，現実に就労させることを求めることはできません。労働契約上の**就労請求権**が否定されているからです（⇨46頁）。

解雇された労働者が，解雇を争いつつ，アルバイト等で別の収入を得ていた場合，その収入（**中間収入**）の取扱いはどうなるのでしょうか。民法は，債務者が自己の債務を免れたことによって利益を得た場合，これを債権者に償還すべき義務を負うことを規定しています（民536条2項但書）。そこで，この規定を解雇にあてはめると，使用者は，中間収入を労働者に支払うべき賃金から控除することができます。しかし，これは労使間の利益調整としては問題があるので（解雇されたために他所で働いて得た収入を，解雇した当人である使用者に償還せよというのは釈然としません），判例は，この全額償還ルールを修正しています。つまり判例は，解雇期間中の就労不能は「使用者の責に帰すべき事由による休業」にあたり，**休業手当**支払義務（労基26条。⇨66頁）を発生させるので，解雇期間中の賃金のうち，平均賃金の6割までは支払義務を負うと判断しています（あけぼのタクシー事件・最判昭和62・4・2労判506号20頁）。

(3) **解雇の金銭解決**　以上のとおり，不当な解雇については，解雇無効→復職という処理が基本となりますが，実際には，労働者が復職しても，使用者との信頼関係が崩れているため，上手くいかず，結局は退職することが多々あります。そこで，**解雇の金銭解決**制度が議論されていますが，実現していません。難問ですが，労働者の申立てによる金銭解決は認めてもよいように思われます。これに対し，使用者の申立てを認めてよいかは，「金で解決すればいい」的な風潮を惹起しかねないので，さらに難問です（土田・契約法602頁参照）。

10.4.6　整理解雇

(1) **整理解雇とは**　**整理解雇**とは，「使用者が経営不振の打開や経営合理化を進めるために，余剰人員削減を目的として行う解雇」をいいます。これまで検討した一般の普通解雇と異なり，労働者に落ち度（帰責事由）がない状況で行われる解雇ですから，特に厳しく規制されます。事業の縮小や工場の閉鎖自体は企業が自由に決定できますが（営業の自由＝憲22条1

項），ひとたび解雇（整理解雇）に至ると，解雇規制に服するのです。

　整理解雇は，経営困難や不振を理由とするタイプ（危機回避型）と，経営困難に陥る前の段階で，経営合理化や競争力強化を目的に事業部門を廃止・縮小し，余剰人員を解雇するタイプ（戦略的合理化型）に分かれます。

　整理解雇は，就業規則上の解雇事由である「やむをえない事業上の都合による場合」に基づいて行われます。その判断に際しては，判例上，独特の **4要件**（人員削減の必要性，解雇回避努力義務の履行，被解雇者選定の相当性，労働者との協議・説明）が確立されてきました。**解雇権濫用規制**（労契16条）が確立された今日では，整理解雇の4要件は，同条所定の解雇の要件を具体化する意味をもつことになります。

　なお近年の裁判例では，4要件ではなく，**4要素**と解する立場が有力となっています（ナショナル・ウエストミンスター銀行事件・東京地決平成12・1・21労判782号23頁，ワキタ事件・大阪地判平成12・12・1労判808号77頁等）。4要件説の場合，4要件すべてを満たさないと解雇無効となるのに対し，4要素説によれば，整理解雇の効力は4要素の総合判断となり，ある要素が欠けても解雇有効となりうるため，解雇規制を緩和する意味をもちます。ただし実際には，4要素説によっても，解雇回避努力義務や被解雇者の選定に問題があるケースでは，それだけで解雇無効とされており，4要件説との間にそれほど大きな違いはありません。

（2）　**人員削減の必要性**　　まず，解雇を必要とする程度に**高度の経営上の必要性**が存在することが必要です。ただし，人員削減をしなければ倒産必至という状況までは要求されていません（東洋酸素事件・東京高判昭和54・10・29労判330号71頁）。そこで，人員削減の必要性が否定されるのは，企業の財政状況に全く問題がない場合や，人員整理後，企業が新規採用や昇給など，明らかに矛盾する行動をとった場合に限られます（ホクエツ福井事件・名古屋高金沢支判平成18・5・31労判920号33頁）。

（3）　**解雇回避努力義務**　　解雇回避努力義務は，4要件の中でも中心に位置し，解雇に関する**最後の手段の原則**（⇨181頁）として重視されています。使用者は，新規採用の停止，役員報酬カット，時間外労働の削減，希望退職者募集，配転・出向などの真摯な**解雇回避努力**を求められます（シ

ンガポール・デベロップメント銀行事件・大阪地判平成12・6・23労判786号16頁)。

　もっとも，配転等の受入先がなかったり，労働者が拒否するなど，それら措置が客観的に期待不可能な場合にまで雇用確保の義務が生ずるわけではありません（期待可能性の原則。CSFB セキュリティーズ・ジャパン事件・東京地判平成17・5・26労判899号61頁)。また，希望退職者募集についても，それが有能な従業員の退職をもたらしたり，社内に無用の混乱をもたらす危険性が高い場合は，募集の必要性が否定されています（前掲シンガポール・デベロップメント銀行事件)。

　(4)　被解雇者選定の相当性　　被解雇者の選定は，客観的で合理的な基準によって行われる必要があります。実際には，困難な判断を要する問題であり，①成績優秀で貢献度が高い労働者を選定することは公正を欠き，企業再建の面で問題がある反面，②経済的打撃の面からは，再就職の難しい高齢者や成績不良者を解雇することには酷な面もあります。

　そこで裁判例は，労使の自主的判断を尊重しつつ，企業再建の要請や従業員の納得性を考慮し，①の要素を重視しています。このため，成績・勤務状況不良者や高齢者を解雇対象とすることは公正とされますが，高齢者の能力や体力は様々であるため，能力・成績を勘案したり，割増退職金支給などの配慮を講ずる必要があります（ヴァリグ事件・東京地判平成13・12・19労判817号5頁)。

　(5)　説明・協議義務　　整理解雇は，労働者に帰責事由がない解雇であるため，使用者は信義則上，労働者の納得が得られるよう誠実に説明・協議を行う義務を負います（労契3条4項)。その内容は，人員削減の必要性，整理方針・手続，被解雇者の選定基準と適用などほかの3要件に広く及び，整理解雇に関する労使自治的解決を促進する機能を営んでいます（山田紡績事件・名古屋高判平成18・1・17労判909号5頁)。

〔case52〕　N銀行は，リストラの一環として，東京本店外為部の縮小と人員削減に着手したが，T氏の処遇が問題となった。T氏は，最近2年間の人事考課が連続して低く，①N銀行は本店他部門への配転や関連会社への出向を打診したが，受入先が見つからなかった。そこで

> N銀行は，②T氏に対し，特別退職金1,500万円の上積みを条件に任意退職に応ずるよう説得したが，T氏はこれを拒否した。N銀行とS組合は，8回の交渉を重ねたが，進展しなかったため，N銀行は，就業規則の「会社の経営上やむをえない事由があるとき」を根拠に，T氏を解雇した。

本問では，**解雇回避努力義務**が問題となります。まず，①については，本店内部の受入先が実際にない以上，期待可能性の原則によってやむをえないといえます。次に，②のように，使用者が**経済的補償**を提供している場合の法的評価が問題となります。一つの考え方は，このような経済的補償が提供されている場合は，仮に**解雇回避努力（雇用確保措置）**が不十分であっても，なお整理解雇を有効と解すべきだというものです（前掲ナショナル・ウエストミンスター銀行事件）。これに対し，解雇回避努力義務の基本的ルールはあくまで雇用自体の確保措置にあると考えれば，②を理由に簡単に解雇有効と考えることはできないことになります。難問であり，意見の分かれるところです（土田266頁参照）。

10.5 退職後の守秘義務・競業避止義務

労働契約が終了すると，労使間の権利義務は原則として消滅します。しかし，使用者は，退職労働者が自社の秘密やノウハウを使用して起業したり，自社と競合する企業に転職することを防止するため，一定の義務を設けることがあります。これが退職後の守秘義務・競業避止義務の問題であり，転職の活発化（雇用の流動化）に伴い，紛争が増えています（在職中の両義務については⇨43頁）。

10.5.1 退職後の守秘義務

退職後の**守秘義務**は，**不正競争防止法**（営業秘密の保護）によって発生する（不正競争防止法については⇨44頁）ほか，使用者と退職労働者が**守秘契約（秘密保持契約）**を結べば，契約上の義務としても発生します。

在職中の守秘義務は，信義則（労契3条4項）に基づいて当然に発生しますが，退職後の守秘義務は，労働契約終了後の義務であることから，このような契約上の明確な根拠が必要となります。一方，契約によって設定された守秘義務は，不正競争防止法の規制を受けないため，同法上の<u>営業秘密</u>（2条1項7号）の要件を満たさない秘密・ノウハウに及ぶ義務として広く規定することができます。

　もっとも，<u>職業選択の自由</u>（憲22条1項）の観点からは，守秘義務が無制限に肯定されるわけではありませんが，前使用者の重要な秘密を使用し，顧客を奪うなど損害を与えた場合は，守秘義務違反が成立し，損害賠償責任（民415条）を負うことになります（ダイオーズサービシーズ事件・東京地判平成14・8・30労判838号32頁）。

10.5.2　退職後の競業避止義務

　守秘義務以上に問題となるのが<u>競業避止義務</u>です。競業避止義務とは，前使用者と競合する企業に就職し，あるいは自ら競合事業を営まない義務をいいます。守秘義務が「秘密を守れ」という1点で義務を課すものであるのに対し，競業避止義務は「働くこと」自体を禁止する義務ですから，労働者の職業活動の自由を制約する度合いははるかに高くなります。

　では，企業がなぜ退職後も競業避止義務を課すのかといえば，それは，コストをかけて育成した優秀な社員をライバル会社に取られたり，自社の秘密やノウハウが他社に流出するのを防ぎたいからです。ただし後者については，守秘義務で足りそうなものですが，守秘義務の場合，労働者が本当に秘密を守っているかどうかの監視（モニタリング）が難しいので，競業避止義務によって就労そのものを禁止しようとするのです。しかし，それは他方では，労働者の職業活動の自由を直接制約する点で，きわめて大きな不利益を課すものですし，労働者の職業活動の自由は憲法上，<u>職業選択の自由</u>として保障されています（憲22条1項）。この結果，競業避止義務については，次のような厳格な規制が行われます。

　第1に，退職後の競業避止義務の法的根拠としては，明示の根拠（誓約書などの特約または就業規則）が必要です。在職中の競業避止義務は，信義

則に基づいて当然に発生しますが（⇨43頁），退職後については，職業選択の自由によって，このような解釈は認められません。

第2に，競業避止義務の要件についても，職業選択の自由を考慮して厳格な要件が設定されます。その準則は，①労働者の地位が義務を課すのにふさわしいこと，②前使用者の正当な秘密の保護を目的とするなど，競業規制の必要性があること，③対象職種・期間・地域から見て職業活動を不当に制約しないこと，④適切な代償が存在することの4点にあり，これらを総合して義務の有効性が判断されています（土田268頁）。

近年の裁判例は，代償要件を含めて，競業避止義務を厳しく判断する傾向にあります。たとえば，「5年間は競業に従事しない」との特約に基づく競業避止義務について，義務内容が広範に過ぎ，期間が5年と長過ぎること，代償措置についても，前使用者が代償として主張した退職金につき，退職金は在職中の労働の対価であり，退職後の競業避止義務の代償とはいえないこと等を理由に無効と判断した例があります（岩城硝子ほか事件・大阪地判平成10・12・22知財例集30巻4号1000頁）。

一方，競業避止義務が有効とされれば，競業行為の差止請求（東京リーガルマインド事件・東京地決平成7・10・16判タ894号73頁参照），損害賠償請求，違約金の返還請求（ヤマダ電機事件・東京地判平成19・4・24労判942号39頁），退職金の不支給（⇨73頁）等の対抗措置が可能となります。

〔case53〕　以下の事例で，競業避止義務は有効か。
① 京都市内で学習塾を経営するG社は，看板講師のI氏が退職するというので，懸命に慰留したが，I氏の決意は高い。そこでG社は，I氏が自社の強力なライバルとなるのを恐れて，「退職後2年間，全国どこでも学習塾の運営に関与しない」との誓約書を締結した。
② 〔case43〕（⇨174頁）のJ氏は，首尾よくY社を退職できたが，Y社は，新会社立ち上げというJ氏の意図をうすうす察して，「退職後5年間，全国どこでも会社と同種の事業に従事しない」との誓約書を提案した。驚いたJ氏が，5年間は長過ぎるし，その間の生活をどうしてくれると抗議すると，「退職金が代償だ。それでまかなえ」という。

①は無効です。前記のとおり、競業避止義務については、対象職種・期間・地域から見て職業活動を不当に制約しないこと（⇨191頁の③）が求められます。この観点から見ると、G社が京都市内で学習塾を経営しているのなら、競業禁止の地域は、京都市内またはせいぜい京都府内が限度ですし、職種は、学習塾講師としての就労の禁止が限度で、学習塾運営への関与まで禁止するのは行き過ぎと考えられるからです。

②も無効です。5年という期間は、J氏が主張するとおり、不当に長期間ですし、①と同様、職種限定の範囲についても問題があります。問題は、代償として退職金を支払っているというY社の主張をどう考えるかですが、退職金は、あくまで在職中の労働の対価（賃金の後払い）ですから（⇨72頁）、本来、退職後の競業避止義務の対価となるはずはなく、Y社の主張は正当とはいえません。これに対し、Y社が、退職金に適正な額を上積みして支払えば、競業制限の代償と解される可能性があります。

10.5.3 引抜き

労働者が転職するとき、気心の知れた同僚や優秀な部下を引き抜きたくなるのは人情ですが、会社にとっては、大きな打撃となります。

もっとも、部下等の引抜きは、原則としては適法と解されています。職業選択の自由（憲22条1項）を考慮すると、労働者が転職する際、ほかの従業員に転職を勧誘することも、また、勧誘された側がこれに応じて転職することも、直ちに違法とはいえないからです。ただし例外的に、会社に移籍計画を秘匿し、転職先と意を通じて大量に同僚や部下を引き抜くなど、引抜きが著しく背信的な方法・態様で行われた場合は、労働契約上の誠実義務違反（在職中。⇨42頁）または不法行為（退職後）による損害賠償責任が発生します（ラクソン事件・東京地判平成3・2・25判時1399号69頁）。

第11章

男女の雇用平等

　雇用の分野における男女平等の実現は、労働法における最も重要なテーマの一つです。憲法14条（**法の下の平等**）は、性別による差別の禁止を基本的人権として保障していますが、この保障を労働契約において具体化する立法として、労基法4条（**男女同一賃金の原則**）と、**雇用機会均等法**（均等法）が制定されています。

11.1　男女同一賃金の原則

11.1.1　意　義

　使用者は、労働者が女性であることを理由として、賃金について、男性と差別的取扱いをしてはなりません（労基4条）。
　もっとも、この**男女同一賃金の原則**の適用範囲は、さほど広いものではありません。つまり、労基法4条が禁止するのは、「女性であることを理由」とする差別であるため、勤続年数・職務内容・権限・責任・地位の違いに基づく賃金格差は本条違反とならないのです。たとえば、同期入社で年齢も同じA氏（男性）とB氏（女性）がいて、A氏が課長、B氏が平社員の場合、両者の賃金格差は本条には違反しません。
　では、なぜこのような賃金格差が生ずるのかといえば、それは、男性を基幹的な職務に配置して昇進させつつ、女性には補助的な仕事をさせて昇進を頭打ちにするという企業の伝統的雇用管理があったためです。すなわち、男女の雇用差別の真の原因は、賃金格差それ自体ではなく、格差をも

たらす採用・配置・昇進段階の差別にあるにもかかわらず，「女性であることを理由」とする賃金差別のみを禁止する労基法4条は，この種の差別には有効に機能してこなかったのです。この問題を解決するために制定された法律が，後に登場する雇用機会均等法です。

11.1.2 要件・効果

賃金に関する男女差別としては，年齢・勤続年数・職務内容に違いがないにもかかわらず，基本給に格差を設けるケース（日ソ図書事件・東京地判平成4・8・27労判611号10頁）や，賞与・諸手当の支給率に男女間で機械的に差を設けるようなケース（日本鉄鋼連盟事件・東京地判昭和61・12・4労判486号28頁）が典型です。これらの場合，使用者が賃金格差の合理的理由を立証できない限り，労基法4条違反が成立します（内山工業事件・岡山地判平成13・5・23労判814号102頁）。

これに対して，性別に無関係（性中立的）な理由によって賃金に格差を設けることは，労基法4条には違反しません。たとえば，「勤務地限定社員」と「非限定社員」を区別し，昇給に差をつけることは何ら差し支えありません。ただしこの場合も，実際には女性の賃金を抑制するための手段として用いられている場合は労基法4条違反となります（三陽物産事件・東京地判平成6・6・16労判651号15頁）。

使用者が労基法4条に違反した場合，処罰される（労基119条1号）ほか，男女間に生じた賃金差別は不法行為（民709条）となり，女性労働者は，男性との差額賃金相当分の損害賠償を請求することができます。また女性労働者は，男性との差額賃金それ自体についても，比較可能な男性の賃金額が存在する限り，労基法13条を根拠に請求できると解されています（詳細は，土田276頁）。

11.2 男女雇用平等法理

雇用関係においては，賃金以外にも，様々な男女差別が存在しますが，賃金差別のみを禁止する労基法の下で，それら差別は長らく放置されてき

ました。しかし，女性の社会進出は，そうした状況を否応なく変化させました。すなわち，多くの女性がそうした差別の違法性を問う訴訟を提起し，裁判所は，**公序良俗**（民90条）と**法の下の平等**（憲14条）を用いた**雇用平等法理**を形成してきました。その内容は，性別による差別の禁止を定めた憲法14条の下では，賃金以外の労働条件についても，男女を平等に取り扱うことが民法90条の公序を構成しており，合理的理由のない男女差別は公序違反として**不法行為**（民709条）となる，というものです（社会保険診療報酬支払基金事件・東京地判平成2・7・4労判565号7頁）。

　この考え方を最高裁として確立したのが，定年差別に関する有名な日産自動車事件（最判昭和56・3・24民集35巻2号300頁）です。本件では，男性60歳，女性55歳という**男女差別定年制**の適法性が争われましたが，最高裁は，会社側が格差の合理的理由として主張した点をことごとく斥け，差別定年制を公序違反により無効と判断しました。

　やがて，男女雇用平等法理は，差別是正にとってより重要な**昇格差別**の規制にも及ぶようになります。前記のとおり，男女の賃金格差をもたらす真の原因は，配置・昇進段階の差別にありますが，こうした差別にも法のメスが及んでいるのです。

> 〔case54〕　A社では，男女を同一の採用試験で採用し，業務内容も同一であるが，男性については給与表上の昇格を勤続年数を基本に（場合によっては選考抜きで）行いつつ，女性については行っていない。この場合，女性はどのような法的救済を求めることができるか。

　〔case54〕に類似する事案である前掲社会保険診療報酬支払基金事件において，裁判所は，労働条件に関する合理的理由のない差別を公序違反と解する一般論（前述）を述べた上，設例のような差別はまさに合理的理由のない男女差別であり，公序違反に基づく不法行為を構成するとして過去分の損害賠償請求を認めました。

　とはいえ，判例はあくまで判例（裁判を提起することによって得られる事後的救済）であり，男女差別を事前に防ぐための法システムとしては不十分です。こうして，立法が必要となります。この要請に応えて，雇用の全ス

テージにおける男女平等を確立するための立法として制定されたのが**雇用機会均等法**（正式名称は「雇用の分野における男女の均等な機会及び待遇の確保等に関する法律」）です。

11.3 雇用機会均等法

11.3.1 1985年法・1997年法

　雇用機会均等法は、国連の女子差別撤廃条約（1979年）の批准を契機に、1985年に成立しました。しかし、この初代均等法は、男女差別の根源を成す募集・採用、配置・昇進の差別規制が努力義務にとどまるなど、男女雇用平等立法としては著しく不十分でした。

　このため、雇用機会均等法は1997年に抜本的に改正されました。この改正法は、募集・採用、配置・昇進の差別規制を強行規定に改めるなど、雇用平等を強化する一方、女性保護をほぼ完全に撤廃するという改革を実現し、雇用平等立法への変身を遂げました。ただし、法の基本的性格としては、男女間の性差別を禁止する包括的雇用平等立法ではなく、女性差別のみを規制するという性格を維持しており、この点に限界がありました。

11.3.2 2006年改正法の概要

　これに対し、2006年の改正均等法は、雇用平等の理念を徹底する改正を実現しました。そのポイントは、以下のとおりです。

　第1に、法の基本的性格そのものを大きく改め、従来の女性差別禁止立法から、労働者が性別により差別されないことを基本理念とする包括的立法（**男女雇用平等立法**）に生まれ変わりました（1条参照）。具体的には、女性であることを理由とする差別の禁止や均等な機会の提供を定めていたのを改め、「性別を理由として」の差別の禁止（6条）や、「性別にかかわりなく」均等な機会を付与すべき規制（5条）に改正しました。

　第2に、**差別禁止規定**を拡大・強化しました。特に、労働契約の展開・終了に関しては、改正均等法6条は、従来の配置・昇進・教育訓練、定年

・解雇の差別規制に加えて,「降格」(1号),「労働者の職種及び雇用形態の変更」(3号) および「退職の勧奨」と「労働契約の更新」を追加して規制を強化しています (4号)。

第3に,雇用差別規制の一環として,**間接差別の禁止**を盛り込みました (7条)。性別を理由とする差別 (直接差別) の規制に加え,一見すると性中立的な基準に基づく実質的差別を規制するための規定です。

第4に,婚姻・妊娠・出産を理由とする女性労働者の**不利益取扱規制**を強化しました (9条)。婚姻等を理由とする従来からの解雇規制に加えて,妊娠・出産・産前産後休業 (労基65条) 等の妊娠・出産に関する事由に基づく不利益取扱いを一般的に禁止するなど,規制を強化しました。

第5に,**セクシュアル・ハラスメント**について,従来の配慮義務を雇用管理上の措置義務に強化するとともに,男性に対するセクシュアル・ハラスメントも規制対象としました (11条)。

第6に,紛争調整委員会による**調停**の対象として,セクシュアル・ハラスメント (11条1項),母性健康管理措置 (12条) を追加し (18条),**企業名公表**についても同様としました (30条)。

2006年均等法改正によって,雇用平等法制は相当程度整備されたものと評価できます。今後は,男女ともに**仕事と生活の調和 (ワーク・ライフ・バランス)** を実現するための環境の整備が重要となるでしょう (年次有給休暇〔労基39条〕の取得促進,短時間正社員,在宅勤務制度,育児等終了後の復帰支援・再雇用制度,男性の育児・介護休業の促進等)。女性が事実上負担する家庭責任の重さを考えれば,「仕事」の面における雇用平等だけでは不十分だからです。

11.3.3 募集・採用

事業主は,労働者の**募集および採用**に関して,女性に対して男性と均等な機会を与えなければなりません (雇均5条)。その具体的内容は,厚生労働省の指針に定められています (同10条。平成18・10・11厚労告614号)。

この指針によれば,①募集・採用にあたり,女性であることを理由に対象から排除すること (総合職の採用対象を男性のみとする等),②募集・採用

条件を男女で異なるものとすること（女性についてのみ未婚や自宅通勤を条件とする等），③募集・採用にあたって男女いずれかを優先すること（採用基準を満たす者の中から男性を優先採用する等），④求人情報の提供や採用試験について男女異なる取扱いをすること等が禁止されます。

> 〔case55〕　J社では，2010年度採用人事として総合職20名を募集したところ，男性152名，女性98名が応募してきた。実際の採用数は男性17名，女性2名であった。後にそのことを知った不合格者のG氏（女性）は納得がいかない。

　均等法5条は，募集・採用に関して男女に均等な機会を与えることを命ずる規定ですから，結果において男女平等である必要はありません。しかし，5条は強行規定ですから，女性の応募割合に比べて採用割合が著しく低い場合は，使用者は，それが公正な選考の結果であるなどの正当理由を立証する責任を負い，その点を立証できなければ，不法行為に基づく損害賠償責任を負うことになります。

　もっとも，使用者に採用の自由がある以上，不採用となったG氏が訴訟を起こして採用を訴求することは困難です（⇨32頁）。しかし，5条は，企業がそのような差別行為をしないよう事前に規制する規範（行為規範）として機能するのです。

11.3.4　労働契約の展開・終了

　均等法は，①配置（業務の配分および権限の付与を含む），昇進（昇格を含む），降格，教育訓練（業務遂行過程の訓練〔OJT〕・業務遂行外の訓練〔OffJT〕の双方を含む），②住宅資金の貸付けその他の福利厚生，③職種および雇用形態の変更，④退職勧奨，定年，解雇，労働契約の更新について，性別による差別を禁止しています（雇均6条）。

　指針によれば，配置，昇進（昇格を含む），降格，教育訓練については，①その対象から男女いずれかを排除すること（企画立案業務や総合職への配置を男女いずれかとすること，女性の昇進数を頭打ちにする等），②条件を男女で異なるものとすること（配置・昇進に関して女性についてのみ転勤要件や昇

進要件を加重する等），③男女のいずれかを優先すること（配置・昇進に際して男性を優先し，降格に際して女性を優先すること）等が禁止されます。

　使用者が，均等法6条に違反して，女性のみ昇格させない等の差別を行った場合，強行的禁止規定違反として不法行為（民709条）となります。裁判例も，この種の昇格差別については，均等法6条違反と同時に公序（民90条）違反が成立するとして不法行為を肯定しています（野村證券事件・東京地判平成14・2・20労判822号13頁）。195頁の〔case54〕も，今日では均等法違反として不法行為となります。

　職種・雇用形態の変更については，①その対象から男女いずれかを排除すること（一般職から総合職への変更の対象を男性のみとしたり，有期雇用労働者から正社員への変更の対象を男性のみとする等）や，②条件を男女異なるものとすること（一般職から総合職への転換またはパートタイマーから正社員への転換に際して，男女のいずれかについて資格取得や試験合格等を条件とする等）などが禁止されます（指針）。

　退職勧奨や解雇に関しては，その対象を男女のいずれかのみとすることが禁止され，労働契約の更新については，その対象から男女いずれかを排除すること（女性のみ雇止めの対象とする等）などが違法とされます。この結果，差別定年制や，女性であることを理由とする解雇は無効となりますし，退職勧奨は不法行為となります。雇止めについては，有期労働契約の更新が肯定されることになるでしょう（⇨211頁）。

11.3.5　婚姻・妊娠・出産等を理由とする不利益取扱いの禁止

　事業主は，女性労働者が婚姻・妊娠・出産したことを退職理由として予定する定めをしてはなりません（雇均9条1項）。また，女性労働者が婚姻したことを理由として解雇すること（同2項）や，女性が妊娠・出産または産前休業の請求（労基65条1項），産前産後休業の取得（労基65条）等を理由とする解雇その他の不利益取扱いも禁止されます（雇均9条3項）。さらに，妊娠中または出産後1年を経過しない女性労働者の解雇は，原則として禁止されます（同4項）。

11.3.6　間接差別の規制

間接差別（雇均7条）とは，端的にいえば，（1）性別以外の事由を要件とする措置であって，（2）他の性の構成員と比較して，一方の性の構成員に相当程度の不利益を与えるものを，（3）合理的理由がないにもかかわらず講ずることをいいます（指針）。

通常，均等法で問題となるのは，性別を理由とする差別（**直接差別**）ですが，一見，**性中立的な基準**であっても，労働条件について，実質的に一方の性に不利に働くことがあります。これが**間接差別**であり，厚生労働省令では，①募集・採用に際して一定の身長・体重・体力要件を課すこと，②総合職の募集・採用に際して全国転勤を要件とすること，③昇進に際して転居を伴う転勤経験を要件とすること，の3点が列挙（限定列挙）されています。これらの条件は，実際上，女性に一方的に不利に働くからです。

もっとも，間接差別の成立を阻却する事由である「合理的な理由」は幅広く認められており，たとえば②については，「合理的な理由」がない場合として，a．広域にわたり展開する支店・支社等がなく，その計画もない場合や，b．広域に展開する支店・支社等はあるものの，それら支店・支社等で管理者としての経験を積むことが幹部としての能力の育成・確保に必要と認められない場合が挙げられています。全国展開する企業の多くでは，こうした必要性が認められるでしょうから，間接差別を阻却する理由は相当広範に認められることになります。

11.3.7　コース別雇用管理の適法性

コース別雇用管理とは，**総合職**（企画・業務推進・管理等の基幹的業務を担当し，広域転勤を予定し，幹部昇進を予定するコース）と，**一般職**（補助的・定型的業務を担当し，勤務地が限定される一方，昇進も限定されるコース）に分けて従業員の処遇を行う制度をいいます。

この制度については，上記の**間接差別**（雇均7条）の規制があるほか，同条の「合理的な理由」が認められた場合も，事実上の男女別コース制として機能している場合は，均等法6条違反が成立します。その典型は，制

度運用の実際において，男性全員が総合職に配置される一方，女性が一般職コースしか選択できない運用となっていたり，コース間の転換制度が事実上機能していないケースです。このようなケースは，配置・昇進差別規制が強行規定に改正された1997年法（6条）以降は，同条および公序（民90条）に反して**不法行為**と評価されます（前掲野村證券事件。1997年改正以前の努力義務時代の差別についても，一定の範囲で違法性を認めた例として，昭和シェル石油事件・東京高判平成19・6・28労判946号76頁）。

> 〔case56〕　H銀行は，古くから，大卒社員について，勤務地を限定したコースと広域転勤を予定したコースを設け，女性を前者のコース，男性を後者のコースによって採用・配置してきた。1997年の雇用機会均等法改正後は，これらを「一般事務職コース」と「総合職コース」に再編した。L氏（女性）は，1980年に採用されたが，一般事務職コースに配置され，総合職コースへの転換のチャンスもない。この結果，総合職コースに配置された同期入社の男性社員は昇進・昇格し，多くが課長職に就いているのに，L氏は主任止まりであり，年収で500万円の差がついている。法的には，どのような問題があるか。

上記裁判例によれば，〔case56〕の賃金格差については不法行為が成立し，H銀行は，差額賃金相当額または慰謝料の損害賠償責任を免れません。企業としては，この点に留意しつつ，コース別雇用管理を適正に運用することで，優秀な女性人材の活用が可能となり，企業価値・業績を向上させるメリットがあることを重視して行動すべきでしょう。

11.3.8　ポジティブ・アクション

ポジティブ・アクション（Positive Action）とは，雇用において男女間に事実上の格差が生じている場合に，それを改善し，男女の平等を実現するために講ずる積極的措置をいいます（雇均8条）。具体的には，女性労働者が男性より相当程度少ない状況にある場合（行政解釈は，雇用管理区分ごとに女性が全体の4割を下回っている場合とする。平成10・6・11女発168号）に，募集・採用，配置・昇進，教育訓練，職種・雇用形態の変更に関して，それ

ぞれの基準を満たす労働者の中から，女性を男性より優先して対象とすることをいいます。

前記のとおり，均等法は，男女雇用平等立法であり，女性差別のみならず，男性差別も禁止しています。しかし実際には，基幹業務に従事する女性は少ないのが現状です。そこで，基幹業務等の良好な雇用機会に女性を優先させることは，男女の実質的平等を実現する上でむしろ望ましいことと考えられたため，ポジティブ・アクションが設けられたのです。

11.3.9　紛争解決システム

均等法には罰則はありません。その代わり，均等法は，多様な行政救済システムを定めています。

①　厚生労働大臣は，均等法の施行に関して必要と認めるときは，事業主に対して報告を求め，助言・指導・勧告を行うことができます（29条）。また厚生労働大臣は，一定の規定（5条～7条・9条1項～3項・11条1項・12条・13条1項）の違反について，事業主が勧告に従わないときは，その旨を公表することができます（30条）。いわゆる企業名公表制度であり，罰則に代わる機能を期待されています。

②　事業主は，均等法が定める一定の規定（6条・7条・9条・12条・13条1項）をめぐる紛争について，女性労働者から苦情の申し出を受けたときは，苦情処理機関等によって紛争の自主的解決を図るよう努めなければなりません（15条）。また，都道府県労働局長は，一定の規定（5条～7条・9条1項～3項・11条1項・12条・13条1項）をめぐる紛争（16条）について，当事者の一方または双方から要請があれば，必要な助言・指導・勧告を行うことができます（17条）。

③　都道府県労働局長は，均等法16条に規定する紛争（募集・採用をめぐる紛争を除く）について，当事者の一方または双方から要請があった場合，当該紛争の解決に必要と認めるときは，紛争調整委員会（18条1項）に調停を行わせることができます（18条1項）。紛争調整調停委員会（学識経験者3名によって構成）は，調停案を作成し，関係当事者にその受諾を勧告する機関です（22条）。

11.4 セクシュアル・ハラスメント

11.4.1 意　義

セクシュアル・ハラスメント（Sexual Harassment）とは，相手方の意思に反して行う性的言動をいいます（以下SHともいう）。大別して，対価型（上司がその地位・権限を利用して性的要求や性的言動を行うタイプ）と，環境型（性的言動によって職場環境を悪化させるタイプ）に分かれます。日本の雇用機会均等法は，長らく女性労働者に対するセクシュアル・ハラスメントのみを対象としてきましたが，2006年改正により，両性に対するセクシュアル・ハラスメントを規制するに至っています。

11.4.2 加害者・使用者の法的責任

(1) 加害者の法的責任　　セクシュアル・ハラスメントは，一定の要件を満たすことによって違法（不法行為＝民709条）と評価されます。そこで，セクシュアル・ハラスメントの被害者は，加害者に対して損害賠償を請求することができます。すなわち，セクシュアル・ハラスメントは，被害者の働きやすい職場環境の中で働く利益を侵害し（福岡SH事件・福岡地判平成4・4・16労判607号6頁〔雑誌編集長が部下の女性に関する性的風評を流し，女性がやむなく退職したケース〕），または，被害者の性的自由・性的自己決定権（横浜SH事件・東京高判平成9・11・20労判728号12頁〔女性が出向してきた上司から体を触る等の行為を繰り返し受けたケース〕）を侵害する行為として不法行為を成立させます。

もっとも，セクシュアル・ハラスメントはすべて権利侵害（違法）となるわけではなく，社会通念上許容される限度を超える態様で行われた場合に不法行為となると解されています。具体的には，行為態様の悪質さ，反復継続性，行為の目的・時間・場所，加害者・被害者の関係などを考慮して判断されます（前掲横浜SH事件）。したがって，たとえば，嫌な上司から，「今日はきれいだね」と1回声を掛けられたからといって，これを不

法行為ということはできません。

(2) **使用者の法的責任**　セクシュアル・ハラスメントについては，加害者と並んで，加害者を雇用する会社の損害賠償責任が問題となることもあります。通常は，民法715条の**使用者責任**が活用されます。同条は，「被用者がその事業の執行について第三者（注：被害者）に加えた損害」について使用者が損害賠償責任を負うと規定しているからです（前掲横浜SH事件，岡山SH事件・岡山地判平成14・5・15労判832号54頁）。

(3) **損　　害**　セクシュアル・ハラスメントが不法行為とされた場合の損害賠償としては，**精神的損害の賠償（慰謝料）**が問題となります。慰謝料の水準はかなり高く，特に被害者がやむなく退職しているケースでは，退職を余儀なくされたことの不利益も考慮されています。また，労働者の不本意退職については，退職による**経済的逸失利益**（逸失賃金相当額）の賠償（6か月ないし1年分）を認める例もあります（前掲岡山SH事件）。

11.4.3　雇用機会均等法の規制

セクシュアル・ハラスメントについては，当然ながら，事前の防止が重要です。そこで，雇用機会均等法は，事業主の**措置義務**を規定しています。つまり，事業主は，職場において行われる性的言動に対する女性労働者の対応により労働条件につき不利益を受け，または性的言動により女性労働者の就業環境が害されることのないよう，雇用管理上必要な措置を講じなければなりません（雇均11条）。指針（平成18・10・11厚労告615号）は，事前措置義務（①事業主の方針の明確化と周知，②相談・苦情処理体制の整備）および事後措置義務（③事実関係の迅速かつ正確な確認，④行為者および被害者に対する適切な措置，⑤再発防止措置）を挙げています。

使用者が均等法上の措置義務に違反した場合，助言・指導・監督（雇均29条），企業名公表（同30条），紛争調整委員会による調停の対象となります（同18条1項）。

11.5 女性保護

11.5.1 女性保護の撤廃

　労基法は長らく，女性を体力的・生理的に「弱い性」と位置づけ，時間外労働の制限，深夜業の禁止，危険有害業務への就業制限などの手厚い保護を行ってきました。しかし，こうした保護規制は，かえって女性の雇用機会を狭める結果となったため，雇用機会均等法の制定・改正に伴って労基法も改正され，1997年・2006年改正によって**女性保護規定**は撤廃されました。一方，女性の**母性保護規定**は1985年・1997年改正によって強化されています。こうして，労基法の女性保護は，女性一般の保護から母性保護（女性の妊娠・出産機能に着目した保護）に変身したのです。

11.5.2 産前産後休業

　使用者は，6週間（多胎妊娠の場合は14週間）以内に出産する予定の女性が請求した場合は，その女性を就業させてはなりません（労基65条1項）。また，産後8週間を経過しない女性を就業させてはなりません（同2項）。**産前休業**は，本人の請求を要件としますが，**産後休業**は，請求の有無を問わず付与すべき強制休業です。なお「出産」は，早産・流産・中絶を含み，生産・死産を問いません。

　産前産後休業期間中の**賃金**に関する規制はなく，無給でも問題ありません。ただし，健康保険から，標準報酬日額の3分の2が出産手当金として支給されます（健康保険102条）。また，産前産後休業の間およびその前後30日間は解雇が禁止されています（労基19条）。なお，産前産後休業の取得を理由とする不利益取扱い（昇給・賞与等に関する不利益取扱い）については，**公序**（民90条）の規制が及びます（⇨107頁）。

11.5.3 危険有害業務の禁止ほか

　使用者は，妊娠中の女性および産後1年を経過しない女性（妊産婦）を，

重量物を取り扱う業務，有害ガスを発生させる場所の業務など，妊産婦の妊娠・出産・保育等に有害な業務に従事させてはなりません（労基64条の3第1項。妊産婦以外の女性についても，妊娠・出産機能に有害な業務について準用されます。同2項）。

また，使用者は，妊娠中の女性が請求したときは，ほかの軽易な業務に転換させなければならず（労基65条3項），妊産婦が請求したときは，変形労働時間制，時間外・休日労働および深夜業の適用を禁止されます（労基66条）。さらに，生後1歳未満の生児を育てる女性労働者の請求による育児時間（労基67条──1日2回，各々少なくとも30分）や，生理日の就業が著しく困難な場合の休暇（同68条）などの保護があります。

第12章

多様な働き方

　企業で働く場合，まずは正社員としての働き方が考えられます。正社員とは，法的には，期間の定めのない労働契約で雇用され，フルタイムで働く労働者のことをいいます。しかし，最近は，「正社員」ではない働き方（非正社員）が増え，「働き方の多様化」が進んでいます。パートタイマー，契約社員，期間工，アルバイト・フリーター，派遣社員といった人々で，1998年には，全労働者人口のうち約16%に過ぎなかったのが，2008年には約37%に達しています。

　これらの人々は，正社員と違って有期の労働契約で雇用され，給与や労働条件も低く，景気の変動に応じた雇用調整の対象とされやすい存在です（2008年後半に発生した「派遣切り」を想起して下さい）。とはいえ，働く人々の意識は多様化しており，正社員のように会社に拘束され，長時間働くことを余儀なくされる生き方を嫌い，非正社員として生きる道を選ぶ人も増えています。いずれにしても，誰もが非正社員として働く可能性を有している今日，その働き方をめぐる法的ルールを知っておくことは必須です。本章では，この点について勉強しましょう。

12.1　非正社員も労働者であり，労働法の適用を受ける

　このタイトルは，当然のことを記したものですが，非正社員の人々の中には，正社員と異なり，労働者にあたらないと思い込んでいる人がいるかもしれません。しかし，すでに述べたように，労基法9条は，労働者について，「職業の種類を問わず，事業又は事務所……に使用される者で，賃

金を支払われる者をいう」と定義していますので（⇨17頁），この要件を満たす限り，パートタイマーやアルバイト，派遣社員も労働者にあたります。労基法上の労働者にあたるということは，労基法のほか，最低賃金法，労働安全衛生法，労災保険法，雇用機会均等法等の労働法の適用を受け，労働条件や地位を法的に保護されるということです。同じ理由から，非正社員は労働契約法上の労働者（労契2条1項）に該当しますし，労組法上の労働者（労組3条）はさらに広い概念ですから，当然，非正社員も含むことになります（⇨18頁）。つまり，非正社員は労働組合を結成し，使用者と団体交渉を行う権利を有しているのです。

その上で，パートタイマーや派遣労働者については，その雇用形態・就労形態の特質に応じて，特別の立法が制定されています（パートタイム労働法，労働者派遣法）。本章では，これらの立法も併せて取り上げます。

12.2　有期雇用労働者

12.2.1　意　義

(1) **有期雇用の意義**　有期雇用労働者とは，使用者との間で，期間の定めのある労働契約（有期労働契約）を締結して雇用される労働者をいいます。パートタイマー，契約社員，派遣労働者など，非正社員の雇用形態は多様ですが，雇用期間の点では，有期雇用である点で共通しています。

まず，労働契約の期間については，法律上，上限が定められています。労働契約の期間が長過ぎると，労働者を不当に拘束し，その意に反した労働を強制する結果をもたらすからです。この点，労基法14条は長らく，有期労働契約の上限を1年と定めてきましたが，近年，有期雇用のニーズが高まってきたことから，1998年・2003年に改正され，規制が緩和されました。すなわち，従来の上限である1年は3年に延長され，また，専門的技術者を採用する場合や，60歳以上の労働者を採用する場合は，上限を5年まで認める旨の改正が行われました。

労働契約の期間は，重要な労働条件ですから，使用者は，有期雇用労働

者を採用する際，有期雇用の旨と期間を明示しなければなりません（労基15条1項）。

(2) 有期雇用労働者の雇用保障　有期労働契約においては，**契約期間中の解雇**は「やむを得ない事由」がある場合に限定され，契約期間中の雇用は保障されます。すなわち，「使用者は，期間の定めのある労働契約について，やむを得ない事由がある場合でなければ，その契約期間が満了するまでの間において，労働者を解雇することができない」（労契17条1項）。

労働契約法17条1項の「やむを得ない事由」は，期間の満了まで雇用を継続することが不当・不公平と認められるほどに重大な理由が生じたことを意味し，期間の定めのない労働契約に関する解雇権濫用規制（労契16条）より厳しく解釈されます（土田296頁。プレミアライン事件・宇都宮地栃木支決平成21・4・28労判982号5頁も参照）。具体的には，労働者の就労不能や悪質な非違行為等のほか，天災事変や経済的事情により事業継続が困難となったことが挙げられます。

12.2.2　雇止めの法規制

(1) 概　説　このように，契約期間中の雇用が保障される代わりに，有期雇用労働者の労働契約は，当該期間の満了とともに当然に終了します。使用者が期間の定めのない労働契約を終了させるためには，解雇の意思表示を要し，かつ，客観的に見て合理的な理由を必要としますが（労契16条。⇨180頁），有期労働契約の終了は自動的終了を意味し，そのような理由を必要としません。この結果，当然のことながら，有期雇用労働者の雇用は非常に不安定なものとなります。パートタイマーを含め，非正社員全体に共通する問題点といえるでしょう。

実際には，有期契約が長期にわたって**反復更新**されるケースも多く，そうしたケースでは，有期雇用労働者の雇用継続への期待利益を保護する必要があります。この種のケースでは，使用者が有期契約の**更新拒絶**（**雇止め**）によって雇用を打ち切る取扱いが多いことから，その法規制が課題となります。この点については，**解雇権濫用規制**（労契16条）の**類推**によって規制を行う考え方が発展してきました。これは，雇止めが解雇規制の対象

となるのはいかなる場合かという問題と，雇止めの適法性をどのように判断するかという問題に分けることができます。

(2) **解雇規制の適用**　まず，雇止めに解雇権濫用規制が適用されるか否かは，雇用継続に関する有期雇用労働者の期待利益が法的保護に値する程度のものか否かによって判断されます。具体的には，個々のケースにおける雇用や勤務の実態が重視され，①職務内容・勤務実態の正社員との同一性・近似性，②雇用管理区分の状況，③契約更新の状況（有無・回数・勤続年数等），④更新手続の態様・厳格さ，⑤雇用継続を期待させる使用者の言動・認識の有無，⑥ほかの労働者の更新状況が基準とされています。

この結果，契約の更新手続（④）がいい加減で，期間の定めが形骸化し，期間の定めのない契約と実質的に異ならない状態となったと認められる場合は，雇止めに解雇権濫用規制が適用されます（東芝柳町工場事件・最判昭和49・7・22民集28巻5号927頁）。

では，次のケースはどうでしょうか。

> 〔case57〕　U氏ら6名は，N航空会社に勤務する客室乗務員であるが，雇用形態は契約社員であり，期間1年の雇用契約を6回更新して勤務してきた。入社時には厳しい試験があり，仕事の内容も，正社員である客室乗務員と全く同じであるが，契約の更新ごとに成績評価が行われ，意思確認と契約書へのサインという手続がとられている。
> ところが，航空業界の競争激化に伴い，日本ベースの縮小を余儀なくされたN社は，U氏ら6名に対し，7年目の期間満了時に，雇用契約の更新拒絶（雇止め）を通告した。N社は，正社員の客室乗務員の希望退職者募集は行わないが，U氏らの再就職あっせんには努力するという。しかし，U氏らとしては，到底納得できない。

このケースが先ほどの判例（前掲東芝柳町工場事件）と異なるのは，期間の定めが形骸化しているとはいえず，期間の定めのない契約と同一視することはできないということです。しかし，この種のケースでも，雇用継続の期待利益に鑑み，解雇権濫用規制が類推適用されます。典型的裁判例として，期間1年の労働契約を2回〜6回更新してきた工場の「定勤社員」の雇止めにつき，契約更新の手続は厳格であり，有期雇用であるが（④），

一方,「定勤社員」が臨時社員として2年以上勤務して得られる資格であり（②），事業遂行上不可欠の業務に組み込まれて勤務してきたこと（①），勤続年数が長く，契約更新を重ねてきたこと（③⑥）から，解雇法理の類推を認めた裁判例があります（三洋電機事件・大阪地判平成3・10・22労判595号9頁。日立メディコ事件・最判昭和61・12・4労判486号6頁も参照）。

〔case57〕も，事実関係から見て，U氏らの雇用継続への期待利益が認められ，解雇規制が類推されるケースといえるでしょう。

(3) **雇止めの適法性**　以上のようにして，雇止めに対する**解雇権濫用規制の類推**が認められると，雇止めには**合理的理由**が必要となります。この合理的理由の有無は，期間の定めのない労働契約における**解雇**と同様の手順によって判断されますが（⇨180頁），解雇ほど厳格に解されるわけではありません。有期雇用労働者の雇用継続の利益が法的保護に値するといっても，長期雇用の期待の下に期間の定めのない労働契約を締結している正社員との間には，自ずから一定の差異があるからです。

判例も，人員整理目的で行われた期間工の雇止めにつき，それに先立って本工から希望退職者を募集することを不要と解し，また，本工の希望退職者募集に先立って，期間工の雇止めが行われてもやむをえないと判断しています（前掲日立メディコ事件）。

> 〔case58〕　〔case57〕において，N社によるU氏らの雇止めが適法とされるための条件は何か。

上述したところから，正社員の客室乗務員の希望退職者募集は必要とされないでしょうが，だからといって，雇止めを回避するための努力をしないまま性急に雇止めを強行すれば，**合理的理由**を否定されることになります。〔case57〕にあるような再就職あっせんのほか，雇止めに先立つ契約社員の希望退職者募集等が求められることになるでしょう。

雇止めの合理的理由が否定されれば，その効果として，従来と同じ契約内容で有期契約が更新されることになります（いわば**法定更新**）。たとえば，期間1年の契約なら，更新される契約も1年の契約ということです。有期契約が期間の定めのない労働契約に転化するわけではありません。

■ 12.2　有期雇用労働者

12.2.3　紛争の事前防止に向けて

　以上は，雇止めをめぐる紛争が発生した場合に事後的に行われる規制ですが，紛争を事前に防止することも重要です。このため，2003年の労基法14条の改正に伴って設けられた「有期労働契約の締結・更新・雇止めに関する基準」は，使用者が有期労働契約の更新の有無，契約の更新・不更新の判断基準を明示すべきことや，一定の場合に雇止めの予告をすること等を定めています（労基14条2項，平成15・10・22厚労告357号）。使用者に対して，一種の説明・情報提供義務を課したものです。

　また，労働契約法17条2項は，「使用者は，期間の定めのある労働契約について，……労働者を使用する目的に照らして，必要以上に短い期間を定めることにより，その労働契約を反復して更新することのないよう配慮しなければならない」と規定しています。これは，雇止め（雇用の終了）の規制と異なり，契約の更新それ自体を規制する点で画期的な条文ですが，配慮義務にとどまり，特別の私法的効果をもつものではありません。

12.3　パートタイマー

12.3.1　パートタイマーとは

　パートタイマーとは，正社員に比べて所定労働時間が短い労働者をいいます。「アルバイト」や「フリーター」も，パートタイマーの一種です。パートタイマーは，サービス産業の拡大，企業の人件費削減の要請，労働者の意識変化などを背景に増加しており，2006年の調査では，週所定労働時間が35時間未満の短時間雇用者は1,509万人（うち女性1,051万人）を占め，全雇用者に占める割合も29.7％（女性に占める割合は47.9％）に達しています。また，正社員と異ならない労働時間で働くパート（フルタイムパート）も少なくありません。

　ところが，パートタイマーの賃金を見ると，2007年の場合，女性が時間あたり962円，男性が1,085円であり，正社員との間で顕著な格差が生じて

います。「働き方の多様化」をふまえると，パートタイマーという働き方を選択した人が不当に不利益を被ることがないよう，公正な処遇（均衡処遇）を進めていくことが重要な課題となります。

12.3.2　パートタイム労働法

パートタイマーに対しては，労基法その他の労働法規が適用されますが（⇒208頁），フルタイムの正社員とは異なる問題も生ずるため，パートタイム労働法という特別法が制定されています（正式名称は「短時間労働者の雇用管理の改善等に関する法律」）。この法律は，2007年に抜本改正され，賃金等の待遇に関する規制の強化，正社員転換制度の義務化，紛争処理システムの強化など，公正な処遇を促進する規定が新設されました。

パートタイム労働法は，「短時間労働者」を「1週間の所定労働時間が同一の事業所に雇用される通常の労働者……の1週間の所定労働時間に比し短い労働者」(短時間労働者) と定義しています（2条）。この結果，所定労働時間が正社員と同じか長い者（フルタイムパート）は，企業で「パート」と位置づけられていても，パートタイム労働法の対象となりません。しかし，これでは不公平なので，指針は，所定労働時間が通常の労働者と同一のパートタイマーについては，事業主は法の趣旨に留意すべきであることを定めています。

パートタイム労働法3条1項によれば，事業主は，短時間労働者（パートタイマー）「について，その就業の実態等を考慮して，適正な労働条件の確保，教育訓練の実施，福利厚生の充実その他の雇用管理の改善及び通常の労働者への転換……の推進……に関する措置等を講ずることにより，通常の労働者との均衡のとれた待遇の確保等を図り，当該短時間労働者がその有する能力を有効に発揮することができるように努め」なければなりません。つまり，パートタイム労働法は，パートタイマーの処遇・労働条件を正社員との均衡を考慮して決定すべき責務を企業に課しているのです。これを均衡の理念と呼ぶとすれば，2007年改正法の新たな規制は，いずれもこの均衡の理念を具体化した規定ということができます（表4）。

表4　2007年改正パートタイム労働法のポイント

(厚生労働省発表)

【短時間労働者の態様】通常の労働者と比較して			賃　金		教育訓練		福利厚生	
職務(仕事の内容および責任)	人材活用の仕組み(人事異動の有無および範囲)	契約期間	職務関連賃金・基本給・賞与・役付手当等	左以外の賃金・退職金・家族手当・通勤手当等	職務遂行に必要な能力を付与するもの	左以外のもの(ステップアップを目的とするもの)	健康の保持または業務の円滑な遂行に資する施設の利用	左以外のもの(慶弔見舞金の支給、社宅の貸与等)
① 同視すべき者								
同じ	全雇用期間を通じて同じ	無期 or 反復更新により無期と同じ	◎	◎	◎	◎	◎	◎
② 職務と人材活用の仕組みが同じ者			□	—	○	△	○	—
同じ	一定期間は同じ	—						
③ 職務が同じ者			△	—	○	△	○	—
同じ	異なる	—						
④ 職務も異なる者			△	—	△	△	○	—
異なる	異なる	—						

◎：短時間労働者であることによる差別的取扱いの禁止。
○：実施義務・配慮義務。
□：同一の方法で決定する努力義務。
△：職務の内容，成果，意欲，能力，経験等を勘案する努力義務。

12.3.3　労働条件の明示・就業規則

　事業主(使用者)は，パートタイマーを採用したら，速やかに，厚生労働省令で定める事項(昇給・賞与・退職金の有無)を文書交付その他の方法により明示しなければなりません(パートタイム労働法6条1項)。また事業主は，労基法15条の労働条件明示義務を負うほか，安全衛生，教育訓練および休職に関して，文書交付に努めるべきものとされています(同6条2項)。

事業主は，パートタイマーについては，正社員とは別に就業規則を作成することができます。パートタイマーに関する就業規則を作成または変更するときは，当該事業所における短時間労働者の過半数を代表する者の意見を聴取するよう努めなければなりません（パートタイム労働法 7 条）。

12.3.4 賃　　金

パートタイマーについては，その賃金・処遇における格差の適法性が重要な問題となります。前記のとおり，パートタイマーと正社員の賃金には顕著な格差がありますし，パートタイマーの場合，賞与（ボーナス）や退職金もないのが普通です。しかし，パートタイマーの中には，正社員と同じまたは類似の仕事に従事したり（基幹パート），正社員と同じ時間働くパート（フルタイムパート）も少なくありません。それらの人々から見れば，正社員と同じ仕事をしたり，同じ時間働いているのに，賃金に大きな違いがあるのは納得いかないでしょう。こうして，正社員とパートタイマーの賃金格差の適法性が問題となります。

まず，労基法 3 条は「社会的身分」による労働条件差別を禁止しています。しかし，パートタイマーのような職種上の地位は「社会的身分」に含まれないと解されています（⇨25頁）。

そこで学説では，ヨーロッパ大陸諸国で支配的な同一価値労働同一賃金の原則を用いた見解（違法説）が提唱されています。これは，上記の原則が民法の公序（90条）を構成すると解し，同一価値労働を提供するパートタイマーについて，合理的理由もなく賃金を差別することは公序違反として違法となると説く見解です。これに対しては，パートタイマーの賃金格差を違法とする法的根拠が十分でないとして，格差を適法と解する見解（日本郵便逓送事件・大阪地判平成14・5・22労判830号22頁）が主張されています。また，パートタイマーと正社員の賃金格差は，企業による拘束度の違い（職務上の責任の有無・程度，配転・残業に応ずる義務等）に応じた格差であれば適法であるが，その格差は，均衡の理念に即した合理的範囲内のものでなければならないと説き，正社員と同一の労働に従事しているパートタイマーが著しい賃金格差を受けている場合は，均衡の理念に基づく公序

違反として**不法行為**（民709条）が成立するとして，一定範囲の損害賠償請求を認める見解も主張されています（土田299頁）。

　裁判例では，**均衡の理念**を重視したと見られる判断が登場しています（京都市女性協会事件・大阪高判平成21・7・16労判1001号77頁）。この事件では，専門的で質の高い相談業務に従事していた財団法人のパートタイマー（嘱託職員）の賃金格差が争われましたが，判決は，パートタイム労働法の改正経緯をふまえつつ，正規職員とパートタイマーが同一〔価値〕労働に従事しているにもかかわらず，事業所における慣行や就業の実態を考慮しても許容できないほど著しい賃金格差が生じている場合には，均衡の理念に基づく公序違反として不法行為が成立しうると判断しています（結論としては，嘱託職員が正規職員と同一〔価値〕労働を提供していたとはいえないとして損害賠償請求を否定。丸子警報器事件・長野地上田支判平成8・3・15労判690号32頁も参照）。

12.3.5　改正パートタイム労働法の規制

　以上の経緯をふまえて，2007年の改正パートタイム労働法は，パートタイマーの賃金その他の処遇（教育訓練，福利厚生）について，①職務内容，②人材活用の仕組み（職務変更・人事異動の有無・範囲）および③労働契約期間の3点から，パートタイマーを4つのカテゴリーに分けて，次のような法規制を設けています（**表4**。改正法の問題点は，土田302頁参照）。

　(1)　**通常の労働者と同視すべきパートタイマー**　　まず，上記の①～③から見て，通常の労働者（正社員）と全く同一のパートタイマーについては，**賃金**の決定，**教育訓練**の実施，**福利厚生施設**の利用その他の待遇について，通常の労働者との間で差別的取扱いをすることが禁止されます（パートタイム労働法8条）。つまり，正社員と同じに扱えということです。単なる「均衡処遇」ではなく，**均等待遇**ないし**差別禁止**を命ずる規定として，画期的な意義を有しています。

　もっとも，通常の労働者と同視すべきパートタイマーの範囲は限られており，①職務の内容（業務内容と責任の程度）が当該事業所における通常の労働者と同じであること（**職務内容同一短時間労働者**），②人材活用の仕組

みが通常の労働者と同一と見込まれること，③期間の定めのない労働契約で雇用されているか，有期労働契約が反復更新され，期間の定めのない契約と同視できることの3点が要件とされています。

パートタイム労働法8条は強行規定ですから，正社員・パートタイマー間の賃金差別については不法行為（民709条）が成立し，パートタイマーは，正社員との差額賃金相当額の損害賠償を請求することができます。

(2) **一般のパートタイマー** 上記以外のパートタイマーについては，事業主は，通常の労働者との均衡を考慮しつつ，職務の内容，成果，意欲，能力または経験等を勘案し，その賃金を決定するよう努めるものとされています。このカテゴリーは，上記(1)①の職務内容同一短時間労働者と，職務内容も異なるパートタイマーの双方を含む概念です（パートタイム労働法9条1項）。

また，職務内容や人材活用の仕組みが雇用関係中の一定期間，正社員と同一のパートタイマーについては，通常の労働者と同一の方法によって，その期間中の賃金を決定するよう努めるものとされています（パートタイム労働法9条2項）。いわゆるパート店長（パートタイマーの地位のまま一定期間，店長に就任する人）が典型例です。

これらの規定は，努力義務にとどまるため，それ自体は何らの効果をもちません。ただし，均衡の理念（パートタイム労働法3条）と相まって公序（民90条）を構成し，使用者がこれら努力義務を履行しないために生じた著しい賃金格差は不法行為となるものと解されます。つまり，これらパートタイマーは，正社員との責任・拘束度の違い（近似性）に即した賃金差額相当額の損害賠償を請求することができます（土田・契約法690頁）。

なお，教育訓練については，職務内容同一短時間労働者について，職務の遂行に必要な能力を付与するための実施義務が規定されています（パートタイム労働法10条1項）。また福利厚生についても，法は，通常の労働者と同視すべきパートタイマーについて正社員との差別的取扱いを禁止する（同8条1項）ほか，それ以外のパートタイマーについても，給食施設・休養施設等について，利用の機会を与えるよう配慮する義務を定めています（同11条）。

12.3.6 労働時間・年次有給休暇

パートタイマーの多くは、個人の事情に応じて労働時間設定の自由度が高いパート労働を選択しています。そこで指針は、事業主がパートタイマーの労働時間や労働日を決定・変更するに際して、労働者の事情を十分考慮するよう努め、また、所定労働時間や労働日以外に労働させないよう努めることを求めています。年次有給休暇については、労基法39条3項が、年休の比例付与の義務を規定しています（⇨100頁）。

12.3.7 正社員転換措置

パートタイマーの中でも、基幹パートやフルタイムパートは、正社員転換への高いニーズを有しています。そこで、改正パートタイム労働法は、**正社員（通常の労働者）への転換**を推進するための措置として、以下の3つのうちいずれかの措置を講ずべき義務を規定しました（パートタイム労働法12条1項）。すなわち、①正社員を募集する場合は、その業務内容や労働条件をパートタイマーに周知すること、②正社員を新たに配置する場合は、配置の希望を申し出る機会をパートタイマーに付与すること、③一定の資格を有するパートタイマーを対象とする正社員転換制度を設けること、の3点です。

この規定は、大変重要なものと評価できます。「働き方の多様化」が進行しているとはいえ、労働者にとって正社員雇用がより良好な雇用形態であること、企業から見ても、正社員は企業理念、企業戦略、ノウハウ・技能の継承という点で欠かせない存在であることを考えると、パートタイマーについては、その均衡処遇（公正処遇）を促進すると同時に、正社員への転換を促進すること（Temp to Perm）が重要となるからです。

12.3.8 説明義務・紛争処理システム

パートタイマーが自己の処遇について不満を抱く一因として、使用者（企業）が正社員との間の処遇の違い等について十分説明しないことが挙げられます。そこで、2007年改正パートタイム労働法は、事業主の**説明義**

務を新設しました。すなわち，事業主は，パートタイマーから求めがあったときは，賃金，教育訓練，福利厚生，正社員転換制度について何を考慮したかについて説明しなければなりません（パートタイム労働法13条）。

また，**紛争処理システム**としては，改正法は，一定の事項（労働条件明示義務，賃金に関する差別的取扱い規制，福利厚生規定，正社員転換制度等）について，①苦情の自主的解決，②都道府県労働局長による紛争解決援助，③個別労働紛争解決促進法上の紛争調整委員会による調停という3つのシステムを新設しました（パートタイム労働法19条～24条）。

> 〔case59〕　R氏は，コンサルタント会社K社にコンサルタントとして勤務し，高度専門的な企画立案業務に従事している。ただし，身分は嘱託社員（パートタイマー）であり，期間1年の労働契約を3回にわたって更新しており，人事異動はない反面，同種の業務に従事する正社員の基本給との間に3割程度の格差がある。不満を抱いたR氏は，K社に対して説明を求めたが，K社は「そういう契約です」と聞く耳を持たず，正社員登用を希望しても，「その計画はない」の一点張りである。
> 　業を煮やしたR氏は，自分は「通常の労働者と同視すべきパートタイマー」（パートタイム労働法8条）にあたるとして，差額賃金に相当する損害賠償の支払いを求めて訴えを提起した。

〔case59〕は，ある裁判例（前掲京都市女性協会事件）を参考に作成したものです。通常の労働者と同視すべきパートタイマーに関する3つの要件（⇨216頁）をふまえると，R氏について，このようなパートタイマーと解することは困難と思われます。しかし，R氏の職務内容から見て，**職務内容同一短時間労働者**（パートタイム労働法9条1項）に該当する可能性はあります。そうなると，R氏にそのような高度の仕事をさせながら，著しい賃金格差を放置すれば，前記のとおり，不法行為が成立することがあります。のみならず，〔case59〕では，K社は，R氏からの説明の求めや正社員登用措置についても頑なな態度に終始し，何ら改善策を講じていないので，この面からも，パートタイム労働法違反を問われる可能性があります。

12.4 派遣労働者

12.4.1 派遣労働者とは

　有期雇用労働者やパートタイマーの場合は，企業が労働者を直接雇用します。しかし，企業がほかの企業から労働者を受け入れて就労させることも少なくありません。特に，受入企業が他企業から派遣された労働者を指揮命令するタイプ（労働者派遣）が重要です。派遣労働者は，2007年度には約381万人まで増えましたが，2009年度は，世界的金融不況に伴うリストラもあって逆に急減し，約230万人に減少しています。

　労働者派遣とは，「自己の雇用する労働者を，当該雇用関係の下に，かつ，他人の指揮命令を受けて，当該他人のために労働に従事させること」をいいます（労派遣2条1号）。つまり，①労働者と派遣会社との間に雇用関係（労働契約関係）があることと，②労働者と派遣先との間に指揮命令関係があること（しかないこと）の2点が派遣の基本的要素です（**間接雇用**）。派遣労働者の中には，自分は派遣先企業の社員だと思っている人もいるでしょうが，それは誤りです。派遣先企業は指揮命令を行うだけであり，派遣労働者を社員としている（労働契約を締結している）のはあくまで

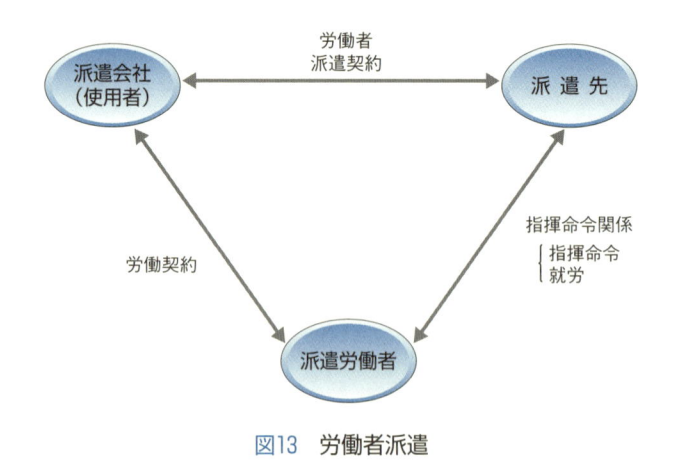

図13　労働者派遣

派遣会社なのです（図13）。

このように，労働者派遣は，間接雇用として労働条件や法律関係が複雑になります。そこで，こうした複雑な関係を規律し，派遣労働者を保護することを目的に制定されたのが労働者派遣法（「労働者派遣事業の適正な運営の確保及び派遣労働者の就業条件の整備等に関する法律」）です。

12.4.2 労働者派遣事業

労働者派遣事業は，港湾運送業務，建設業務，警備業務，政令で定める業務（医療・薬剤師・看護など8業務）を除き，すべての業務について行うことができます（労派遣4条1項）。もともと労働者派遣は，正規雇用・直接雇用に代替する危険性を考慮して，一定の専門的業務に限定してスタートしましたが，その後の派遣のニーズの高まりに伴い，1999年改正によって原則自由化されました。さらに，2003年改正により，派遣期間を3年に延長し，製造業派遣を解禁するなどの規制緩和が行われています。

労働者派遣事業は，常時雇用する労働者のみを派遣する特定労働者派遣事業（常用型派遣）と，労働者が派遣会社に登録しておき，派遣のつど労働契約を結ぶ一般労働者派遣事業（登録型派遣）に分かれます（労派遣2条4号・5号）。登録型のほうがポピュラーですが，派遣期間（労働者派遣契約の期間）と契約期間が直結しており，派遣の終了が労働契約の終了に直結するため，雇用は不安定です。そこで，登録型派遣は，厚生労働大臣の許可を要する（同5条）など，常用型より厳しい規制の下に置かれています（常用型の場合は，厚生労働大臣への届出で足りる。同16条）。

このように，労働者派遣（特に登録型派遣）は，非正規雇用である上，間接雇用を特質としており，不安定雇用の象徴といえます。一時期は，「ハケンの品格」などといってもてはやされましたが，2008年後半に発生した世界的金融不況に起因する大規模な雇用調整は，真っ先に派遣労働者を直撃し，派遣労働者の大量リストラ（いわゆる「派遣切り」）をもたらしました。このため，2010年7月現在，従来の規制緩和路線を見直し，登録型派遣・製造業派遣・日雇派遣の原則禁止や，違法派遣の場合の直接雇用みなし規定の導入等を内容とする労働者派遣法の改正が予定されています。

12.4.3　労働者派遣契約

労働者派遣契約は，派遣会社が派遣先企業に対して労働者派遣をするために締結する契約をいいます。労働者派遣契約においては，派遣労働者の業務内容，就業場所，指揮命令者，派遣期間，就業日，就業時間・休憩時間，安全衛生，苦情処理事項などの事項を定めなければなりません（労派遣26条1項）。また派遣会社は，労働者派遣に際して，上記の就業条件を派遣労働者に明示する義務を負います（同34条）。

12.4.4　派遣期間

労働者派遣法は，派遣労働者の活用によって正社員や直接雇用への悪影響が生じてはならないという考え方に立っています。そこで，1999年の改正時に対象業務が自由化されたのに伴い，派遣が許される期間は最高1年と規定されました。この制限は，2003年改正によって3年に延長され（規制緩和），派遣先企業は，1年を超え3年以内の期間（派遣可能期間），継続して派遣を受け入れる場合は，3年以内の期間で派遣期間を定めるものと規定されています（労派遣40条の2第1項・第3項）。

これに対し，派遣期間の制限は，①当初より認められていた26の専門的業務（労派遣施行令4条），②事業の開始・転換・拡大などの業務であって，一定期間内の完了が予定されている業務，③産前産後休業，育児・介護休業の代替業務については適用されません（労派遣40条の2第1項）。

12.4.5　労働者派遣契約の中途解除

労働者派遣においては，ユーザーである派遣先企業が優位に立つため，派遣期間中に労働者派遣契約を解除し（中途解除），労働者の解雇をもたらすことが少なくありません。そこで，労働者派遣法は，派遣労働者の国籍，信条，性別，社会的身分等を理由とする中途解除を禁止しています（労派遣27条）。また派遣会社は，派遣労働者に責任のない事由によって労働者派遣契約が中途解除されたときは，派遣先と連携して労働者の就業機会の確保を図らなければなりません（平成11・11・7労告137号）。

また法的には、労働者派遣契約が中途解除されたからといって、直ちに解雇が許されるわけではありません。つまり、労働者派遣契約が中途解除されても、派遣元との労働契約は継続しますので、派遣元による派遣労働者の解雇は契約期間途中の解雇となり、「やむを得ない事由」が必要となります（労契17条1項。裁判例として、プレミアライン事件・宇都宮地栃木支決平成21・4・28労判982号5頁。⇨209頁）。そのような理由がなく、新たな就業機会の確保が不可能であれば、派遣会社は賃金や休業手当の支払義務を免れません（民536条2項、労基26条〔⇨65頁〕）。

12.4.6　労働保護法の適用

　派遣労働者は、派遣会社と労働契約を締結しているので、労基法その他の労働保護法は、原則として派遣元に適用されます（就業規則の作成義務など）。しかし、派遣労働者が実際に就労するのは派遣先企業ですから、労働時間・休憩・休日（労基第4章）等の一定の事項については、派遣先に適用する特例が設けられています（労派遣44条。土田308頁参照）。

12.4.7　派遣労働者の労働契約・紛争処理

　労働者派遣においては、労働者は派遣先企業の指揮命令に服して労働します。労働義務の内容は、労基法その他の法令によって規制されるほか、労働者・派遣会社間の労働契約（それを具体化する派遣会社の就業規則や労働者派遣契約の内容）によって規制されます。したがって、派遣労働者はこれら合意や規定の範囲内でのみ労働義務を負い、その範囲を超える派遣先の指揮命令に従う義務はありません。

> 〔case60〕　Y氏は、T派遣会社からN社に派遣され、プログラマーとして働いている。ところがY氏は、N社の上司からコピーその他の雑用を山のように頼まれ、残業はないという約束なのに、残業させられることも多い。今日も期末で忙しいからと残業を命じられたY氏が断固断って退社すると、T社から連絡があり、N社から、Y氏に関する労働者派遣契約を解除するので、明日から来なくてよいという。

> 「明日から来なくてよい」とは何を意味するか。Y氏は，T社に対していかなる主張ができるか。

　派遣労働者の労働義務は，派遣元企業との労働契約によって限定されます。Y氏の場合，プログラミング業務としてN社に派遣されているのですから，雑用業務が付随的ならともかく，業務の相当量を占める場合は，労働義務の範囲を超えるため，N社の命令に従う必要はありません。また残業（時間外労働）についても，労働者派遣契約や就業条件に「残業はない」と明記されていれば，時間外労働義務は発生しません。

　次に，N社はT社との労働者派遣契約を中途解除しています（「明日から来なくてよい」とは，派遣契約の中途解除を意味します）。しかし，前記のとおり，労働者派遣契約の中途解除と，派遣会社であるT社による解雇は直結しません。〔case60〕では，Y氏に責任はないので，Y氏の解雇は許されず，T社はY氏の就業機会を図る義務を負い，労働契約期間中は，賃金・休業手当を支払う義務を負います。

　労働者派遣における紛争処理システムとしては，派遣会社・派遣先企業の苦情処理手続のほか，厚生労働大臣による指導・助言・勧告（労派遣48条）や改善命令（同49条），ハローワークによる相談・援助制度（同52条）などが挙げられます。派遣社員の皆さん，〔case60〕のようなトラブルに遭遇したら，泣き寝入りせず，これらの方法を活用しましょう。

12.4.8　派遣労働者の雇用努力義務・違法派遣時の雇用義務

　登録型派遣の場合，派遣期間（労働者派遣契約）が終了すれば，労働契約も当然に終了します（⇒221頁）。この点は，派遣労働者が長期間，同一派遣先に派遣され続けてきたケースでも同様であり，労働者派遣契約の終了は雇止めの合理的理由となるとして適法と解されています（伊予銀行・いよぎんスタッフサービス事件・最決平成21・3・27労判991号14頁）。

　このため，労働者派遣法は，派遣終了後の派遣先企業による直接雇用を促進する政策（Temp to Perm）を採用しています。

　まず，派遣先企業は，1年～3年の派遣可能期間，同一業務について，

継続して労働者派遣を受けた場合に，当該業務のために労働者を雇い入れる場合は，その派遣労働者を雇い入れるよう努めなければなりません（労派遣40条の3）。ただし，これは**努力義務**という弱い規制にとどまります。

次に，派遣先企業が派遣可能期間の上限（3年）を超えて労働者派遣を受け入れている場合に，その業務について労働者を採用するときは，当該派遣労働者に対し，雇用契約の申込みをしなければなりません（労派遣40条の5。違反については，厚生労働大臣による助言・指導，申込みの勧告が行われます〔同49条の2〕）。ただし，この**雇用契約申込義務**は公法上の義務にとどまり，派遣先企業が同義務に反して雇用契約の申込みをしなかったからといって，直ちに契約の締結という私法上の効果が生ずるわけではありません（松下プラズマディスプレイ事件・大阪地判平成19・4・26労判941号5頁）。

12.4.9　紹介予定派遣

紹介予定派遣とは，派遣終了後に派遣先に職業紹介することを予定して行う派遣をいい（労派遣2条6号），より望ましい雇用形態である正社員への転換促進政策（Temp to Perm）として注目されています。

ただし，職業紹介では労働者と紹介先企業の意思が合致する必要があるため，紹介予定派遣の登録・雇入れについては，労働者の申出・同意が要件となり，派遣終了時に，改めて労働者・派遣先の意思を確認して職業紹介を行うこととされています。

第13章

労働組合

　以上の章では，個々の労働者と使用者（企業）を当事者とする雇用関係法について説明しました。しかし，労働法は，もう一つ，労働組合を当事者とする法分野として，集団的労働法を用意しています。

　集団的労働法とは，労働者が労働組合を結成し，使用者との団体交渉と労働協約の締結を通して労働条件を向上させることを促進することを目的とする法分野をいいます。雇用関係法による様々な法的保護があるとはいえ，個々の労働者は，使用者との間で決して対等の立場にあるとはいえません。これに対し，労働者が労働組合に結集し，集団の力で交渉（団体交渉）すれば，使用者はこの力を無視することはできず，十分な交渉を行うことができます。こうして，労働組合は，労働法においてきわめて重要な地位を有するのです。

　しかし，すでに述べたとおり，労働者が労働組合を結成し，活動しても，それを理由とする解雇を禁止したり，団体交渉に応ずることを使用者に義務づける法的な仕組みがなければ十分とはいえません。本章以下のいくつかの章では，こうした法的仕組みについて勉強しましょう。主役となるのは，憲法28条と労働組合法（労組法）です。

13.1　憲法28条の意義

13.1.1　労働基本権の保障

　憲法28条は，「勤労者の団結権」と題して，「勤労者の団結する権利及び

団体交渉その他の団体行動をする権利」を保障しています。

　団結権とは，**労働者**（「勤労者」と同義）が労働条件の維持・改善を図ることを主な目的として労働組合を結成し，運営することを保障する権利をいいます。**団体交渉権**は，文字どおり，労働組合が使用者と労働条件その他労使関係のあり方について交渉すること（**団体交渉**）を保障する権利です。そして，団体行動権は，争議権と組合活動権に分かれます。**争議権**は，ストライキを中心に，団体交渉を有利に進めるための圧力手段として保障される権利であり，**組合活動権**は，争議行為・団体交渉以外の多様な活動（組織運営活動，情報宣伝活動）を保障する権利をいいます。

　このように，労働組合を結成し，活動する権利を国民の基本的人権（労働基本権）として保障している点に日本の憲法・労働法の特色があります。憲法28条の目的は，労働条件に関する労使の集団的交渉，すなわち団体交渉を中心とする労使の自治（**集団的労使自治**）を促進し，労使の実質的対等関係を促進することにあるといえるでしょう。また，集団的労使自治には一定のルールが必要ですから，そうしたルールを設定し，労使関係を適正に運営するための活動も労働基本権保障に含まれます。

13.1.2　憲法28条の法的効果

　憲法28条は，労働基本権を保障するとともに，それにとどまらない独自の法的効果を有しています。中でも重要な効果は，労働者の団体行動を刑事責任・民事責任の追及から解放する効果（**免責効果**）です。特に，団体行動（争議行為）は刑法上，威力業務妨害罪（刑234条）の構成要件に該当し，民法上も，労働義務違反によって債務不履行責任（民415条）を発生させ，使用者の営業権の侵害として不法行為責任（民709条）を発生させることがあります。しかし，憲法28条の免責効果によって，これら活動は正当性を有する限り，刑法上・民法上の違法性を阻却されるのです（**刑事免責・民事免責**）。

　また，憲法28条は，労働組合の結成・運営，団体交渉および団体行動を理由とする解雇その他の使用者の行為を違法・無効とする効果（**公序設定効果**）を有しています。すなわち，憲法28条の労働基本権を侵害する使用

者の行為は，法律行為（争議行為を理由とする解雇，懲戒，配転等）であれば，公序（民90条）違反として無効となり，事実行為（嫌がらせ，昇格・昇進差別，団体交渉拒否等）であれば，不法行為（民709条）と評価されるのです。

13.2　労働組合法の意義

　もっとも，憲法28条は，それ自体としては抽象的な規範であり，上記のような法的効果は明確ではありません。このため，労働組合の活動を支援し，集団的労使自治を促進するためには，具体的な制度保障を定めた立法が必要となります。そこで制定された法律が労働組合法（労組法）です。

　労組法は，上の目的（同1条1項参照）を達成するため，前述の刑事免責を具体化した規定（1条2項＝正当な活動に対する刑法35条の適用）および民事免責を具体化した規定（8条＝正当な争議行為に関する損害賠償責任の否定）を置くなど，多様な制度を設けています。中でも重要な制度は，不当労働行為救済制度であり，労働基本権を侵害する使用者の行為（不利益取扱い，団体交渉拒否，支配介入）を禁止する（7条）とともに，労働委員会という労組法固有の行政機関による救済制度を設けています（19条以下）。

13.3　労働基本権の平等保障

　日本の労働組合の多くは，企業ごとに結成される組合（企業別組合）ですが（⇨24頁），実際には，企業との関係や運動方針をめぐって，2以上の労働組合が併存し，対立していることが少なくありません。また，企業別組合が存在しない企業では，労働者が企業横断的な個人加盟の労働組合（合同労組）に所属するケースも見られます。

　憲法28条および労組法の基本的な考え方は，こうした複数の労働組合に対して労働基本権を平等に保障し，保護するというものです（複数組合代表制〔plural representation〕）。すなわち，労働基本権は，組合員の多寡（多数組合か少数組合か）や運動方針（協調的か戦闘的か）を問わず，また企業別組合か企業横断的組合かにかかわらず，平等に保障されるのです。

> 【case61】 映画「沈まぬ太陽」(山崎豊子原作, 若松節朗監督, 渡辺謙主演。2009年公開) では, 国民航空㈱は, 多数組合であり, 労使協調派である新生労組を優遇し, 癒着する一方, 少数組合であり, 会社と対立することの多い国民航空労組に対しては, 元委員長の不当配転や団交拒否などの行為を繰り返している。こうした行為は, 法的にはどう評価されるか。

不当労働行為(労組7条)と評価され, 国民航空労組は, 裁判所に対して, 配転命令の無効確認訴訟を提起したり (同7条1号), 労働委員会に対して, 団交応諾命令 (同7条2号) の救済を求めることができます (⇨第16章)。組合員の多寡や運動方針を問わず, 労働基本権が平等に保障されることとは, 具体的には, このような救済が保障されることをいうのです。

13.4 労組法上の労働組合

13.4.1 労組法上の労働組合の要件

すでに述べたとおり (⇨23頁), 労組法は, 労働組合の結成について**自由設立主義**を採用しているので (許可や届出は不要), 労働者は労働組合を自由に結成し, または加入することができます。したがって, 正社員はもちろん, パートタイマーやアルバイト等の非正社員であっても労働組合を結成できます。こうして認められる労働組合の存在意義についても前述しました (⇨24頁)。

もっとも, 労組法は, 労働組合の活動に関して特別の法的保護 (不当労働行為救済制度, 労働協約制度) を設けていることから, そうした保護を受けるための労働組合の要件を規定しています。すなわち, 労組法2条本文によれば, 労働組合は, 労働者が主体となって (**主体性の要件**), 自主的に (**自主性の要件**), 労働条件の維持改善その他経済的地位の向上を図ることを主たる目的として (**目的の要件**), 組織する団体 (**団体性の要件**) でなければなりません。

また労組法は，労働組合が組合規約において，組合の民主的運営に関して一定の事項を規定することを求めています（労組5条2項＝民主性の要件）。労働組合は，労組法2条および5条2項の要件を備えていることを立証してはじめて，同法の救済（特に，労働委員会に対する不当労働行為の救済申立て）を享受できるのです（同5条1項）。このような労働組合を法適合組合と呼んでいます。これに対し，労組法2条本文の要件のみを満たす労働組合（自主性不備組合）は，労組法の保護（特に，不当労働行為救済制度の保護）を享受することはできず，憲法28条の法的保護（⇨228頁）のみ享受することになります。

13.4.2 　主体性の要件・自主性の要件

　上記要件のうち，目的の要件・団体性の要件については，改めて説明する必要はないでしょう（目的の要件については，⇨234頁も参照）。また，主体性の要件については，労働組合の主体となるべき「労働者」(労組3条）の意義が問題となりますが，すでに解説しました（⇨18頁）。

　自主性の要件については，労働組合が使用者と対等の立場で協議・交渉する団体である以上，この要件を求められることは当然といえます。

　ところで，労組法2条は，本文に続いて但書を定め，この自主性の要件を加重しています。すなわち，使用者の利益代表者を参加させる団体（但書1号）および使用者から経理上の援助を受ける団体（同2号）は，労組法上の労働組合から除外されます。利益代表者としては，①「役員」(取締役，監査役，理事，監事等）のほか，②「雇入解雇昇進又は異動に関して直接の権限を持つ監督的地位にある労働者」(人事権を有する上級管理者）や，③「労働関係についての計画と方針とに関する機密の事項に接し，そのためにその職務上の義務と責任とが当該労働組合の組合員としての誠意と責任とに直接にてい触する監督的地位にある労働者」(人事・労務課の管理職等）が挙げられます。

　この結果，利益代表者が参加する労働組合は，法適合組合であることを否定され，憲法28条の保護のみ享受することになります（自主性不備組合）。実際，多くの企業では，労組法2条を受けて，管理職を一律に利益代表者

■ 13.4　労組法上の労働組合

とみなし，組合規約や労働協約において組合員から除外しています。

　しかし，管理職も勤労者（憲28条）ないし労働者（労組 3 条）であることに疑いはないので，管理職が参加する組合の法適合性（労組法の保護）を一律に否定することは，法的保護の面で問題があります。したがって，利益代表者については，管理職の名称や形式ではなく，一定の地位・権限を有する労働者の参加を許すことが組合の自主性を損なう具体的危険があるかという観点から実質的に判断する必要があります。この結果，ある管理職が利益代表者に該当するのは，その管理職が有する権限（人事権）や責任が重要で，同人の参加を認めることが組合の自主性を損なう危険が大きい場合に限られます（典型的には，上記②の上級管理職がこれにあたります）。つまり，労組法が想定する利益代表者は，常識的に考えられる管理職よりはるかに狭い概念なのです。

> 〔case62〕　D社では，係長以上の管理職について，T労働組合との労働協約で非組合員と規定している。しかし，係長ら中間管理職は，日々の業務に追われ，管理監督者（労基41条 2 号）として時間外手当もなく，上司によるシビアな評価を受ける一方，部下の管理や人事考課も行わなければならず，賃金・人事に不満を抱いている。そこで，経理課長であるK氏は，ほかの課長10名とともにI労働組合を結成し，賃金制度の見直しについてD社に団体交渉を申し入れたが，D社は，労組法上の法適合組合ではないとして拒否している。I組合は，不当労働行為の救済を求めることができるか。

　〔case62〕のI組合のように，組合規約上，非組合員とされている管理職が企業内または企業横断的に結成する労働組合を管理職組合といいます。〔case62〕にあるとおり，K氏らのような中間管理職は，上下に挟まれてしんどい立場にあるため，管理職組合の結成が増えています。

　I組合については，上記のとおり，K氏ら管理職の全部または一部が利益代表者に該当すれば自主性不備組合と評価されますが，裁判例では，人事考課について 1 次的査定を行うに過ぎない課長や係長クラス（⇨231頁の③）は，直ちには利益代表者にあたらないと判断し，その組合を法適合組合と判断した例があります（セメダイン事件・東京地判平成11・ 6 ・ 9 労判763

号12頁)。I組合も同様に解される可能性が高いと思われます。また、仮にI組合が自主性不備組合と判断されても、憲法28条の法的保護は認められること（⇨231頁）に注意して下さい。

13.5　労働組合の組織と運営

13.5.1　加入と脱退

労働組合は、労働者が自らの経済的地位の向上のために自発的に結成する団体（**任意団体**）としての性格を基本としています。したがって、**加入**の強制を伴うものではありません（ユニオン・ショップにつき⇨236頁）。

同様に、労働組合からの**脱退**も組合員の自由と考えられます。したがって、脱退について合理的期間の予告を求めることはともかく、脱退を組合の承認事項とする組合規約は無効となります（日本鋼管事件・最判平成元・12・21労判553号6頁。東芝労働組合小向支部・東芝事件・最判平成19・2・2民集61巻1号86頁も参照）。

13.5.2　組合規約

組合規約は、労働組合の組織・運営に関する基本的事項を定めるルール（いわば組合の憲法）であり、内部組織、意思決定の手続・方法、組合員資格、統制、組合員の権利義務等について定めています。組合規約の法的性質については諸説ありますが、いずれにせよ、組合の意思決定手続や統制手続は、組合規約に準拠して行わなければなりません。

13.5.3　組合民主主義の法原則

労働組合の運営にとって最も重要なルールは、労働組合の民主的運営の原則（**組合民主主義の原則**）です。これは、多数決原理を基本としつつ、少数者の意見・利益を十分聴取・配慮し、組織運営に反映させることをいいます。労働組合は今日、団体交渉と労働協約を通して労働条件を規制し、それを通して労働者の権利や利益に多大な影響を及ぼしうる存在となって

いるため，その運営について，組合民主主義の原則が重要となるのです。

具体的には，①組合員が組合運営に平等に参与し，平等に取り扱われる権利の保障，②組合員の信条・言論の自由の保障，③組合規約の遵守，④労働組合の統制権の規制（次項）などが重要となります（土田343頁）。

13.5.4 労働組合の統制権

労働組合も一つの組織であり，使用者と交渉する団体ですから，組合員に対する十分な統制力と，使用者と対等に交渉できるだけの組織力を保持しなければなりません。そのために機能するのが労働組合の統制権です。労働組合の統制権は，労働条件に関する事項については幅広く肯定され，組合規約において，組合綱領・規約の遵守義務，組合決議・指令の遵守義務，組合費納入義務等が統制事項として，また，除名，権利停止，譴責等が統制手段として規定されています。

では，次のケースはどうでしょうか。

> 〔case63〕　J組合は，来る総選挙において，友好関係にある民○党の候補G氏を応援するため，組合員に対して，臨時組合費5,000円の徴収を決定した。しかし，組合員のB氏は，対立する党である自○党のV氏に投票するつもりなので，この徴収に応じたくない。J組合は，B氏に対し，組合の指示違反として統制処分できるだろうか。

できません。組合員には個人としての市民的・政治的自由があるからです。判例も，この種のケースについては，労働組合が特定の政党や候補者の支持を決定したり，選挙運動を行うことは自由であるが，この決定に反して行動する組合員に対し，勧告や説得の域を超えて統制処分を行うことはできないと判断しています（国労広島地本事件・最判昭和50・11・28民集29巻10号1698頁）。労働組合の主たる目的が「労働条件の維持改善その他経済的地位の向上を図ること」にある（⇨230頁）以上，個々の組合員の政治的自由に介入できないのは当然のことです。

13.5.5 チェック・オフ

(1) **チェック・オフとは** チェック・オフとは，使用者が，労働組合との協定に基づいて，組合員の賃金から組合費を控除し，それを一括して組合に引き渡すこと（天引き）をいいます。労働組合にとっては，組合費を確実に徴収することで財政基盤を安定させるという大きなメリットがあり，広く普及しています。

もっとも，チェック・オフは一定の要件を課されます。まず，チェック・オフは，労働者の賃金の控除を意味するので，労基法上の**賃金全額払の原則**（労基24条1項）の例外要件（⇨63頁）を満たさなければなりません（済生会中央病院事件・最判平成元・12・11民集43巻12号1786頁）。

次に，使用者がチェック・オフを有効に行うためには，個々の組合員から組合費支払いの委任を受ける必要があります。労基法24条に基づく**チェック・オフ協定**は，賃金全額払原則違反を免れさせる効果（適法化効力）を有するに過ぎないからです（⇨54頁）。判例では，**支払委任説**が確立しており，チェック・オフについて，組合員が使用者に組合費の支払いを委任し，使用者が組合員に代わって組合に組合費を支払う一方，組合員との間で組合費相当額を賃金から控除する（費用支払請求権と合意相殺する）関係と構成しています（エッソ石油事件・最判平成5・3・25労判650号6頁）。

(2) **チェック・オフ中止申入れと中止義務** では，組合員がチェック・オフの中止を申し入れた場合，使用者はこれに応ずる義務を負うでしょうか。

> 〔case64〕 〔case63〕で，J組合はなおB氏に対し，臨時組合費の支払いを求め，最後はチェック・オフで徴収すると通告してきたため，B氏はJ組合を脱退し，直ちに別組合であるT組合に加入した。そして，会社（A社）に対してチェック・オフの中止を求めたが，A社は，J組合の規約には，組合員の脱退には組合の承認を要するとの規定があるところ，J組合はB氏の脱退を承認していないとして，この申入れに対応せず，臨時組合費を含むB氏の組合費をJ組合に交付し続けている。この対応は適法か。

■ 13.5 労働組合の組織と運営

違法です。上記のとおり、チェック・オフは組合員による組合費の支払委任を意味し、個々の組合員による中止申入れは、委任契約の解約を意味します。そして、委任については解約の自由があるので（民651条）、中止申入れはいつでも可能であり、使用者は中止義務を負うことになるのです（前掲エッソ石油事件）。なおA社は、J組合がB氏の脱退を承認していないことを主張していますが、組合からの脱退に関する承認規定は無効であるため（⇨233頁）、この主張は通りません。

13.6　ユニオン・ショップ協定

では、A社とJ組合がユニオン・ショップ協定を締結していて、J組合を脱退した労働者を解雇する旨を規定していたらどうでしょうか。

> 〔case65〕　〔case64〕で、B氏らの脱退とT組合への加入に激怒したJ組合は、「J組合員資格を失った社員を解雇する」と定めたA社との間のユニオン・ショップ協定を根拠に、A社に対してB氏らの解雇を要求したところ、J組合との揉め事を嫌うA社も、これに応じてB氏らを解雇した。
> 　①この解雇は有効か。②B氏らがT組合に加入せず、新たに労働組合を結成しなかった場合はどうか。

ユニオン・ショップ協定とは、使用者が自己の雇用する労働者のうち、特定の労働組合（〔case65〕ではJ組合）に加入しない者や、その組合員資格を失った者（B氏）を解雇することを内容とする協定をいい、労働組合との労働協約に規定されるのが普通です（協約の債務的部分に属します。⇨250頁）。労働組合の組合員であることを雇用の条件とすることによって、労働組合の組織力・団結力の強化を図る制度です。労働組合に加入するか否かは労働者の自由ですから（⇨233頁）、その例外を成す制度ともいえるでしょう。ただし日本では、使用者の解雇義務に関して、使用者の最終的決定権を留保する制度（不完全ユニオン）が多数を占めています。

このように、ユニオン・ショップ協定は、労働組合の組織力の維持拡大

に寄与する（その意味で，多数組合にとっては都合のよい）制度ですが，その代わり，個々の労働者の権利・利益と衝突する面を有しています。つまり，ユニオン・ショップ協定は，個々の労働者が①労働組合に加入しない自由（消極的団結権ともいう）と衝突し，②自らが選択する組合を結成または加入する自由（積極的団結権）と衝突し，さらに，③雇用保障の利益と抵触します。

そこで，通説・判例は，特に②（積極的団結権）を重視して，ユニオン・ショップ協定は，自らが選択する組合を結成または加入する自由を侵害する限りで無効となると解しています（限定的有効説）。すなわち，ユニオン・ショップ協定によって「解雇の威嚇の下に特定の労働組合への加入を強制することは，それが労働者の組合選択の自由及び他の労働組合の団結権を侵害する場合には許されない」と（三井倉庫港運事件・最判平成元・12・14民集43巻12号2051頁）。

この結果，ユニオン・ショップ協定締結組合以外の労働組合に加入している労働者や，締結組合から脱退または除名されてほかの組合に加入し，あるいは新組合を結成した労働者については，ユニオン・ショップ協定は公序（民90条）違反として無効と解されます（前掲三井倉庫港運事件）。したがってまた，ユニオン・ショップ協定に基づく解雇も，解雇義務がないのに行われた解雇として理由のない解雇に帰し，解雇権濫用（労契16条）として無効となります（前掲三井倉庫港運事件）。〔case65〕でも，①の解雇は文句なく無効となるでしょう。

では，ユニオン・ショップ協定締結組合にもほかの組合にも加入しない労働者や，協定締結組合を脱退または除名されたのに，別組合に加入せずまたは新組合を結成しない労働者（要するに未組織労働者であり続ける者）についてはどうでしょうか。通説・判例は，自らが選択する組合を結成または加入する自由（②の積極的団結権）との関係でのみユニオン・ショップ協定を無効と解する立場ですから，そうでない自由（①の消極的団結権）に対しては，ユニオン・ショップ協定が優越し，これら労働者の解雇は有効と解されることになります。これによれば，〔case65〕②の解雇も有効と解されることになるのです。

13.7 労使協議機関の必要性

　以上，労働組合の結成・運営をめぐる法的仕組みについて解説しました。労働組合に対する法の支援には手厚いものがあります。しかし，それにもかかわらず，労働組合の組織率の低下は止まるところを知りません。その一方で，非正社員を中心とするリストラが進行し，雇用不安や過重労働（ワーク・ライフ・アンバランス）の前に立ちすくむ多くの労働者がいます。こうした状況をふまえると，労働組合が組織化されていない企業を中心に，労働組合を補完する労使協議機関または従業員代表制の制度化を検討する必要があると考えられます。

　もちろん，これには反論があり，労働組合の設立は自由なのだから（⇨23頁），そうした自助努力をしない労働者など保護する必要などないという考え方もあります。しかし，日本の雇用の状況は，そういって突き放して済む段階を超えているようにも思えます。

　立法論としても，2007年の労働契約法の制定に際しては，こうした労使協議機関として，労使双方の委員から構成される常設的な労使委員会制度を構想し，制度設計の枠組みを示す提案が行われていました（「今後の労働契約法制の在り方に関する研究会報告書」）。労働契約法には結実しませんでしたが，引き続き検討を進めるべきでしょう。特に，労働組合の集団的サポートを享受しにくい管理職層や非正社員の利益代表の必要性を考えると，労使協議制の立法政策は焦眉の課題と考えられます。

第14章

団体交渉と労働協約

　本章は，集団的労働法に関する各章の中でも，一番重要な章です。労働組合の第一の仕事は，何といっても，使用者と団体交渉を行い，労働協約を締結することにあるのですから。気合いを入れて勉強して下さい。

14.1　団体交渉

14.1.1　団体交渉とは

　団体交渉（collective bargaining）とは，労働組合がその代表者を通じ，使用者と労働条件または集団的労使関係のルールについて交渉することをいいます。団体交渉の第一の意義は，労働条件の集団的交渉（取引）を通して労働条件を維持改善し，労働者の経済的地位を向上させることにあります。正社員にせよ非正社員にせよ，団体交渉を通して労働者の利益を代表し，紛争を解決し，ひいては，雇用や労働条件に関する労使の対等関係を樹立することに，労働組合と団体交渉の存在意義があるのです。

　団体交渉のもう一つの意義として，労使関係の適正な運営の促進という点が挙げられます。前記のとおり，労働組合は，労使関係のパートナーですから（⇨23頁），労働組合は，団体交渉において労働条件や労使関係のルールを設定し，それを通して，使用者と対話することができます（労使間コミュニケーション）。特に日本の労働組合は，企業別組合を主流とすることから，団体交渉は企業別交渉となり，企業経営に強い影響力を行使することが少なくありません。この意味で，団体交渉は，企業経営を監視し，

経営に参加する機能（コーポレート・ガバナンス）を有しているのです。この経営参加機能をさらに進めた制度が労使協議制（団体交渉とは別に，労使間で労働条件・労使関係・経営問題等をめぐる情報の伝達・意見交換・協議を行う制度）であり，特に大企業で普及しています。

14.1.2　団体交渉の法的取扱い

このように，団体交渉は非常に重要な意義を有することから，日本の労働法は，団体交渉を助成・促進する法政策を採用しています。

すなわち，労組法は，憲法28条の団体交渉権保障を具体化するため，団体交渉の刑事免責（1条2項）・民事免責（8条）および不当労働行為制度（7条）を規定しています。特に不当労働行為の保護は重要であり，労組法7条2号は，使用者が正当な理由なく団体交渉を拒否することを不当労働行為として禁止し，使用者に団体交渉義務を課しています。また，団体交渉が主体・目的・態様の面から正当と認められれば，不利益取扱いから保護されることになります（7条1号）。

一方，団体交渉は交渉（bargaining）であり，取引であって，使用者に対し，合意や譲歩を義務づけるものではありません。後述のとおり，使用者は団体交渉に際して誠実交渉義務を負いますが，誠実に交渉している限り，譲歩を強制されるわけではないのです。

14.1.3　団体交渉の当事者

団体交渉の当事者とは，使用者に対して団体交渉を求める権利を有する者をいいます。さしあたり，労組法2条本文・但書および5条の要件を満たす組合（法適合組合）をイメージしておけば十分でしょう。

では，企業内に複数の労働組合が存在する場合，団体交渉の当事者はどのように解されるのでしょうか。たとえば，使用者が多数組合との労働協約で，「その組合を唯一の団体交渉の相手方とし，他の組合と交渉しない」との条項（唯一交渉団体条項）を締結している場合，少数組合との交渉を拒否できるでしょうか。

> 〔case66〕 230頁の〔case61〕で，映画「沈まぬ太陽」の国民航空㈱が，新生労組との間で唯一交渉団体条項を締結し，それを理由に国民航空労組との団体交渉を拒否したとしたら，不当労働行為（労組7条2号）にならないか。

なります。前記のとおり，日本の労働法は，企業内の複数の労働組合に対し，団体交渉権を含む労働基本権を平等に保障していますが（**複数組合代表制**。⇨229頁)，この保障は，私法上も**公序**（民90条）を構成しているものと解されます。したがって，〔case66〕のような唯一交渉団体条項は，少数組合（国民航空労組）の団体交渉権を侵害するものとして公序違反により無効となり，国民航空㈱は，同労組との団体交渉を拒否することはできない（拒否したら不当労働行為となる）のです。

14.1.4 団体交渉の対象事項

(1) **義務的団交事項とは**　団体交渉は，非常に重要なものですが，世の中のあらゆる出来事が団体交渉の対象となるわけではありません。いいかえれば，使用者が団体交渉の義務を負う事項（**義務的団交事項**）には限界があります。まず，使用者が自ら解決できない事項について団体交渉を義務づけても意味がありません。また，労働組合は，労働者の「労働条件の維持改善その他経済的地位の向上を図ること」を主たる目的とする団体ですから（⇨230頁)，団体交渉事項は，労働条件その他の処遇や労使関係のルールに関係していることが必要です。

こうして，義務的団交事項は，一般に，①労働条件その他の労働者の処遇または集団的労使関係の運営に関する事項であって，②使用者が解決可能な事項と解されています。この結果，たとえば，「民〇党が政権を取ったのだから，自〇党とは手を切れ」とか「環境税引上げに反対せよ」といった政治マターは，労働条件に直接関係ありませんし，使用者が解決可能な事項ともいえないので，義務的団交事項とはならないのです。

(2) **労働条件その他の労働者の処遇**　では，**労働条件その他の労働者の処遇**とは何をいうのでしょうか。これは，広く労働契約における労働者の

待遇全般をいい，賃金制度（基本給，賞与・退職金制度），労働時間制度，安全衛生・労災補償のほか，広く人事制度（能力開発，昇格・昇進，配転・出向・転籍・休職，懲戒，解雇に関する基準・要件・手続等）を含みます。また，これら労働条件を書面化した労働協約の締結や改訂も，当然ながら義務的団交事項となります。

> 〔case67〕　映画「沈まぬ太陽」では，国民航空労組が団体交渉において，年末手当4.2か月分を要求したのに対し，国民航空㈱の経営陣が「政府に多額の補助金を申請している現在，そんな要求は呑めない」と怒り出すシーンが登場する。こんな要求は許されないのだろうか。

　経営陣から見れば非常識な要求かもしれませんが，法的に「許されない」わけではありません。こういう要求を「過大要求」といいますが，前記のとおり，団体交渉は交渉であり，使用者に対して合意や譲歩を義務づけるものではありませんから，交渉のテーブルに乗せること自体には何の問題もないのです。国民航空㈱としては，国民航空労組の要求が過大であることをデータ等に基づいてきちんと示した上，拒否すれば済む話です。

> 〔case68〕　映画「沈まぬ太陽」の原作では，国民航空労組が団体交渉において，①外国をたらい回しされた恩地前委員長の日本復帰について要求したり，②非正社員（臨時職員）の正社員化を要求して，国民航空㈱の経営陣と対立している。これらの要求に法的に問題はないか。

　①は問題ありません。上記のような労働条件をめぐる諸制度（ルール）のほか，個々の組合員の人事や労働条件（ルールのあてはめ）が**義務的団交事項**になるのは当然のことです。これに対し，②には問題があります。労働組合は，あくまでその構成員である組合員の利益を代表する組織ですから，組合未加入の非正社員のような**非組合員の労働条件**について交渉する権利はないのです。「沈まぬ太陽」では，国民航空㈱の社長が「組合員でない者のことを性急に要求するのはおかしい」と反論していますが，もっといえば，「組合員にしてから要求してこい」と主張できるわけです。

ただし，非組合員の労働条件が将来において組合員の労働条件に影響を及ぼす可能性が高い場合は，例外的に義務的団交事項となります。たとえば，次年度新入社員の初任給をいくらにするかは，厳密にいえば，未だ組合に加入していない労働者の労働条件に関する事項ですが，その帰趨は組合員の労働条件に直ちに影響するため，義務的団交事項となるのです（根岸病院事件・東京高判平成19・7・31労判946号58頁）。

(3) **経営事項** 労働組合が団体交渉を要求できず，義務的団交事項とならない事項の典型は，企業経営に関わる事項（**経営事項**）です。

> 〔case69〕 近年の景気後退期の中，S鉄道がアイスホッケー部を解散したり，N自動車が野球部を解散するなど，企業が企業スポーツから撤退する動きが相次いでいる。これら企業の労働組合がこうした動きに反対し，①スポーツ部の解散に反対して団体交渉を申し込んだら，会社は団交応諾義務を負うか。②各スポーツ部の選手である社員の雇用保障や労働条件について団体交渉を申し込んだ場合はどうか。

経営事項とは，会社の経営や運営に関わる事項をいい，経営方針の決定や役員人事のほか，新規事業への進出・事業からの撤退，企業組織の再編（内部組織の再編，合併・事業譲渡・会社分割），M&A，事業所や工場の統廃合・移転，事業の外注化等の多様な事項があります。これら経営事項については，企業が自由に決定することができます。

しかし同時に，これらの経営上の決定が労働者の労働条件・処遇や雇用に影響を及ぼす場合は，その限りで**義務的団交事項**にあたると解されています（栃木化成事件・東京高判昭和34・12・23労民集10巻6号1056頁）。〔case69〕でも，①のスポーツ部解散の件は義務的団交事項ではありませんが，②は，「労働条件その他の労働者の処遇」であることに疑いはないので，義務的団交事項となります（日本プロフェッショナル野球組織事件・東京高決平成16・9・8労判879号90頁も参照）。

14.1.5 誠実交渉義務

団体交渉は交渉であり，合意や譲歩を強制するものではありません。し

かし、「交渉」である以上，使用者は，単に団体交渉に応ずるだけでなく，労働組合との間で合意の達成に向けて誠実かつ真摯に交渉しなければなりません。これを**誠実交渉義務**といい、一般的には、労働組合の「要求や主張に対しその具体性や追及の程度に応じた回答や主張をなし、必要によってはそれらにつき論拠を示したり必要な資料を提示」し、「誠実な対応を通じて合意達成の可能性を模索する義務」と理解されています（カール・ツアイス事件・東京地判平成元・9・22労判548号64頁）。

具体的には、①当初から自己の主張や拒否回答を繰り返すだけで実質的交渉に入ろうとしない交渉態度（前掲カール・ツアイス事件）や、②交渉事項について決定権限をもたない者を出席させて形式的対応に終始すること（「見せかけ団交」）は、誠実交渉義務違反となります。また、③団体交渉における使用者の消極的回答や拒否回答に対して、労働組合がその根拠となる資料や情報の提供を求めた場合は、それら資料等の提示が団体交渉にとって重要な意味をもつ限り、使用者は誠実に対応する義務があり、資料を提示しないことは誠実交渉義務違反となります（日本アイ・ビー・エム事件・東京地判平成14・2・27労判830号66頁）。

さらに、④交渉が十分尽くされていない段階で、使用者が一方的に交渉を打ち切ることや、交渉において合意に達しながら、書面化（協約化）を拒否することも同様です。これに対し、⑤労使双方が主張を尽くし、もはや進展の見込みがない段階に至った場合は、交渉を打ち切っても団交拒否とはなりません（池田電器事件・最判平成4・2・14労判614号6頁）。

14.1.6　団体交渉拒否の救済

では、使用者の団交拒否に対して、労働組合は、いかなる機関に、どのような救済を求めることができるのでしょうか。

(1) **労働委員会による救済（行政救済）**　使用者による団交拒否（ある事項に関する団体交渉の拒否、誠実交渉義務違反）に対しては、労働組合は、労働委員会に対して救済申立てを行うことができます（労組27条）。

労働委員会は、申立てを審査し、**不当労働行為**（労組7条2号）に該当すると判断したときは、使用者に対し、団体交渉に応ずること（団交自体の

拒否の場合）や，誠意をもって交渉に応ずること（誠実交渉義務違反の場合）を命ずる団交応諾命令を発することになります（同27条の12。⇨290頁）。

(2) **裁判所による救済（司法救済）**　しかし，不当労働行為救済制度は，救済命令が発せられても，裁判所における取消訴訟を予定する（⇨294頁）など，紛争の迅速な解決を趣旨とする割には時間がかかります。

そこで，労働組合が直接裁判所に対して救済（司法救済）を求めることも少なくありません。このような司法救済の可否については，肯定・否定両説が対立してきましたが，近年の裁判例は，労働組合が労組法7条2号に基づき，団体交渉を求める法的地位を有することを肯定し，ある義務的団交事項について使用者が交渉を拒否している場合は，労働組合がその事項について団交を求める地位にあることの確認を請求できると判断しています（国鉄事件・東京高判昭和62・1・27労判489号13頁。最判平成3・4・23労判589号6頁で確定）。妥当な判断といえるでしょう（詳細は，土田364頁）。

14.2　労働協約

14.2.1　労働協約とは

労働協約とは，労働組合と使用者との団体交渉の成果として締結される合意（協定）をいいます。労働協約については，「労働条件の決定システム」（⇨13頁）でも解説しましたが，ここで詳しく勉強しましょう。

労働協約は，法的には労働組合と使用者との間の契約（集団的合意）ですが，労組法16条によって，個々の労働者・使用者間の労働契約を直接規律する効力を特別に認められています。契約というものは本来，締結当事者だけを拘束するものですが，労働協約に限っては，第三者である個々の組合員（労働者）の労働条件を規律する強い効力を認められるのです（協約の締結当事者はあくまで労働組合と使用者ですから，個々の組合員は，法的には第三者という位置づけになります）。

この効力が規範的効力であり，憲法28条を頂点とする労働法は，労働組合が使用者との団体交渉・労働協約を通して労働条件の維持改善を図り，

労使の対等関係を樹立することを意図しています。こうして，労働協約は，労働条件の決定について，法令に次ぐ高い地位を認められているのです。また，労働協約は，集団的労使関係のルールを設定し，それを通して労使関係を安定させる機能を有しています（債務的効力。⇨250頁）。

日本の労働協約は，労働組合が企業別に組織され（企業別組合），企業別に交渉すること（企業別交渉）から，企業別協約の形をとるのが普通です。ヨーロッパでは，労働組合が産業別に組織され，労働協約も産業別に締結されるため，産業ごとの労働条件を普遍的に定めることが多いのですが，日本の労働協約は，各企業の業績や実情に即した労働条件を設定する点を特色としています。したがって，普遍的な「産業の法」としての性格は弱い反面，各企業の現実の労働条件を定めたり，企業ごとの労使関係の安定を促進するという意味では強い機能を有しています。

14.2.2 当事者・期間

労働協約の当事者となるのは，「労働組合と使用者又はその団体」です（労組14条）。「労働組合」は，労組法2条本文・但書の要件を満たす労働組合（法適合組合）をいい，団体交渉の当事者（⇨240頁）と一致します。一方，「使用者」は，通常は法人企業であり，使用者団体が協約当事者となるケースは，滅多にありません。

労働協約に期間を定めるかどうかは自由ですが，期間を定めるときは3年を超えることはできません（労組15条1項）。3年を超える期間を定めたときは，3年の期間を定めたものとみなされます（同2項）。一つの協約があまりに長期に当事者を拘束することは，社会経済情勢の変化から見て好ましくないという趣旨です。実際には1年と定める例が多いようです。

14.2.3 労働協約の規範的効力

(1) **規範的効力とは**　労働協約の一番重要な役割は，規範的効力（労組16条）によって個々の労働者（組合員）の労働条件を決定し，向上させることにあります。

すなわち，労組法16条は，①労働協約の労働条件その他の待遇に関する

基準に違反する労働契約の部分が無効となること，②無効となった部分は協約基準の定めによること，③労働契約に定めがない場合も②と同様とすること，の3点を規定しています。このうち，①を**強行的効力**といい，②を**直律的効力**といいます。たとえば，労働協約で一定の賃金額を定めたときに，ある労働者（組合員）の労働契約に賃金額の合意がなく，または協約を下回る賃金額を定めている場合は，後者の定めは無効となり（①の強行的効力），どちらの場合も協約基準に従った請求権が認められます（②③の直律的効力）。ここで，以前勉強した〔case 3〕(⇨10頁）にもう一度登場してもらいましょう。

> 〔case70〕　H君は，就活を熱心に行い，2009年，晴れて第一志望のD社に入社した。D社では，2008年度の大卒者初任給は19万5,000円だったが，2009年度は1,000円アップして19万6,000円だという。この初任給はどうやって決まるのだろうか。

〔case70〕において，D社の初任給19万6,000円が労働協約で規定されていれば，H君は，D社との労働契約に基づいて19万6,000円を支払えと請求することができます。これは，まさに労働協約の規範的効力のおかげなのです（③の直律的効力にあたります）。

このように，労働法は，労働協約に対し，法律と同様の強い効力を認めていますが，その趣旨は，協約によって労働条件を維持改善し，労使間の**実質的対等関係**を実現しようとする点にあります。個々の労働契約では労使の交渉力に差がありますし，就業規則は使用者が一方的に作成するため，労働条件の対等決定が形骸化してしまいがちです（⇨48頁）。これに対して労働協約は，労働組合が団体としての力を背景に交渉を行った成果ですから，通常は労使間の対等交渉と利益調整を経て締結されたものと解することができます。したがって，労働協約の規範的効力については，できるだけ当事者の意思どおりに認め，協約の規制範囲を幅広く解することが適切といえるでしょう。

なお，労働協約は，規範的効力を含めて，労働協約を締結した労働組合の組合員にのみ適用されます。したがって，**非組合員**（未組織労働者，他組

合の組合員）はもとより，労働組合を脱退したり除名された労働者については，たとえ協約の有効期間中であっても規範的効力は及びません。ただし実際には，使用者が非組合員と協約基準に沿った取扱いを行うなどして，組合員と同一処遇を実現するのが一般的です。

(2) **規範的効力の限界──有利原則**　以上のように，労組法は労働協約に高い地位と強い効力を認めていますが，限界もあります。

まず，労働協約といえども，**強行法規**に反することはできません。そこで，労基法の基準を下回る労働条件を協約に定めても無効となり，労基法の基準に置き換えられます（13条。⇨27頁）。また，差別禁止規定（労基3条・4条，雇均5条～9条）や公序（民90条）に反する協約も無効となります（男女差別定年制を定める協約など）。

では，労働契約との関係ではどうでしょうか。まず，組合員が労働契約で労働協約より有利な労働条件を得ている場合にも，協約の規範的効力は及ぶか否かが問題となります。及ばないとする考え方を**有利原則**といいます。有利原則を認めれば，協約の規範的効力は**最低基準**の意味しかなく，労働契約が優先されるのに対し，否定すれば，労働協約はそれを下回る労働契約のみならず，有利な労働契約を規律する（労働条件を引き下げる）効力（**両面的効力**）をも有することになります。

日本では，有利原則は否定的に解されています。まず形式的には，労組法16条は，協約基準に「違反する」労働契約に対する強行的・直律的効力を定めています。労働者に有利であろうと不利であろうと「違反」は「違反」ですから，有利原則は否定せざるをえません。この点は，同じく規範的効力を有する労基法・就業規則について，労基法13条と労働契約法12条がそれぞれそれらに「達しない」（＝労働者に不利な）基準を定める労働契約のみを無効とすること（最低基準であること）を定めていることと明らかに異なります。また，実質的に考えても，企業別協約が主流の日本では，協約基準を「標準」と解するほうが自然であることを考えると，原則として有利原則を否定し，協約の両面的効力を認めるべきでしょう。

もっとも，例外的に，労働協約が自ら労働契約上のより有利な労働条件を許容している場合にまで有利原則を否定する必要はありません。協約当

事者が協約基準を定めつつも，一部労働者への適用を除外している場合が典型例です（詳細は，土田376頁）。なお以上の点は，労働協約と就業規則の関係についても妥当します。

(3) **規範的効力の限界——協約自治の限界**　**協約自治の限界**とは，労働条件の中にはもともと協約の規制（**協約自治**）が及ばない事項があり，それら事項には規範的効力が生じないという考え方をいいます。具体的には，①すでに個人の権利として発生した労働条件の変更（既得の賃金請求権の処分など）や，②組合員個人の地位の得喪（個人の採用・退職・転籍を定める規定）が挙げられます。①は当然のことですし（朝日火災海上保険事件・最判平成8・3・26民集50巻4号1008頁），②については，労働協約はあくまで労働契約の内容を規制する規範ですから，労働契約の成立や終了自体を規制することはできません（労働協約上の転籍規定につき，⇨123頁）。

では，出向・時間外労働など，**労働者に義務を課す規定**はどうでしょうか。学説では，この種の規定について，③労働者個人の意思の尊重が要請され，多数決原理になじまない事項であるとして，規範的効力を否定する議論が有力です。しかし，適切とは思われません。

確かに，これらの事項は個々の労働者の利害に関わり，個人の意思を尊重すべき事項ですが，同時に「労働者の待遇に関する基準」(労組16条)にあたることを否定できない事項です。また，これらの義務づけ条項は労働義務を設定する点で労働者に不利益ですが，だからといってそれを組合の規制権限から除外してしまうことは，労働組合の任務や協約の機能を縮小し，労働法が本旨とする集団的労使自治の理念（憲28条）を没却する結果となります。したがって，これら事項に関して規範的効力が発生すること自体は肯定しつつ，規範的効力に一定の限界を画定するという処理を考えるべきでしょう。

〔case71〕　A社で働くB氏は，関連会社C社への出向命令を受けた。釈然としないB氏だが，自己が加入するD組合が締結した出向協定（労働協約）を見ると，C社における労働条件が不利益のないよう保障され，出向期間は3年とされ，復帰手続や復帰後の処遇も明記されて

> いる。B氏は，C社に出向してキャリアアップをしてやろうという気になった。

　労働組合が労働協約で出向制度を定める場合，このように，組合員を代表して団体交渉を行い，組合員の利益に配慮した出向協定を締結するのが普通です。これに対して，出向を本人の同意（個別交渉）に委ねてしまうと，〔case71〕のような労働条件の保障が行われるとは限りませんし，たとえ不利な条件であっても，B氏が出向に同意してしまえば，出向せざるをえない結果となります（実際には，労働者は出向に対してなかなか'No'とはいえないものです）。このように考えると，出向等の労働義務の設定については，使用者の一方的決定や個別交渉に委ねるよりも，労働者の集団的交渉力を背景に合理的な利益調整を期待できる協約に委ねるほうが，かえって労働者に利益となると考えられます。したがって，これら事項についても，基本的には労働協約の規範的効力を肯定すべきです。

　もっとも，労働協約において，単に「業務上の必要性があるときは出向を命ずる」との包括的出向条項があるだけでは，規範的効力は発生しません。前記のとおり，労働協約の規範的効力は，協約による集団的規制が労働条件の対等決定の実現に役立つからこそ承認される効力ですから，それを著しく損なうような協約条項には規範的効力を認めるべきではないのです。ここに規範的効力の内在的限界があるといえるでしょう（⇨247頁）。

14.2.4　労働協約の債務的効力

　労働協約は，使用者・労働組合間の契約であり，この契約としての効力を債務的効力といいます。債務的効力は，労働条件に関する規範的部分を含めて，労働協約全体について生ずる効力ですが，そのうち，規範的効力がなく，債務的効力のみ生ずる部分を特に債務的部分と呼んでいます。

　具体的には，集団的労使関係のルールを定めた部分をいい，①組合員の範囲（⇨232頁），②ユニオン・ショップ協定（⇨236頁），③組合への便宜供与（チェック・オフ協定等。⇨235頁），④組合活動のルール（⇨259頁），⑤団体交渉のルール（手続，第三者委任禁止条項等）等が挙げられます。

また，**平和義務**というものもあります。すなわち，労働協約は，団体交渉の結果として，協約期間中は，その協約で定めた労働条件やルールで雇用関係・労使関係を運営するという趣旨で締結されるものです。したがって，協約当事者は，協約期間中は，協約所定の事項の改廃を求めて争議行為を行わない義務（平和義務）を負うのです。平和義務に違反して行われた**争議行為**は，目的上の正当性を欠くものとして違法と解され，労働組合は債務不履行責任および不法行為責任を負うことになります（⇨264頁）。

14.2.5　要　式

　労働協約は，**書面**に作成され，両当事者が**署名**または**記名押印**しなければなりません（労組14条）。労働契約は口頭でも成立しますが（⇨14頁），労働協約の締結は，**要式行為**とされているのです。労働協約は，規範的効力（同16条）を通して労働契約を規律する強い機能を有するため，その存在と内容を明確にしておく必要があるというのが立法趣旨です。

　では，次のケースはどうでしょうか。

> 〔case72〕　K社と，その従業員で組織するF組合の間では，成果主義を基調とする新賃金体系の導入についての紛争が継続しており，この問題と，2010年度の定期昇給交渉が並行して行われていた。昇給の交渉は2％アップで妥結したが，K社は，その実施が新賃金体系を前提にするものであることを明確化した協約の締結を求めてきた。
> 　F組合は，この協約書を締結してしまうと，新賃金体系を受け入れたことになるとして，協約の締結を拒否した。F組合は，定期昇給の合意は**成立している**として，その支払いを求めることができるか。

　このようなケースでは，F組合が労使間合意の協約化を拒否することについてもっともな理由があるので，心情的には定期昇給の支払いを認めてあげたいところです。しかし，判例は，労組法14条の上記趣旨に鑑み，「書面に作成され，かつ，両当事者がこれに署名し又は記名押印しない限り，仮に，労働組合と使用者との間に労働条件その他に関する合意が成立したとしても，これに労働協約としての規範的効力を付与することはでき

ない」と判断しています（都南自動車教習所事件・最判平成13・3・13民集55巻2号395頁）。労組法14条が厳然として存在する以上，やむをえないといえるでしょう。労働協約の要式性はそれほど重要な要件だということです（詳細は，土田370頁）。

14.2.6 労働協約の拡張適用

(1) **労働協約の拡張適用とは**　労働協約は，その締結組合の組合員に適用されるため，規範的効力は組合員以外の労働者には及ばないのが原則です（⇨247頁）。したがって，これら従業員に関しては，使用者は協約基準に沿って就業規則を制定したり，個別契約を締結することによって労働条件を統一することになります。

しかし，多数組合が締結した労働協約であれば，その基準を直接，非組合員に及ぼすほうが労働条件を統一し，かつ，公正なものとする上で有益と考えられます。そこで，労組法は，事業場単位の労働協約の**拡張適用制度（一般的拘束力制度）** を定めています（17条）。すなわち，「一の工場事業場に常時使用される同種の労働者の4分の3以上の数の労働者が一の労働協約の適用を受けるに至ったときは，当該工場事業場に使用される他の同種の労働者に関しても，当該労働協約が適用されるものとする」。判例は，労組法17条の趣旨・目的を，事業場の4分の3以上の労働者を組織する労働組合が締結した協約基準によって「当該事業場の労働条件を統一し，労働組合の団結権の維持強化と当該事業場における公正妥当な労働条件の実現を図ること」に求めています（朝日火災海上保険事件・最判平成8・3・26民集50巻4号1008頁）。

(2) **要件・効果**　「工場事業場」は，労基法上の「事業」と同義であり，「企業」全体ではありません。したがって，企業全体で4分の3以上の労働者を組織していても，ある事業場で4分の3未満であれば，その事業場において拡張適用がされることはありません。「同種の労働者」か否かは，協約の適用対象者を基準に判定されます。したがって，労働協約が正社員のみを対象としていれば，正社員のみが「同種の労働者」となり，パートタイマー等の非正社員には適用されません。

労働協約が以上の要件を満たすと，**規範的部分（効力）**の拡張適用を認められ，この結果，非組合員にも協約所定の労働条件が及ぶことになります。非組合員に有利な労働条件はもとより，労働条件の不利益変更を定めた協約も，原則として拡張適用されます（⇨164頁）。

> 〔case73〕　B社には，管理職を除いて従業員が800名おり，そのうち650名がH組合に所属し，50名がG組合に所属し，その他は非組合員であり，すべての事業所において，H組合が4分の3以上を組織している。B社は，2010年度冬期賞与について，H組合との団体交渉において3か月分支給を合意して賞与協定（労働協約）を結んで支給した。
> 　①非組合員ら100名は，同額の賞与の支給を請求できるか。②G組合についてはどうか。

　①については，当然，支給を請求することができます。一方，②のI組合のような少数組合の組合員に対して拡張適用が及ぶか否かについては，肯定説と否定説に分かれてきましたが，近年は，否定説が有力です（大輝交通事件・東京地判平成7・10・4労判680号34頁）。肯定説によると，多数組合の協約が少数組合に有利な場合（〔case73〕の場合），少数組合が交渉の努力をしないまま多数組合の交渉の結果を利用しうる結果となり，多数組合より不当に優遇される事態をもたらしますし（「ただ乗り」問題），逆に不利な場合は，少数組合に対する不利な労働条件の押しつけとなり，少数組合の団体交渉権を軽視する結果となるというのが理由です。

　もっとも，前者の点は，非組合員でも同様であり，否定説の考え方は，ややバランスを欠くようにも思えます。しかし，**複数組合代表制**（労働基本権の平等保障。⇨229頁）を前提とすると，やむをえないところでしょう。つまり，複数組合代表制の下では，少数組合の地位は，拡張適用制度によって有利にも不利にも左右されるべきではないということです。

14.2.7　労働協約の終了

(1)　**終了事由**　労働協約は，有効期間の満了，解約，当事者の消滅（労働組合の解散など）によって終了します。

まず，労働協約は最長でも3年の期間に服し（労組15条1項・2項），期間の満了によって当然に終了します。また，労働協約に期間の定めがない場合は，労使ともに，90日前に署名または記名押印した文書によって一方的に解約することができます（労組15条3項・4項）。この解約については，特に理由は必要ありません。

　(2)　労働協約終了後の労働条件　　契約上の権利義務は，その契約の終了とともに消滅するのが原則です。しかし，雇用関係においては，労働協約が終了しても，それが規律していた労働契約自体は存続するため，協約終了によって労働条件も当然に消滅するとすれば，労働契約が空白になるという不都合が発生します。

　そこで，労働協約については，その終了後も，協約の内容が一定期間は労働契約上の権利義務として存続すると解されています（労働協約の余後効）。ただし，これはあくまで暫定的な処理であり，新たな協約の締結や就業規則の改訂がなされれば，それが新たな労働条件となり，旧協約は完全に終了することになります（詳細は，土田384頁）。

第15章

団体行動

　前記のとおり，労働組合の最大の仕事は，使用者と団体交渉を行い，労働条件を維持・向上させることにありますが（⇨第14章），そのためには，日頃から組合の組織を維持・強化したり，場合によっては，団体交渉を有利に進めるため，使用者に圧力をかける活動（ストライキ）を行う必要があります。前者のような日常的活動を組合活動といい，後者のような圧力行動を争議行為と呼び，両者を合わせて団体行動と呼んでいます。

　憲法28条は，このような団体行動を行う権利を団体行動権（労働基本権）として保障し，労組法は，その保障を具体化しています。組合活動を行う権利が組合活動権であり，争議行為を行う権利が争議権です。特に争議権は，団体交渉上の主張を貫徹するためであれば，使用者の事業の運営を阻害（妨害）してもよいことを内容とするきわめて強力な権利です。そのような権利は，一般の市民には認められていませんから，労働組合だけに認められる特権（priviledge）といえるでしょう。なぜそのような特権が労働組合に認められるのかは，後に解説します（⇨263頁）。

15.1　組合活動

15.1.1　組合活動とは

　労働組合は，組織を維持・強化したり，組合員に情報を提供するために様々な活動（組合活動）を行います。組合活動は，①労働組合の組織運営のための活動（定期的な組合大会・執行委員会等），②組合員に対する情報宣

伝活動（組合ニュースやパンフレットの配布等），③闘争的な活動（賃上げ交渉時のビラ貼り・ビラ配布，就業中のリボン・プレート等の着用）から成っています。労働組合の力の源泉は，労働者の支持と組織の拡大ですから，これらの活動は，いずれも不可欠の活動といえます。

15.1.2 組合活動の法的保護

<u>組合活動</u>は，日常的な活動であり，争議行為のように使用者の業務を阻害する活動ではないので，法的に問題となることはそれほど多くありません。とはいえ，組合活動をめぐって労使間のトラブルが発生することもあります。たとえば，労働組合がパンフレット等で会社批判を行えば，企業の名誉・信用の毀損という問題が発生します。また，労働組合が企業施設を利用して組合活動を行えば，使用者が企業施設に対して有する物権（施設管理権）と衝突することがあります。

このため，問題がこじれると，企業がこれら組合活動を理由に懲戒処分（⇨第7章）をしたり，企業施設の利用を禁止することがあります。しかし，そのような処分が無制限に認められれば，誰も組合活動など行わないでしょう。そこで，労働法は，組合活動に関する法的保護を定めています。特に，労組法は，憲法28条の組合活動権保障を具体化し，正当な組合活動について，<u>刑事免責</u>（労組1条2項）および<u>民事免責</u>（民事責任〔損害賠償責任〕の免除＝同8条）を規定するとともに，<u>不当労働行為</u>の保護（不利益取扱い・支配介入の禁止＝同7条1号・3号）を規定しています。特に，不当労働行為の禁止は，組合活動権にとって重要な意義を有しています。

このように，労組法は，組合活動の保護の要件として<u>正当性</u>を要求しています。そこで，その意義・内容が問題となります。

15.1.3 組合活動の正当性──主体・目的・内容・態様

(1) 主 体　まず，<u>主体</u>の面からは，労働組合の行う活動であることが必要です。組合活動は，一般的には，労働組合の組織的決定や指令に基づいて行われますので，この点が問題となることはあまりありません。

(2) 目 的　組合活動は，その<u>目的</u>面では，団体交渉や争議行為よ

り正当性を広く肯定されます。すなわち，団体交渉・争議行為については，労働条件や集団的労使関係の運営に関する事項であって，かつ，使用者に解決可能な事項という目的面の限定があります（⇨241頁，⇨263頁）。これに対し，組合活動権は労働組合の日常的な活動を広く保障する権利であるため，こうした限定を課されないのです。

そこでたとえば，政治活動（特定政党の支持の決定や選挙運動等）であっても，「労働者の権利利益に直接関係する立法や行政措置の促進又は反対のためにする活動」であれば正当とされています（国労広島地本事件・最判昭和50・11・28民集29巻10号1698頁）。ただし，そうした政治活動の決定に反して行動する組合員を処分することはできません（⇨234頁）。

(3) 内　　容　　組合活動の内容面の正当性は，特に使用者を批判する言論活動（ビラ・パンフレット等の文書，組合ホームページ上でのPR等）に関して問題となります。この種の文書は，往々にして事実を誇張したり，使用者に対する誹謗・中傷的表現を含むことがあるからです。

しかし，組合活動権保障の趣旨をふまえれば，こうした内容を含むからといって，直ちに正当性を否定することは妥当ではありません。すなわち，組合の文書が使用者の社会的評価を低下させ，その信用・名誉を毀損するものとして本来違法とされる場合も，組合活動として社会通念上許容されるものであれば，正当な組合活動として違法性を阻却されると考えるべきです。具体的には，文書内容が真実か否か，たとえ真実でなくても真実と信ずるについて相当の理由があるか否か，その他表現の目的や施設利用の態様等を勘案して判断すべきでしょう（裁判例として，JR東海事件・東京高判平成19・8・28労判949号35頁）。

(4) 態様──労働時間中の組合活動　　以上に対して，組合活動は，態様面では厳しい要件を課されます。組合活動権は，争議権のように使用者の業務を阻害することを認められる権利ではありません。したがって，組合活動は，原則として労働時間外に，企業施設を侵害しない態様で行われることを求められるのです。要するに，組合活動の正当性は，目的面では争議行為より広い反面，態様面では争議行為より厳しく判断されます。

まず，労働時間中に組合活動を行うことは，原則として許されません。

いうまでもないことですが，労働者は労働時間中は**労働義務**を負っており，労働と無関係の活動を行ってはならないからです（そうした行動が許されるのは争議行為の場合だけであり，その場合は，目的面で厳しい制約が課されます。⇨263頁）。判例も，一流ホテルの従業員（組合員）がホテル内で「要求貫徹」などと記載したリボンを5日間着用したケースにつき，就業時間中の組合活動として正当性を有しないと判断しています（大成観光事件・最判昭和57・4・13民集36巻4号659頁）。

もっとも，①労働協約や慣行によって労働時間中の組合活動が許容されている場合や，②使用者が組合活動を許諾している場合は，組合活動は例外的に正当とされます。また，③労働時間中の組合活動であっても，それが労働義務の履行と両立する場合も同様です。労働義務とは結局，労働者が労働契約に基づき，職務を誠実に遂行しなければならないという義務ですから，組合活動が職務の遂行と支障なく両立するのであれば，労働義務の問題は生じないからです。具体的には，会社の業務，労働者の職務の内容・性質，組合活動の具体的態様等を勘案して，組合活動が職務遂行に現実に支障を生じさせたか，またはその具体的危険がある場合に限って労働義務に違反すると考えるべきでしょう（⇨41頁）。

> 【case74】 ① レストランチェーンを展開するＴ社の従業員で組織するＵ労働組合は，最近，組合員の労働災害が続発したため，抗議の意味を込めて1週間，「Ｕ労組」と記した小さなワッペンを腕に着用して仕事をしたところ，それに気づいた客から「不愉快だ」とのクレームが続出した。Ｕ組合員らの行為は，法的にはどう評価されるか。
> ② 顧客と接することのない内勤・調理場の組合員であればどうか。

①は，労働義務違反と評価され，組合活動としての正当性を否定されるものと考えられます。①のような接客職種の従業員の場合，顧客に好印象を与えること自体が労働義務の内容となっており，ワッペンを着用してのサービスは，職務の遂行と矛盾するとともに，業務の阻害をもたらしているからです（前掲大成観光事件参照）。これに対し，②の場合は，労働義務違反を否定し，組合活動としての正当性を肯定すべきです。

(5) 態様——企業施設利用の組合活動　　組合活動が企業施設を利用して行われる場合は，使用者の施設管理権に基づく規律にも従う必要があります。企業施設が使用者の所有または占有する施設である以上，組合活動に際しても，それを尊重すべきことは当然のことだからです。一方，労働組合は組合活動権を保障されており（憲28条），この権利を不当に侵害するような施設管理権行使が許されないことも当然です。そこで，この２つの権利を適切に調整することが重要な課題となります。

まず，企業施設を利用しての組合活動について，使用者が労働組合に許可を与えていれば，組合活動は正当と解されます。より正確には，企業施設利用の組合活動の違法性が使用者の許可によって阻却（否定）されるのです。

〔case75〕　Ａ大学では，毎年，春闘の時期になると，教職員組合が学校法人の許可を得た上，「職場にゆとりと安全を」などと大書した長さ10m超の垂れ幕を３枚，１週間ほど，ある校舎の外壁に掲げるのが恒例となっている。法的にはどう評価されるのだろうか。

このケースは，法的には全く問題ありません。Ａ大学の場合，教職員組合が垂れ幕を掲げることについて，使用者であり，校舎の所有者でもある学校法人が許可を与えているからです。では，学校法人が許可を与えていないのに，勝手に垂れ幕を掲げた場合はどうでしょうか。

この場合，使用者の許可がないという理由で組合活動の正当性を直ちに否定する立場もありえます。実際，判例は，労働組合による企業施設の利用は使用者との合意に基づいて行われるべきだという前提に立って，労働組合が使用者の許諾（許可）を得ないまま企業施設を利用して組合活動を行うことは，その利用を許さないことが施設管理権の濫用と認められる特段の事情がない限り正当性を有しないと判断しています（国鉄札幌運転区事件・最判昭和54・10・30民集33巻６号647頁）。

しかし，この考え方（許諾説といいます）には問題があります。組合活動の正当性を使用者の許諾の有無という主観的意思によって判断することは適切でないからです。組合活動が労使合意を前提に行われるのが望まし

いことはもちろんですが，使用者がそれを許可しない事態はしばしば発生します。そのような場合こそ，一定の範囲で組合活動を保護することに団体行動権（憲28条）の意味があると考えるべきです。

そこで学説では，組合活動の正当性について，活動の必要性と施設管理・業務上の支障の有無という客観的基準によって判断する立場が示されています。これにも2説あって，日本の労働組合は企業別組合であり，企業施設を利用して行う組合活動を不可欠とするため，団結権（憲28条）に基づき，企業施設を一定範囲で利用する権利を有し，使用者はこれを受忍する（がまんする）義務を負うと説く見解（受忍義務説）と，施設利用の必要性から法的利用権を導き出すことには飛躍があるとして受忍義務説を批判しつつ，使用者の許可を得ない組合活動は本来，違法であるが，それが団体行動権の正当な行使と認められる場合は違法性を阻却され，懲戒等の責任を否定されると解する見解（違法性阻却説）があります。

この両説は，理論上は尖鋭に対立しますが，組合活動の正当性に関しては，その態様（ビラ貼りであれば，ビラの形状，枚数，貼り方等）や施設の性質（食堂等の共有施設か，役員室等の企業の専用施設か等）を総合し，組合活動としての必要性と，業務上・施設管理上の支障を衡量して判断する点で一致しています（詳細は，土田395頁）。

この判断基準を〔case75〕にあてはめると，仮に教職員組合が学校法人の許可を得ずに垂れ幕を掲げていたとすれば，組合活動の正当性は否定されるものと解されます。長さ10m超の垂れ幕を3枚，ある校舎の外壁に掲げる活動は，仮にその必要性が大きいとしても，業務上・施設管理上の支障のほうがより大きいと考えられるからです。しかし，同じメッセージを記した長さ20cmのビラを教職員食堂の壁に貼ったのであれば，業務上・施設管理上の支障より組合活動の必要性のほうが高いと評価され，組合活動としての正当性を肯定されるものと解されます。この場合，使用者（学校法人）がそのような組合活動を理由として懲戒処分を行えば，その処分は，懲戒事由該当性を欠く（⇨130頁）とともに，公序（民90条）違反として無効となります。

15.2 争議行為

15.2.1 争議行為とは

争議行為とは，労働組合が使用者との団体交渉を有利に進めるために行う集団的行動（**ストライキ**，**怠業**，**ピケッティング**）と，使用者がこれに対抗して行う行為（**ロックアウト**）をいいます（労調7条参照）。憲法28条は，このうち労働者（労働組合）が行う争議行為のみを労働基本権として保障しています。

労働者が集団で労務を提供しないということは，手続の面からも経済的にも多額のコストを要するため，めったなことでは行われません。つまり，争議行為はいわば「伝家の宝刀」です。しかし，労働組合が団体交渉上の主張を実現したいとき，ストライキはきわめて有効な方法となります。

> 〔case76〕 映画「沈まぬ太陽」の原作では，国民航空労組は，基本給の定期昇給・ベースアップや，航空機増便に伴う整備部門の人員増を求めて国民航空㈱と団体交渉を行い，会社側が応じないと見るや，国際線を含む大規模なストライキを実行した。その結果，団体交渉はどうなったか。

国民航空㈱は，組合員の定期昇給等を約束し，その後の中労委のあっせん（⇨289頁）を経て，昇給はさらに上積みされました。では，なぜ国民航空㈱が国民航空労組の要求に応じたのかといえば，同労組がストライキを行えば，乗務員も地上職も仕事に従事せず，従業員が仕事に従事しなければ，飛行機が飛ばず，事業がストップし，巨額の損害が発生するからです。当然といえば当然の話ですが，ストライキはそれほどに強力な武器であり，「伝家の宝刀」を意味するのです。

15.2.2 争議行為の法的保護

しかし，これも当然のことですが，このように，他人の事業を妨害する

ことは，本来，違法な行為を意味します。すなわち，ストライキ（労務の集団的不提供）は，法的には労働義務を履行しないことを意味するため，民法上は，債務不履行に基づく損害賠償責任が発生し（民415条），使用者が行う解雇や懲戒処分等の法的措置も正当とされます。また，ストライキを組織した労働組合は，企業の営業を不当に侵害したものとして，不法行為に基づく損害賠償責任を負います（民709条）。さらに，ストライキは，威力を用いて他人の業務を妨害することを意味するため，刑法上，威力業務妨害罪（刑234条）に該当する典型的ケースです。

特に，損害賠償責任は重い責任であり，〔case76〕の場合，国民航空㈱の飛行機が1日でも飛ばなければ，それによって発生する損害は巨額のものとなり，会社がその賠償を国民航空労組に請求すれば，一労働組合に過ぎない国民航空労組にはとうてい支払能力のないものとなります。

しかし，これら民法・刑法のルールをそのまま適用したのでは，誰もストライキなど行わないでしょう。そこで，労働法は，民法・刑法の原則を修正して，争議行為に関する特別の保護を定めています。特に，労組法は，憲法28条の争議権保障を具体化し，正当な争議行為について，刑事免責（労組1条2項），民事免責（民事責任〔損害賠償責任の免除〕＝同8条）および不当労働行為の保護（同7条1号・3号）を定めています。この結果，労働者・労働組合は，争議行為の正当性を要件に，上記の損害賠償責任や解雇・懲戒処分等のリスクを免れることになるのです。

〔case77〕　2004年，日本プロ野球選手会は，日本プロフェッショナル野球組織（NPB）に対し，当時，NPBが予定していた近鉄球団の解散とオリックス球団への統合の1年延期や選手の身分保障・労働条件に関する団体交渉を求めたが，不調に終わったため，9月18日と19日，ストライキを決行した。この結果，2日間の全試合が中止され，NPBは巨額の営業利益を失った。NPBは，このストライキを理由に，プロ野球選手会に対して損害賠償を求めることができるか。

できません。日本プロ野球選手会は労働組合であり（⇨19頁），労働組合が行った正当なストライキについては，民事免責の保護（労組8条）があ

るからです（このストライキの目的面の正当性については、⇨264頁）。使用者（NPB）は、ストライキによって発生した損害がどれほど巨額であっても、それを甘受しなければならないのです。

　では、労働法は、なぜこのような権利を労働者にだけ保障したのでしょうか。それは、使用者には労働条件の決定・変更について、自己の要求を実現するための多くの手段がある（就業規則の改訂、人事権行使、解雇等）のに対し、労働者側にはそれがないからです。したがって、労働者側にだけ争議権を保障し、その権利行使によって労働条件の維持改善を求める仕組みを整えることが「労使対等の促進と確保」に寄与すると考えられたのです（丸島水門事件・最判昭和50・4・25民集29巻4号481頁）。

　プロ野球選手会のストライキにおいても、スト後の労使協議では、近鉄選手の身分保障や、セ・パ12球団の維持を視野に入れて新規参入球団（現在の東北楽天ゴールデンイーグルス）の資格審査を行うことなどを合意して妥結しました。争議権の保障がなければ、このような労使対等の交渉による解決を行うことは困難だったと思われます。

　とはいえ、争議行為（ストライキ）が使用者に多額の損害を発生させる行為である以上、それほど簡単に認められるものではありません。すなわち、労組法は、争議行為の法的保護の要件として正当性を要求しています。争議行為の正当性は、その目的・主体・態様・手続の各側面から問題となりますが、特に、目的面での正当性が厳しく要求されます。

15.2.3　争議行為の正当性──目的

　争議権は、労働組合が使用者との団体交渉を有利に進めるために保障される権利ですから、その目的は、団体交渉の目的事項（義務的団交事項）と一致します。つまり、世の中のあらゆる出来事が争議行為の目的事項となるわけではなく、それは、労働条件その他の処遇または集団的労使関係のルールであって、使用者が解決可能な事項でなければなりません（⇨241頁）。この点が、労働組合の日常的活動として目的面の正当性を広く肯定される組合活動（⇨257頁）との決定的な違いとなります。

　したがって、まず、いわゆる政治スト（政治的要求を目的とするストライ

キ）は，正当性を否定されます。そのような事項は，労働条件とは関係ありませんし，使用者にとってはいかんともし難い事項だからです（三菱重工業事件・最判平成4・9・25労判618号14頁〔原子力船の入港等に対して抗議することを目的とするストライキを違法と判断した事例〕）。

また，労働協約の有効期間中に，協約所定の事項の改廃を目的に行われるストライキ（平和義務違反の争議行為）も，目的の正当性を否定され，違法と解されます（⇒251頁）。

これに対して，労働条件に関する事項を目的とするストライキは，それが過大な要求だったり，いわゆる経営事項（⇒243頁）を一部含むものであっても，原則として正当と解されます。

> 〔case78〕　〔case77〕の日本プロ野球選手会が行ったストライキは，争議行為の目的面からはどのように評価されるか。

このストライキは，近鉄球団選手の身分保障・労働条件という義務的団交事項を目的とする争議行為として正当と解されます。もっとも，このストライキは，球団統合の延期という純然たる経営事項も目的としており，この事項のみを目的とするストライキは正当性を否定されますが，リストラの撤回を併せて目的としている限りは正当と考えられます。

15.2.4　争議行為の正当性──主体・態様・手続

争議行為の主体の面では，労働組合が行う争議行為であることが必要ですが，この点が問題となることはあまりありません。

争議行為の態様面の正当性については，ストライキを中心に考えていただければ結構です。まず，ストライキは，労務の集団的不提供（労働義務の不履行）であり，原則として正当とされます。争議行為の基本は，労働者が団結して労働力を使用者に利用させないことにあるからです。長期間か短期間か，終日にわたるか時限を区切って行うか（時限スト）は，正当性には関係ありません。

ストライキのうち，労働組合が一部の組合員に行わせるストライキを部分ストといいます（261頁の〔case76〕で，国民航空労組の組合員中，整備士

だけがストライキを行うこと)。部分ストも，原則として正当と解されます（土田400頁）。

　<u>ピケッティング</u>とは，ストライキ中に職場に滞留して勢いを誇示したり，会社に入構・就労しようとする取引先や非組合員・代替労働者に対し，就労や入構をやめるよう働きかけることをいい，ストライキの実効性を確保するために行われます。問題は，この「働きかけ」が言論による平和的な説得に限られるのか，暴力に至らない実力阻止も許されるのかですが，争議行為の基本は，労務の集団的不提供にある以上，原則として，平和的説得に限られると解されています（御國ハイヤー事件・最判平成4・10・2労判619号8頁参照）。ただし，スクラムを組むなどして勢いを示す程度のことは平和的説得に含まれると考えてよいでしょう。

15.2.5　争議行為と賃金

　(1)　<u>スト参加者の賃金</u>　　ストライキに参加した労働者は，その期間中は労働義務を履行していないので，<u>賃金請求権</u>は発生せず，使用者は賃金をカットすることができます（<u>ノーワーク・ノーペイの原則</u>。⇨58頁）。前記の<u>民事免責</u>（⇨262頁）について，正当なストライキであれば，賃金も保障されるという理解がありますが，これは誤解で，賃金カットはもちろん可能です。民事免責とは，正当なストライキによって生じた損害の賠償を求めることができないことを意味するにとどまるからです。

　(2)　<u>スト不参加者の賃金</u>　　では，ストライキに参加しない労働者の<u>賃金</u>はどうなるのでしょうか。これは，先に勉強した<u>危険負担</u>（民536条）の問題，つまり，労働者が就労できなかった場合の賃金請求権の存否の問題となります（⇨65頁）。

> 〔case79〕　C社では，賃上げ交渉が難航したため，K労働組合はC1工場で1日のストライキを行ったが，全員ストライキに参加させる（全面スト）のはしんどいので，戦術を高度化し，工場のコンピュータ制御部門の組合員数名だけがストライキを行った。この結果，工場全体が麻痺状態に陥り，C社は多額の損害を受けた。この場合，K組合員

> のうち，ストライキに参加しなかった組合員らは，自分たちはストライキに参加していないのだから，賃金を支払えと主張することができるか。

　主張できません。このようなストライキを部分ストといいますが（⇨264頁），学説では，この場合，使用者は団体交渉における譲歩によってストを回避できるのだから，それをしないことは債権者（使用者）の帰責事由（民536条）に属すると解し，賃金請求権を肯定する見解があります。

　しかし，判例は，部分ストについては，スト参加者と不参加者に組織的な一体性があることや，団体交渉においていかなる回答をするかは使用者の自由であり，使用者には譲歩の義務はないのだから，使用者の帰責事由は認められないとして，賃金請求権を否定しています（ノース・ウエスト航空〔第2〕事件・最判昭和62・7・17民集41巻5号1350頁）。妥当な判断といえるでしょう。

> 〔case80〕　〔case79〕で，K労組に加入していない従業員（非組合員）がおり，自分たちはストライキに関係なく，巻き添えを食っただけだから，賃金をもらえるはずだと主張している。正しいか。

　このように，労働組合が行うストライキを非組合員から見た場合，一部の労働者が行うストライキであることから，一部ストと呼んでいます。この場合，非組合員から見れば，スト参加者との間の組織的な一体性がないので，その主張は正しいようにも見えます。しかし，一部ストの場合も，使用者はストライキに介入できませんし，団体交渉において譲歩の義務を負うわけではありません。したがって，結論は，〔case79〕と同じになります（同旨，前掲ノース・ウエスト航空〔第2〕事件）。

　(3)　スト不参加者の休業手当　　では，部分スト・一部ストに共通して，スト不参加者は賃金を請求できないにしても，休業手当（労基26条）を請求できないでしょうか。労基法26条は，労働者の所得保障の観点から，民法536条2項の債権者の帰責事由を拡大した規定であり，この帰責事由は，不可抗力に該当しない限り，「使用者側に起因する経営，管理上の障害」をすべて含むと解されているからです（ノース・ウエスト航空〔第1〕事件

・最判昭和62・7・17民集41巻5号1283頁。⇨66頁)。

　まず,部分ストについては,賃金請求権と同様,スト参加者・不参加者の間に組織的一体性があるので,「使用者側に起因する経営,管理上の障害」には該当せず,休業手当は否定されると思われます(前掲ノース・ウエスト航空〔第1〕事件)。しかし,一部ストの場合は,非組合員とスト参加者間の組織的一体性はありませんし,休業手当は労働者保護という政策目的を有していることから,休業手当を肯定すべきでしょう。

15.2.6　ロックアウト

　以上のように,労働者の争議行為は一定の範囲で正当とされ,法的保護を受けますが,これに対して使用者は,2つの対抗手段を認められます。

> 〔case81〕　〔case79〕で,K労組は,再び同様の部分ストの実施を宣言したため,C社はロックアウトを通告し,C1工場からK組合員を閉め出し,アルバイトを雇い入れ,非組合員らとともに入構させて操業を行った。
> 　①この措置は適法か。また,②K組合員らは,締め出しによって就労できなかったことについて賃金を支払えと主張することができるか。

　まず,労働者の争議行為中も,使用者が操業の自由を有することは当然です。判例も,労使対等の原則や営業の自由(憲22条1項)の見地から操業の自由を肯定しています(前掲御國ハイヤー事件)。したがって,〔case81〕①で,C社が非組合員らを入構させて操業を行うことには何ら問題はありません(これに対するピケッティングの正当性は,⇨265頁)。

　問題は,C社がC1工場からK組合員を閉め出したこと(ロックアウト)です。労働者側の争議行為と異なり,ロックアウトを認めた立法はありませんが,判例は,一定の範囲でロックアウトを使用者の「正当な争議行為」と解しています(丸島水門事件・最判昭和50・4・25民集29巻4号481頁)。その根拠は,前述した労使対等の原則(⇨263頁)に求められます。つまり,憲法28条の争議権保障の趣旨は,労使対等の促進と確保にあり,究極的には衡平の原則にあるため,個々の争議行為によって使用者が著しく

不利な圧力を受ける場合は，衡平の原則に照らし，労使間の勢力の均衡を回復するための対抗防衛手段としてロックアウトも正当とされるのです。

ロックアウトの正当性は，①個々の争議における組合側の争議行為の態様，②争議行為によって使用者が受ける打撃の程度，③労使間の交渉態度・経緯によって判断されます。特に，①・②が重要であり，労働組合の強力な争議行為によって使用者が通常被る損害を超える著しい経済的打撃を被ることが要件となります。ロックアウトが正当とされれば，ストライキ参加者の労務の受領を拒否したことによる責任は発生せず，使用者は，賃金を支払う義務を負いません（前掲丸島水門事件，安威川生コンクリート工業事件・最判平成18・4・18労判915号6頁）。

反面，ロックアウトは，あくまで労働者側の争議行為への対抗防衛手段として認められる措置であるため，正当とされるのは**対抗的・防衛的ロックアウト**だけであり，労働者側の争議行為がない段階で行う**先制的ロックアウト**や，自己の要求を貫徹するために行う**攻撃的ロックアウト**は違法とされます（日本原子力研究所事件・最判昭和58・6・13民集37巻5号636頁〔使用者が一方的に実施した新交替制の承認を目的に行ったロックアウトを違法と判断した事例〕）。

〔case81〕②の場合も，以上の判断基準によってロックアウトの正当性が判断されます。K労組の部分ストが強力で，それによるC1工場の麻痺と，それに続く第3波の部分ストの通告がC社の経営状態に著しい悪影響を及ぼすことが予想される場合は，ロックアウトは正当と解され，C社は，K組合員らに対して賃金を支払う必要はありません。

第16章

不当労働行為

16.1 不当労働行為制度の意義

　労組法は，憲法28条が定める労働基本権保障を実効化するため，**不当労働行為制度**を定めています。不当労働行為制度とは，使用者による一定の労働基本権侵害行為を禁止する（労組7条）とともに，労働委員会という行政機関による特別の救済を定める制度をいいます（同27条以下）。

　労組法は，労働組合の結成，団体交渉，組合活動・争議行為について，刑事免責（労組1条2項）および民事免責（同8条）を規定しています。しかし，これらの保護は，刑罰や損害賠償責任を免除するものであり，使用者が日常的に行う**不利益処分**や**労働組合の弱体化行為**の前には十分ではありません。そうした行為としては，組合結成や団体行動を理由とする解雇，賃金差別，不利益な人事異動，組合の切り崩し行為などが挙げられますが，いずれも，刑罰や損害賠償請求以上に労働組合に対する抑制効果を発揮するからです。早い話が，労働組合を結成すれば解雇されるのであれば，誰も組合など結成しないでしょう。そして，労使の対等関係は「絵に描いた餅」と化し，憲法28条は空洞化してしまうことになります。

　そこで，こうした日常的な労働基本権侵害行為を禁止し，**労働委員会**という特別の行政機関による迅速な救済（**行政救済**）を行う制度として設けられたのが不当労働行為制度です。アメリカの不公正労働行為（unfair labor practices）をモデルに創設され，労組法に導入されたものです。

　労組法7条が禁止する**不当労働行為**は，①不利益取扱い（1号），②黄犬

契約（1号），③団体交渉拒否（2号），④支配介入（3号），⑤経費援助（3号），⑥報復的不利益取扱い（4号）の6類型に分かれます。このうち，②・⑥は①の，⑤は④の一類型であり，不当労働行為の基本的類型は，**不利益取扱い，団体交渉拒否，支配介入**の3種類となります。実際には，使用者が行う一つの行為が複数の不当労働行為に該当するのが普通です。

このように，不当労働行為制度の目的は，憲法28条の労働基本権保障を具体化し，使用者による労働基本権侵害行為を除去・是正するとともに，そうした侵害行為のない集団的労使関係，すなわち，**対等・公正な労使関係**を将来に向けて形成することにあります。判例も，不当労働行為制度の目的を「使用者による組合活動侵害行為によって生じた状態を右［注・労働委員会］命令によって直接是正することにより，正常な集団的労使関係秩序の迅速な回復，確保を図る」ことに求めており，同じ立場と考えられます（第二鳩タクシー事件・最大判昭和52・2・23民集31巻1号93頁。同旨，朝日放送事件・最判平成7・2・28民集49巻2号559頁）。

16.2　不当労働行為制度の独自性

以上のように，**不当労働行為**制度は，裁判所における救済とは別に存在する救済制度です。したがって，そのルールは，必ずしも私法上の権利義務関係とは一致しません。つまり，不当労働行為制度は，私法上の権利義務関係とは別に，対等・公正な集団的労使関係の形成に役立つルールを設定することにあり，ここに同制度の独自性が認められるのです。

この結果，不当労働行為法においては，私法上・労働法上の権利義務関係の判断に上記の制度目的が反映され，労働組合の行為がより広く保護されることがあります。つまり，権利義務の判断としては法的保護を否定される労働組合の行為であっても，**対等・公正な労使関係の形成**という制度目的から特別に保護されることがあるのです。

たとえば，組合活動の場合，権利義務の観点からは，その正当性は労働義務および施設管理権との関係で厳しく判断されますが（⇨257頁），不当労働行為法においては，権利義務の観点から組合活動の正当性が否定され

る場合も，それに対する不利益処分が報復的・威嚇的効果によって支配介入（労組7条3号）と判断されることがあります（⇨277頁）。また，不当労働行為制度における使用者についても，同制度の目的から，労基法・労働契約法上の使用者より広く解されることは前述しました（⇨22頁）。

また，労働委員会は，不当労働行為の救済を行う専門的行政機関であるため，裁判所の救済（司法救済）と異なり，対等・公正な集団的労使関係の形成という制度目的に即した多様で柔軟な是正措置を講ずることができます（行政救済）。たとえば，不当労働行為を含む解雇の司法救済としては，従業員たる地位の確認と未払賃金請求が可能ですが，一方，就労請求権が否定されるため，現実の職場復帰を強制することはできません（⇨46頁）。しかし，労働委員会は，不当労働行為にあたる解雇の救済方法として，原職復帰を命ずることができるのです（⇨292頁）。

16.3 不利益取扱い

16.3.1 不利益取扱いとは

使用者は，労働者が労働組合の組合員であること，労働組合に加入し，もしくはこれを結成しようとしたこと，もしくは労働組合の正当な行為をしたことの故をもって，その労働者を解雇し，その他不利益な取扱いをしてはなりません（労組7条1号）。

> 〔case82〕 映画「沈まぬ太陽」では，国民航空㈱との間で激しい対立路線をとってきた国民航空労組の恩地前委員長が，委員長の任期終了後，10年にわたって，カラチ，テヘラン，ナイロビと，海外の勤務地を転々と異動させられる。このような人事は，法的にはどのように評価されるのか。

この人事異動が，恩地前委員長が国民航空労組の中心メンバーであり，ストライキという労働組合の正当な行為をしたことを理由に行われたのであれば，まさに不利益取扱いの不当労働行為となります。この場合，労働

委員会は，救済命令として，原職復帰など，日本における然るべきポストへの配置を命ずることになります。

16.3.2 「労働組合」「労働組合の正当な行為」

不利益取扱いの保護を受ける「労働組合」は，労組法2条本文・但書の要件を満たす組合（**法適合組合**。⇨231頁）でなければなりません。

「労働組合の行為」としては，組合活動，団体交渉，争議行為が挙げられますが，その内容はすでに解説しました。また，不利益取扱いの保護を受けるためには，労働組合の「正当な」行為であることが必要ですが，この「正当性」についても，各箇所で解説しました。

16.3.3 不利益取扱いの態様

不利益取扱いの態様は多様であり，①労働者の地位の得喪に関する不利益取扱い（解雇，退職強要，労働契約の更新拒否，採用拒否，事業譲渡における雇用承継の排除），②人事上の不利益取扱い（不利益な配転，出向，転籍，降格，不昇格・不昇進措置），③経済上の不利益取扱い（賃金差別，昇給・賞与上の差別），④精神的不利益を与える取扱い（嫌がらせ，ハラスメント等）に分かれます。

> 〔case83〕　映画「沈まぬ太陽」の原作では，恩地前委員長がカラチへの転勤を命じられた後，桧山社長に抗議に行ったところ，「海外転勤は栄転なのだから」と説得される場面が登場する。昇進や栄転も不利益取扱いに該当するのだろうか。

恩地前委員長に対するカラチ転勤の命令は，上記のうち②に該当します。この転勤は，栄転という面だけ見れば，不利益取扱いとはいえないかもしれません。しかし，労組法7条1号における「不利益」性の有無は，それによって組合活動が困難となるかどうかという観点から判断されますので，このような取扱いも不利益取扱いに該当します（京都市交通局事件・大阪高判平成15・1・29労判875号12頁）。

> 〔case84〕 映画「沈まぬ太陽」では，(a) 国民航空労組の組合員を売却資材倉庫という部署に配置して「窓際族」としたり，(b) 組合書記長を案内カウンターにたった一人で見せしめ的に配置したり，(c) 国民航空労組系の客室乗務員組合員たちをパーサーやチーフ・パーサーに昇格させない措置が登場する。これらは不当労働行為となるか。

　(a) は上記のうち②および③の，(b) は④の，(c) は②および③の不利益取扱いに該当します。

　ところで，上記①のとおり，通説および労働委員会命令は，**採用拒否**が不利益取扱いとなることを肯定してきました。しかし，判例は近年，国鉄の分割民営化とJRへの移行に際して一部組合員がJRに不採用となったケースについて，採用拒否が不利益取扱いにあたることを否定し，採用拒否は，従前の雇用契約関係における不利益な取扱いと認められる特段の事情がある場合に限って不当労働行為に該当すると判断しています。しかし，これには学説上，強い批判がなされています（土田420頁）。

16.3.4 「故をもって」——不利益取扱いの意思

　使用者が労働組合員を不利益に取り扱ったら，すべて不当労働行為（不利益取扱い）となるわけではありません。不利益取扱いのもう一つの成立要件は，労働組合への加入・結成や組合の正当な活動をしたことの「故をもって」，または，そのことを「理由として」不利益取扱いをすることです（労組7条1号・4号）。つまり，労組法は，使用者の**不利益取扱いの意思**を要件としているのです。

　ただし，不利益取扱いの意思は内心の状態であり，外から見てもわからないため，労働組合に対する使用者の日頃の態度，通常の処遇や人事異動の取扱いとの食い違いの有無・程度，その措置が組合の運営や活動に及ぼす影響等の客観的事実（**間接事実**）から推認すべきものとされています。

　このように，不当労働行為意思を成立要件と解すると，使用者のある措置や処分が不当労働行為なのか，それとも正当な理由に基づくものなのかが微妙なケースが出てきます。**動機の競合**と呼ばれる問題です。

> 〔case85〕 映画「沈まぬ太陽」では，テヘランへの転勤を命じられた恩地前委員長が，海外勤務終了後は帰国させるという慣行に反するとして，転勤を内示した上司に抗議したところ，上司が「テヘラン乗り入れが決まり，現地の事情に詳しい近隣諸国の支店から人を出す必要があるからだ」と突っぱねるシーンが登場する。このように，不当労働行為くさいが，同時に業務上の必要性もありそうな場合，どのように判断するのだろうか。

このケースが動機の競合ですが，一般的には，その措置が，組合員でなければされなかったであろうと認められれば，不当労働行為意思を認定すべきものと解されています（相当因果関係説）。具体的には，通常の海外転勤との食い違いの有無・程度，労使関係の実情，転勤による組合への打撃の程度をふまえて，恩地前委員長ではなく，通常の社員であればテヘラン転勤が行われなかったであろうと認められれば，相当因果関係が認められ，不当労働行為意思が肯定されます。〔case85〕の場合，国民航空㈱が慣行に反して，恩地前委員長を，テヘラン在留2年後も長期にわたってナイロビ等に異動させた措置は，明らかに不当労働行為意思が認定されるケースといえるでしょう。

16.3.5　黄犬契約（yellow dog contract）

黄犬契約とは，「労働者が労働組合に加入せず，若しくは労働組合から脱退することを雇用条件とすること」をいい（労組7条1号），組合に加入しても積極的に活動しないことを雇用条件とすることも含みます。アメリカ法の制度を導入したもので，"yellow dog"とは，「卑怯な犬」といった意味合いの英語の直訳です。

16.4　団交拒否

労組法7条2号は，「使用者が雇用する労働者の代表者と団体交渉をすることを正当な理由がなくて拒むこと」を不当労働行為として禁止してい

ます。団体交渉の当事者，団交事項，団体交渉の態様が主要な論点となりますが，詳細は，第14章「団体交渉・労働協約」を参照して下さい。

16.5　支配介入

16.5.1　支配介入とは

　労組法7条3号は，使用者が「労働者が労働組合を結成し，若しくは運営することを支配し，若しくはこれに介入すること」を**支配介入**として禁止しています。要するに，労働者・労働組合の自主的活動を妨げ，組合を弱体化する行為全般を指す概念です。

　支配介入は，典型的には，①組合の結成に関する支配介入（組合結成に対する非難，組合結成の中心人物に対する説得，不利益取扱い等），②組合の組織・運営に対する支配介入（組合の活動方針への介入・威嚇的言動，組合役員の解雇・配転，組合からの脱退勧奨，組合の分裂工作等），③団体交渉や団体行動（組合活動・争議行為）に対する支配介入（団体交渉拒否，組合集会の監視，組合活動や争議行為に対する警告等）に類型化できます。また，上記の例から明らかなとおり，不利益取扱いや団体交渉拒否は，組合の弱体化行為として支配介入にも該当します。

　支配介入については，不利益取扱い（労組7条1号）における「故をもって」のような規定を欠くことから，使用者の**支配介入意思**が成立要件となるか否かが問題となります。しかし，支配介入も使用者の具体的行為である以上，主観的要件として使用者の意思は必要と考えるべきでしょう。ただし，不利益取扱いの意思と同様，支配介入意思も内心の意思ですから，使用者の当該行為・措置の性格や労使関係の実情，組合に及ぼす影響等の**間接事実**から推認されることになります（日本アイ・ビー・エム事件・東京高判平成17・2・24労判892号29頁）。

　支配介入（労働組合の弱体化）は，実際には，管理職や同僚といった個人によって行われます。そこで，こうした行為の責任（不当労働行為責任）を使用者（企業）に及ぼすためには，上層部の関与の有無（積極的指示，通謀

・黙認等の意思の連絡）を中心に，当該行為・言動の内容や行為者の地位等をふまえて，当該行為が使用者の意を体して行われたことを要すると解されています（JR東海事件・最判平成18・12・8労判929号5頁参照）。

16.5.2　経費援助

　労組法7条3号は，支配介入に付随して，「労働組合の運営のための経費の支払につき経理上の援助を与えること」を禁止しています。組合運営のための経費は本来，組合が自ら負担すべきものであり，使用者による援助は，組合の自主性を損なう危険があるからです。ただし，企業別組合の実態を考慮して，①労働時間中の労使協議や交渉につき賃金をカットしないこと，②組合の福利厚生その他の基金に対する使用者の寄付，③最小限の広さの組合事務所の貸与は例外的に許容されています（同条同号但書）。

16.5.3　使用者の意見表明

　上記のとおり，反組合的な発言は支配介入となりえます。しかし，使用者も，言論の自由・表現の自由を保障されています（憲21条）。では，両者の関係はどのように解されるのでしょうか。

> 【case86】　Y社は，毎年，従業員で組織するG組合との間で賞与に関する労使交渉を行い，賞与協定（労働協約）を結んで賞与を支給してきた。ところが，Y社は，2009年度冬期賞与については，経営状況の悪化を理由に，例年の3か月分を1か月分に削減する旨を提案してきた。G組合はこれに反発し，ストライキの準備を開始した。そこで，Y社の取締役兼事業本部長M氏は，自己のブログ上に「会社の今後を憂う」と題する一文を寄せ，G組合を「既得権者」などと呼んで批判する一方，ストライキによって賃金制度の改訂が成功しなければ会社の将来はないなどと述べた。G組合は，不当労働行為であるとして反発しているが，ストライキの実行は怪しくなってきた。

　確かに，使用者には言論の自由がありますが，一方で，憲法28条は労働基本権を保障しており，不当労働行為はそれを具体化する制度です。したがって，労働基本権侵害にあたるような発言は支配介入の評価を免れず，

その限りで使用者の言論の自由は制約されます。具体的には，使用者の意見表明や発言が労働組合に対する報復，威嚇，利益供与の要素を含んでいる場合はもとより，そうでない場合も，当該意見表明がその内容・時期・状況，発言者の地位，組合活動に及ぼした影響等から見て，労働組合に対する威嚇的効果を有する場合は支配介入となると解されています（プリマハム事件・最判昭和57・9・10労判254号42頁）。

〔case86〕でも，M氏が取締役兼事業本部長という要職にあること，発言がストライキの検討直後に行われ，G組合の活動に影響を与えていることから，威嚇的効果が大きく，支配介入が成立すると考えられます。

16.5.4　組合活動と支配介入

組合活動については前述しましたが（⇨第15章），特に，労働時間中の組合活動や，企業施設を利用しての組合活動については，それに対する使用者の措置（注意，懲戒処分等）が不当労働行為にあたるか否かが問題となります。判例は，ここでも許諾説に立ち，支配介入の成立を消極に解していますが（済生会中央病院事件・最判平成元・12・11民集43巻12号1786頁），許諾説の問題点は前述したとおりです（⇨259頁）。

またここでは，対等・公正な労使関係の形成という不当労働行為制度の制度趣旨をふまえて，労使関係の具体的事情や組合弱体化意図の有無を考慮する必要があります。具体的には，組合活動の必要性や施設管理上の支障の有無に加えて，使用者がとった措置の相当性，労使関係・労使交渉の実情等を考慮して支配介入の成否を判断することになります。この結果，組合活動が正当性を有する場合はもちろん，その必要性や業務上の支障の観点から否定される場合も，使用者の不利益処分が相当性を欠き，組合の弱体化意図に基づくものとして支配介入が成立することがあるのです。

裁判例でも，組合員が労働時間中，組合バッジを着用して就労したことにつき，職務専念義務違反を認めて正当性を否定しつつ，それを理由とする不利益処分（厳重注意・手当減額等）については，労使関係の経緯や当該処分の報復的・威嚇的効果から見て支配介入にあたると判断した例があり，注目されます（JR東日本事件・東京高判平成11・2・24労判763号34頁。同旨，

医療法人光仁会事件・東京地判平成21・2・18労判981号38頁)。

16.5.5 複数組合併存下の不当労働行為

日本の企業においては，複数組合が併存していることが少なくありません。法的には，前記のとおり (⇨229頁)，それら複数組合は組合員の多寡や運動方針を問わず，労働基本権を平等に保障されています (**複数組合代表制**)。したがって，使用者は，これら「各組合に対し，中立的態度を保持し，その団結権を平等に承認，尊重すべきものであり，各組合の性格，傾向や従来の運動路線のいかんによって差別的な取扱いをすることは許されない」(日産自動車事件・最判昭和60・4・23民集39巻3号730頁)。これを**中立保持義務**といい，複数組合が併存する状況では，そのうち特定の労働組合の組合員を不利益に取り扱うことや，その組合を弱体化することも，当然に不当労働行為と評価されるのです (⇨230頁の〔case61〕)。

この結果，使用者が一方組合の組合員にだけ労働条件を厚遇したり昇進させつつ，他方組合に合理的理由なく提供しないことは，**不利益取扱い**および**支配介入**の不当労働行為となります (日産自動車事件・最判昭和62・5・8労判496号6頁〔一方組合への組合事務所不貸与〕，JR北海道事件・東京高判平成21・9・24労判989号94頁〔一方組合員に対する不利益配転〕)。また，団体交渉の場面においては，使用者は，複数組合に対して等しく誠実交渉義務 (労組7条2号) を負い，たとえば，一方組合とは賃上げ交渉を尽くしながら，他方組合とは十分交渉せず，交渉を打ち切って賃上げを実施しないことは，**団交拒否**および**支配介入**の不当労働行為となります。

なお，組合間差別の中でも，使用者の査定 (人事考課) を経て行われる差別 (**昇給・昇格差別**) の場合は，厄介な問題が生じます。査定を経由している以上，使用者が，一方組合員らの勤務成績が悪いから昇格させていないと主張する可能性がありますし (⇨274頁の**動機の競合**)，そもそも人事考課のデータは使用者側が一手に握っているため，不当労働行為意思の立証が困難となるからです。

そこで，労働委員会は，申立組合所属の組合員と他組合員や非組合員との間の査定格差を集団的 (大量) に観察することで立証責任を軽減する方

式（**大量観察方式**）を採用しています。具体的には，労働組合側が，①ほかの労働者や別組合員に比べて人事考課が全体的に低位にあることと，②それが使用者の不利益取扱いの意思ないし弱体化意図に基づくことを立証すれば，不利益取扱いないし支配介入が成立することを一応推認します。これに対して使用者側は，査定の違いが合理的理由（勤務成績等）によることを個々の組合員について立証することを求められ，この立証が成功しなければ，不当労働行為が肯定されるのです（大量観察方式を認めた判例として，紅屋商事事件・最判昭和61・1・24労判467号6頁）。

16.5.6　併存組合との団体交渉と不当労働行為

最後に，以上のような露骨な組合間差別と異なり，使用者が**併存組合との団体交渉**において，交渉妥結の前提として一定の条件を提示して交渉した結果，労働条件に違いが生ずるケースはどうでしょうか。この種のケースでは，一方（多数）組合が条件を受け入れたために交渉が妥結し，他方（少数）組合が拒否したために妥結せず，不利益な処遇を受けることがありますが，この場合，不当労働行為は成立するかという問題です。

> 〔case87〕　Y社には，会社と協調的な多数組合（W組合）と，対立的な少数組合（H組合）が併存している。Y社が，2009年度冬期賞与について，①定期昇給を実施しないとの条件を提示し，②これを承諾すれば例年通りの3か月分支給する旨を提案してきたとする。W組合は受諾したため，賞与協定が成立し，賞与を支給されているが，H組合は，①の条件は受諾できない，②の支給率については妥結すると回答し，8回交渉しても合意に達しなかったため，Y社は妥結に至っていないとして協定の締結を拒否し，賞与を支給していない。
> 　これらの措置は不当労働行為となるか。

次のように考えるべきでしょう。前記のとおり，複数組合が併存する場合，使用者は，各組合に対して等しく誠実交渉義務（**中立保持義務**）を負いますが，この義務を尽くしている限り，原則として不当労働行為は成立しません。①同一時期に同一条件を提示している以上，中立保持義務に欠ける点はありませんし，②団体交渉も取引である以上，使用者が妥結の条

件を提示することは自由であり，その条件について合意が得られない場合に，譲歩したり妥結する義務はないからです。そして，③少数組合が合意できないために不利益を受けたとしても，それは自らの選択の結果（自己責任）ということになります。

　もっとも，④このような原則の例外として，複数組合との同一条件を付しての団体交渉，多数組合による受諾，少数組合による拒絶と不利益が少数組合の弱体化意図・不利益取扱意思に基づく行動と認められる場合は，例外的に不当労働行為が成立することがあります。そして，この点については，複数組合に対する使用者の態度，前提条件の内容・合理性（特に交渉事項との関連性），条件提示の経緯，交渉の経過，交渉結果とその影響等の事情を総合して判断すべきです。判例も，使用者が計画残業を伴う交替制の実施に際して，少数組合に対して計画残業の必要性や交替制の関係を十分説明せず，少数組合員を残業に組み入れない措置を継続したことについて，上記①～④を前提に，少数「組合に対する団結権の否認ないし同組合に対する嫌悪の意図が決定的動機となって行われた行為があり，当該団体交渉がそのような既成事実を維持するために形式的に行われているものと認められる特段の事情」が認められるとして不当労働行為を肯定しています（前掲日産自動車事件・最判昭和60・4・23）。

第17章

労働紛争の解決

17.1 労働紛争解決システムの意義

　以上，労働法の様々なルールについて解説してきました。しかし，どれほど立派な法的ルールを定めても，労使間で実際に紛争（労働紛争）が発生したときに，それを効果的に解決するシステムがなければ，「絵に描いた餅」となります。もともと労働法のルールは，労使間の紛争を未然に防ぎ，不幸にして発生した場合はそれを解決するためのものですから，紛争処理システムの重要性は明らかです。要するに，労働法を「車」にたとえれば，実体的なルール（実体法）と，紛争解決システム（手続法）は，「車の両輪」のような関係にあるのです。本章では，本書の締め括りとして，この紛争解決システムについて解説しましょう。

　労働紛争は，大別して，個別労働紛争と，集団的労働紛争に分かれます。前者は，個々の労働者と使用者（企業）との間で生ずる労働契約・労働条件をめぐる紛争であり，本書第2章〜第12章の内容に対応しています（ただし，第3章・第9章に登場した労働協約の部分を除く）。一方，後者は，労働組合と使用者との間で生ずる紛争をいい，本書第13章〜第16章の内容に対応します。

　もっとも，この両者の区別は，必ずしも絶対的なものではありません。たとえば，就業規則による労働条件の変更をめぐる紛争（⇨151頁）は，就業規則によって変更された労働条件が労働契約内容となるか否かをめぐる紛争としては個別労働紛争ですが，その変更に労働組合や多数の従業員が

関係するという意味では，集団的労働紛争の性格を有しています。また，労働協約や不当労働行為をめぐる紛争は，典型的な集団的労働紛争ですが，個々の労働者がそれらについて争う場合（労働協約に基づく労働条件の内容を争う場合や，解雇が不当労働行為〔労組7条〕に該当するとして争う場合）は，個別労働紛争としての性格も帯びることになります。ただし，両者の区別は，一応の区別としては有効ですので，念頭に置いて下さい。

17.2 個別労働紛争の解決システム

本書冒頭（⇨8頁）で述べたように，近年，個別労働紛争は多様化しつつ激増しています（2008年度の総合労働相談件数は約108万件）。このような個別労働紛争を解決するためのシステムは，企業内紛争処理システムと，企業外の公的紛争処理システムに大別され，後者はさらに，裁判所における紛争処理（司法的紛争処理）と裁判外紛争処理（ADR＝Alternative Dispute Resolution）に分かれます。最近は，労働者の「泣き寝入り」を防ぎ，労働紛争の解決を促進するため，多様な紛争解決機関の整備が進んでいます。

労働法における裁判外紛争処理の代表的な制度は，労基法，労働安全衛生法，労災保険法などの労働保護法について労働基準監督署が司る監督制度です。この制度についてはすでに解説しました（⇨28頁）。

個別労働紛争は，労働保護法の適用に関する紛争を含めて，労働契約の成立・展開・終了（特に労働条件の決定・変更）をめぐって発生します。このような個別労働紛争の解決に際しては，①迅速な解決，②紛争の実情に即した解決，③当事者の自主性の尊重，④専門性の尊重，⑤権利義務関係に即した解決の5点が重要となります。

まず，個別労働紛争は，労働者の生活を左右する重大な紛争ですから，できるだけ迅速に解決する必要があります。また，労働契約は継続的契約であり，当事者間の信頼関係が重要となるため，当事者が納得できるよう，当事者間の自主的解決の仕組みを組み込む必要がありますし，個々の紛争の実情に適した解決が要請されます。さらに，労働契約は一般の契約とは異なる特色を有しているため，雇用関係や人事制度に精通した専門的人材

の活用が有益となります。一方，労働契約はあくまで労使間の権利義務から成る法律関係ですから，法令等もふまえた権利義務関係を基礎とする解決が求められます。つまり，個別労働紛争の解決が当事者の利益調整に終始する妥協的解決に堕してならないことは当然のことです。

17.3 裁判外紛争処理——個別労働紛争解決促進法

17.3.1 個別労働紛争解決促進法の意義

労働法における裁判外紛争処理（ADR）は，個別労働紛争解決システムに要請される上記①〜⑤のうち，特に①〜③に着目した制度です。主要なものとして，都道府県労働局による助言・指導・あっせん（**個別労働紛争解決促進法**），都道府県労働委員会による相談・あっせん，都道府県労政主管事務所による相談がありますが，ここでは，最も代表的な制度である個別労働紛争解決促進法（正式名称は「個別労働関係紛争の解決の促進に関する法律」）について解説しましょう。

個別労働紛争解決促進法は，①都道府県労働局（厚生労働省の地方機関）における相談・助言，②都道府県労働局長による助言・指導，③紛争調整委員会によるあっせんという3つの柱から成る紛争処理システムを提供し，紛争の実情に即した迅速かつ適正な解決を図ることを目的としています（1条）。対象となる紛争は，「労働条件その他労働関係に関する事項についての個々の労働者と事業主との間の紛争」（個別労働関係紛争）であり（1条），集団的労働紛争は含みません。事業主（企業）は，労働者が①や②の申請をしたことを理由として，解雇その他の不利益取扱いをしてはなりません（4条3項・5条2項）。

17.3.2 個別労働紛争解決促進法の仕組み

個別労働紛争解決促進法の第1の柱は，**都道府県労働局による相談・助言**であり，紛争の防止と自主的解決を促進するため，労働者や事業主に対して情報提供，相談その他の援助を行うものです（3条）。都道府県の各

所に総合労働相談コーナーを設け,労働相談に関するワンストップサービスを提供しており,労使がアクセスしやすい制度としています。

　個別労働紛争解決促進法の第2の柱は,都道府県労働局長による助言・指導です。つまり,当事者の一方または双方から解決のための援助を求められた場合,都道府県労働局長は,専門家の意見を聴いて,必要な助言または指導をすることができます(4条1項・2項)。助言・指導に強制力はありませんが,紛争の自主的解決を促進する上では有意義なものです。

　個別労働紛争解決促進法の第3の柱は,紛争調整委員会によるあっせんです。すなわち,都道府県労働局長は,当事者の双方または一方から申請があり,必要と認めた場合は,都道府県ごとに設置される紛争調整委員会(6条)にあっせんを行わせることができます(5条。募集・採用に関する紛争を除く)。あっせんは,当事者間の話合いを促進することを目的とする調整手続であり,やはり強制力はありませんが,実際には,紛争の迅速な解決を促す上で効果を発揮しています。なお,雇用機会均等法上の調停も,紛争調整委員会によって行われます(雇均18条1項。⇨202頁)。

17.4　労働審判法

17.4.1　労働審判法の意義

　このように,裁判外紛争処理(ADR)は,個別労働紛争の解決にとって有効ですが,その最終的解決機関は,やはり裁判所(司法的紛争処理)に求めるべきです。特に近年,「法の支配」の理念(公平な第三者が適正な手続を経て公正かつ透明な法的ルール・原理に基づいて判断を示すこと。⇨10頁)が浸透するに伴い,司法的紛争処理の重要性が増大しています。

　司法的紛争処理の中心となるのは,通常の民事訴訟制度ですが(労働訴訟一般については,土田・契約法749頁),前述した個別労働紛争に関する5点の要請(⇨282頁)から見ると,それは⑤(権利義務関係に即した解決)に優れている反面,ほかの面では難点があります。つまり,民事訴訟は,当事者の権利義務の存否・内容に即して勝訴・敗訴を決する手続ですから,

慎重な審理を要し，審理が長期化するため，紛争の迅速な解決（①）が困難となりがちです。また，職業裁判官が審理を行うため，専門性（④）に欠ける面があります。俗に，「裁判所は敷居が高い」といわれる所以です。

そこで，上記の5条件を充足する新たな司法的紛争処理の整備が課題とされ，2004年に成立したのが労働審判法です（2006年4月1日施行）。労働法における「法の支配」の新たな担い手として注目されています。具体的には，労働審判制度の特色としては次の6点が挙げられ，それぞれ前記の5条件を満たすものとなっています。

なお，2008年の労働審判法の施行状況を見ると，受審判件数は2,052件（前年より558件増加）であり（そのうち，1,327件が調停成立で終了），労働事件通常訴訟（同年で2,441件）に迫る勢いで活用されています。

17.4.2 個別労働紛争に関する司法手続

第1に，労働審判制度は，個別労働紛争を対象に，裁判所において行われる紛争解決システムです。すなわち，労働審判制度は，雇用関係の専門家である労働審判員が参加して行われ，当事者の自主的解決の仕組み（調停）を組み込んでいますが，あくまで裁判所における司法手続（争訟的非訟手続）に位置づけられています。そこでは，司法手続に相応しく，当事者の権利義務関係に即した解決（⇨282頁の⑤）が基本とされているのです。

労働審判は，各都道府県の地方裁判所に設置され（労審2条），裁判官の中から選任される労働審判官1名と，労働審判員2名によって行われます（同7条，8条）。

労働審判の対象となる紛争は，「労働契約の存否その他の労働関係に関する事項について個々の労働者と事業主との間に生じた民事に関する紛争」，すなわち「個別労働関係民事紛争」です（労審1条）。この結果，ほとんどの個別労働紛争は，労基法等の実定法規をめぐる紛争を含めて労働審判制度の対象となります。これに対し，労働組合・使用者間の集団的労使紛争は，「個々の労働者と事業主」間の紛争ではないことから除外されますが，個々の労働者が労働契約上の主張として行う紛争であれば対象となります（⇨282頁）。

17.4.3　迅速な手続

　第2に，労働審判手続は，当事者の権利義務関係を基本としつつ，紛争の実情に即した迅速，適正かつ実効的な解決を図ることを目的とする手続です（労審1条）。特に，迅速な紛争解決（⇨282頁の①）は，労働審判の生命線ともいうべき基本的特色とされています。

　具体的には，労働審判は，裁判所に対する労働審判手続の申立てによって開始されます（労審5条1項）。これを受けて，労働審判委員会が審判を行いますが，労働審判法は，迅速な紛争処理のため，いくつかの規定を設けています。特に，労働審判委員会による速やかな争点整理・証拠整理（同15条1項）と，3回以内の期日において審理を終結させることを原則としている点（同2項）が重要です。この「3回以内の期日における審理の終結」こそは，労働審判制度の眼目であり，実際上も，労働審判の多くは，3か月以内で終結しています（2008年の場合，平均審理期間は2.5か月）。

17.4.4　専門的知見を有する者の参加

　第3に，労働審判制度の大きな特色は，裁判所の中に労働審判委員会という専門委員会が設置され，そこに，「労働関係に関する専門的な知識経験を有する者」が労働審判員として参加することにあります（労審9条）。

　すなわち，労働審判制度は，人事管理経験者や労働組合経験者など，雇用関係の現場の専門家を活用することを柱としており，専門性の要請（⇨282頁の④）という点では画期的な制度と評価できます。労働審判委員会の決議は，過半数によりますが（労審12条1項），労働審判官・労働審判員ともに平等の評決権を保障されます。

17.4.5　紛争の実情に即した解決

　第4に，労働審判においては，当事者の権利義務関係を基本としつつも，紛争の実情に即した解決（⇨282頁の②）を行うことができます。すなわち，労働審判委員会は，当事者間の権利関係や手続の経過をふまえて，権利関係を確認するほか，金銭の支払いや物の引渡しを命ずるなど，必ずしも実

体法上の権利に拘らない柔軟な審判内容を定めることができます（労審20条）。

　たとえば，解雇紛争に関して解雇が無効と判断された場合，通常の民事訴訟では，労働者の労働契約上の地位の確認と未払賃金の支払いが判決されますが，労働審判では，労働審判委員会は，当事者間の権利関係を確認した上（解雇の無効），地位の確認ではなく，使用者に金銭補償を命ずることができます。労使間の信頼関係が崩れ，職場復帰が現実的でない場合の処理として妥当といえるでしょう（解雇の金銭解決一般については⇨186頁）。

17.4.6　当事者の自主的解決——調停手続の組入れ

　第5に，労働審判法は，当事者による紛争の自主的解決（⇨282頁の③）を重視する見地から，「調停の成立による解決の見込みがある場合にはこれを試み」るものとして，裁判外紛争処理である調停を組み入れています（労審1条，労審則22条）。調停によって紛争解決に至るケースも少なくないようです（⇨285頁）。

17.4.7　訴訟への移行

　第6に，労働審判法は，通常訴訟への移行規定を設け，訴訟手続との連携を組み入れています。すなわち，労働審判に対して当事者から異議の申立てがあれば，審判は失効し（労審21条3項），労働審判の申立てのときに遡って訴訟の提起があったものとみなされます（労審22条1項）。

　このように，労働審判は，異議申立ての場合の訴訟への自動的移行を組み込むことによって，紛争解決手段としての実効性を確保しています。つまり，当事者は，労働審判に異議を申し立てつつ，訴訟に移行しないという選択は許されず，審判への異議を申し立てた場合は，本格的司法手続への移行というリスクを負うことから，審判段階で紛争を解決するインセンティブが働くことが期待されるのです。

　一方，労働審判は，迅速な手続（3回以内における審理の終結）を生命線とするため，長期の審理を要する複雑な事案（差別事件，複雑な労働条件変更の事案等）は適していません（むしろ通常訴訟に適しています）。そこで，

労働審判法は，事案の性質上，労働審判が紛争の迅速・適正な解決のために適当でないと認められる場合は審判手続を終了させることを規定しています（労審24条1項）。

17.5　個別労働紛争の解決事例

この項の最後に，本書で用いたいくつかの事例を挙げて，個別労働紛争の解決方法と機関についてまとめておきましょう。

> 〔case88〕　4頁の〔case 1〕（アルバイトの時給・時間外労働），152頁の〔case38〕（就業規則による労働条件の不利益変更），163頁の〔case41〕（労働協約による労働条件の不利益変更），181頁の〔case49〕（解雇），195頁の〔case54〕（女性の昇格差別）について，それぞれの労働者は，いかなる機関に対し，どのような救済を求めることができるか（企業内の苦情処理・紛争処理機関は除く）。

〔case 1〕は，最低賃金法・労基法違反マターですので，労働者は，まずは労働基準監督署に対し，法令違反を申告することができます。また，労働契約の問題でもありますので，都道府県労働局の助言・指導・あっせん（個別労働紛争解決促進法），裁判所に対する労働審判の申立て（労働審判法），裁判所に対する訴訟提起も可能です。なお訴訟においては，少額訴訟（民訴368条以下。訴額60万円以下の金銭訴訟）も活用可能であり，〔case 1〕のような事例では，有効な法的手段といえましょう。

〔case38〕は，基本的には労基法と関係のない問題ですから，個別労働紛争解決促進法，労働審判法または訴訟提起によって救済を求めることになります。ただし，〔case38〕のような複雑な労働条件変更事例については，迅速な紛争処理を旨とする個別労働紛争解決促進法や労働審判法は必ずしも適していないため，裁判所に対し，民事訴訟を提起するのが通例となるでしょう。

〔case41〕は，労働協約が絡んだ紛争であり，労働組合・使用者間の集団的労使紛争に位置づけられます。しかし，個々の組合員が協約の規範的

効力（労組16条）を争う主張を行えば，労働契約上の主張ともなるので，個別労働紛争解決促進法，労働審判法または訴訟提起によって救済を求めることができます（⇨282頁）。ここでも，紛争の複雑性をふまえれば，裁判所に対して民事訴訟を提起することになるでしょう。

〔case49〕も，個別労働紛争解決促進法，労働審判法または訴訟提起によって救済を求めうる典型例です。最近は，解雇紛争について労働審判が多用されていますが，「紛争の実情に即した解決」（⇨286頁）を重視するあまり，安易な金銭解決に走らないよう留意する必要があります。

最後に，〔case54〕のような女性差別については，雇用機会均等法上の特別の手続として，厚生労働大臣による助言・指導・勧告（雇均17条）および当事者の申請に基づく紛争調整委員会による調停（同18条）が設けられています（⇨202頁）。またここでも，個別労働紛争解決促進法や労働審判法を活用し，または裁判所に訴訟を提起することが可能です。

17.6　集団的労働紛争の解決システム
——不当労働行為救済手続を中心に

17.6.1　労働委員会

個別労働紛争解決システムにおいて，労働審判や労働基準監督署が重要な役割を担うとすれば，集団的労働紛争解決システムの中心を担う機関は**労働委員会**です。労働委員会は，不当労働行為の救済をはじめとして，集団的労使紛争を解決するために設けられる行政機関（独立の行政委員会）をいいます。

労働委員会は，国（厚生労働大臣）の所轄下に置かれる全国レベルの**中央労働委員会**（中労委。労組19条の2）と，都道府県知事の所轄下に置かれる**都道府県労働委員会**（都道府県労委。労組19条の12第1項）に分かれます。ともに，**労働者委員，使用者委員，公益委員**それぞれ同数の三者によって構成されます（三者構成。労組19条の3，19条の12第2項）。

労働委員会の大切な仕事の一つは，争議行為の調整（**あっせん**〔労調13条〕，**調停**〔同17条〕，**仲裁**〔同29条〕）です（労組20条）。争議行為については

第15章で取り上げましたが，大規模なストライキ（争議行為）は，経済や国民生活に大きく影響しうるため，第三者機関である労働委員会が調整する仕組みが設けられているのです。

また，都道府県労働委員会は，前述した個別労働紛争のあっせんも行っています。

17.6.2　不当労働行為の審査手続

しかし，労働委員会の最も重要な仕事は，**不当労働行為の審査**です（労組20条）。第16章で解説したとおり（⇨271頁），不当労働行為制度は，裁判所ではなく，労働委員会における救済を予定する制度です。そして，労働委員会は，不当労働行為をめぐる紛争を迅速に解決し，使用者による労働基本権侵害行為を是正して，**対等・公正な労使関係の形成**を促進する上で不可欠の機関であり，両者は切っても切れない関係にあるのです。

不当労働行為の救済は，都道府県労委における**初審手続**と，その結論に不服な当事者が中労委に対して行う**再審査手続**の2段階で行われます。裁判所が3審制であるのに対し，労働委員会は2審制です。初審・再審査手続ともに，**申立て→調査→審問→合議→命令**の手順で進みます。

(1)　申立て　不当労働行為を受けたと主張する労働者または労働組合は，使用者（個人企業であれば事業主個人，法人企業であれば法人）を被申立人として，都道府県労委に対して不当労働行為の救済を申し立てることができます。**申立人**は通常，不利益取扱い（労組7条1号）では労働者個人ですが，その労働者が所属する労働組合も申立てをすることができます。団交拒否（同2号）に関する申立人は労働組合に限られ，支配介入（同3号）の場合も，原則として労働組合が申立人となります。

申立ては，不当労働行為の日から1年以内に行わなければなりません。不当労働行為が継続する行為である場合は，その終了した日から1年以内に行う必要があります（労組27条2項）。申立期間を1年に限定したのは，申立て後，長期間を経過することで証拠収集・実情把握が困難となり，労使関係の安定によって救済の必要性も乏しくなるためです（「継続する行為」については難しい問題があります。詳細は，土田431頁）。

(2) 審　　査　　不当労働行為の申立てを受けた都道府県労働委員会は，遅滞なく調査を行った上，必要があると認めたときは，当該申立てに理由があるかどうかについて審問を行います（労組27条1項）。調査・審問を合わせて審査と呼んでいます。審問は，当事者または証人の尋問や，書証等の物件取調べを行う手続です。これらの手続については，審査の迅速化と適正化の観点から2004年，労組法が改正され，①労働委員会による当事者・証人の出頭命令（27条の7第1項1号）や，②物件提出命令（同2号）等の制度が導入されました。

　次に，都道府県労働委員会は，審問終結後，事件が命令を発する段階に達したときは事実認定を行い（公益委員の合議〔労委則42条1項〕），この認定に基づいて，申立人の請求に関する救済の全部もしくは一部を認容し，または申立てを棄却する命令を発します（労組27条の12第1項）。要するに，「認容」であれば，労働者・労働組合側の勝ち，「棄却」であれば，使用者側の勝ちです。命令は，書面によって行い（同3項），理由を記載しなければなりません（労委則43条1項・2項）。

(3) 再 審 査　　もっとも，これで審査手続が完全に終了するわけではありません。つまり，都道府県労委の命令に不服のある使用者または労働者・労働組合は，原則として命令書の交付を受けたときから15日以内に，中央労働委員会（中労委）に対して再審査を申し立てることができます（労組27条の15）。中労委が再審査申立を棄却すれば，労働委員会段階では救済命令が確定し，一方，中労委が救済命令を取り消し，または変更した場合は，命令は失効します。

(4) 和　　解　　不当労働行為制度は，対等・公正な労使関係を将来に向けて形成することを目的とする制度ですから，当事者が互いに譲り合って和解し，紛争を解決するほうが望ましいケースが少なくありません。そこで，2004年の労組法改正によって，和解に関する規定が整備されました。すなわち，労働委員会は，審査途中においていつでも当事者に和解を勧めることができます（労組27条の14第1項）。和解が成立し，当事者双方の申立てがあった場合において，労働委員会が適当と認めるときは，審査手続は終了します（同2項）。

17.6.3 救済命令の内容と限界

(1) 概 説 労働委員会は，事案に応じて多様な救済命令を発することができます。典型的には，①不利益取扱いでは，解雇・人事異動等の場合の原職復帰（不利益取扱い前の地位への復帰。⇨271頁）およびバックペイ（不利益取扱いがなければ得られたであろう賃金相当額の支払い），昇給差別の場合の昇給是正命令，②団交拒否では，団交応諾命令（組合との団体交渉を拒否してはならないとの命令や，一定事項について誠実に交渉せよとの命令。⇨245頁），③支配介入では，組合弱体化行為を禁止する命令や，ポスト・ノーティス（今後，同種の行為を行わない旨の文書の掲示）です。

このように，労働委員会は，裁判所の救済（司法救済）と異なり，多様で柔軟な是正措置を講ずることができますが（行政救済），これが不当労働行為制度の趣旨・目的に基づくものであることは前述しました（⇨270頁）。つまり，労働委員会は，不当労働行為の救済を行う専門的行政機関であり，その不当労働行為制度は，対等・公正な集団的労使関係を将来に向けて形成することを目的としているため，労働委員会は，この目的を達成するために，多様で適切な是正措置を命ずる裁量権を有するのです。

判例も，不当労働行為制度の趣旨・目的を「正常な集団的労使関係秩序の迅速な回復，確保を図る」ことに求めた上，法は，労使関係に関する専門的知見を有する労働委員会に対し，その裁量によって個々の事案に応じた適切な是正措置を命ずる権限を委ねているから，取消訴訟においても，「裁判所は，労働委員会の右裁量権を尊重し，その行使が右の趣旨，目的に照らして是認される範囲を超え，又は著しく不合理であって濫用にわたると認められるものでない限り，当該命令を違法とすべきではない」と判断しています（第二鳩タクシー事件・最大判昭和52・2・23民集31巻1号93頁）。

もっとも，労働委員会命令といえども無制限ではありません。特に，労基法等の強行法規に違反することはできませんし，使用者が私法上（労働契約上）有する人事権を侵害することもできません。

(2) バックペイ 解雇が不当労働行為と認められた場合，労働委員会は原職復帰とともにバックペイを命じますが，その際，労働者が解雇期間

中にほかに就職して得た収入（中間収入）を控除しなければならないかが問題となります。

　この点，判例（前掲第二鳩タクシー事件）は，不当労働行為としての解雇の救済については，解雇による労働者個人の救済のみならず，組合活動に対する侵害の除去と正常な労使関係秩序の回復という不当労働行為制度の目的からも判断する必要があるから，再就職の難易，労務の性質・内容，賃金の多寡，解雇が組合活動に及ぼした制約的効果等を考慮して控除の要否を決すべきであると判断しています（結論としては全額バックペイ命令を違法と判断）。これが通常解雇に関する民事訴訟であれば，労働者個人の被害のみが問題となり，また，危険負担における利益償還規定（民536条2項後段）によって中間収入の控除が当然となるため（⇨186頁），不当労働行為制度の独自性が現れる典型例となります。

　(3)　**昇給・昇格差別**　　昇給差別の救済については，使用者が有する人事権（人事考課権・賃金決定権）との関係が問題となります。この点については，労働委員会は，使用者に対して一定の基準に基づく再査定を命じ，あるいは，自ら昇給額を決定して，その差額の支払いを命ずることができます（後者の例として，オリエンタルモーター事件・東京高判平成15・12・17労判868号20頁）。このように，将来にわたって賃金額（昇給額）を是正する措置も，裁判所では困難な救済であり（裁判所では，不法行為に基づく過去の賃金差額分の損害賠償請求〔民709条〕に限られます），労働委員会独自の行政救済といえます。

　(4)　**ポスト・ノーティス**　　ポスト・ノーティスは，不当労働行為を行わない旨の文書を会社内に掲示することを命ずるものですが，労働委員会の命令によっては，「不当労働行為を行ったことを認め，謝罪（陳謝）する」といった文言が含まれることがあるため，使用者の良心の自由を侵害するものとして憲法違反（19条違反）と主張されることがあります。

　しかし，判例は，こうした表現も，同種行為を繰り返さないことを強調する趣旨であり，謝罪や反省を意思表明を要求するものではないという理由で適法と判断しています（オリエンタルモーター事件・最判平成3・2・22労判586号12頁）。

17.6.4 取消訴訟

これまで，労働委員会における手続について解説してきましたが，実は，不当労働行為の審査手続は，これで完了するわけではありません。加えて，裁判所における取消訴訟の手続があるのです。

すなわち，労働委員会命令を受け，それに不服な使用者または労働者・労働組合は，行政処分である命令の取消を求めて，行政事件訴訟法による取消訴訟を提起することができます。出訴期間は，使用者の場合は，命令交付の日から30日以内（労組27条の19），労働者側は6か月以内とされています（行訴14条1項）。使用者は，都道府県労委の命令に対して，中労委への再審査申立てまたは取消訴訟のいずれかのみを提起でき（労組27条の19第1項），再審査申立てが棄却された場合は，中労委命令に対して取消訴訟を提起できます（同2項）。

このように，不当労働行為救済手続は，労働委員会だけでは完結せず，裁判所の審理を経由することになります。しかも，取消訴訟は通常の行政訴訟と同様，地方裁判所→高等裁判所→最高裁判所の順で行われるため，本来の趣旨であるはずの迅速な集団的労働紛争処理（⇨290頁）と矛盾する現象が生じています。つまり，裁判所だけなら3審を経由して済むのに対し，不当労働行為手続の場合は，労働委員会の審査（初審・再審査）を含めると5審制となってかえって長期化し，「迅速な紛争処理」どころではなくなっているのです。そこで，審理の迅速化に関する立法論が提案されていますが（取消訴訟の受訴裁判所を高等裁判所として「4審制」とするなど），労使の意見の対立が激しく，実現していません。

なお，取消訴訟において審理の対象となるのは，労働委員会命令全体の違法性の有無ですが，これはさらに，①事実認定の当否，②不当労働行為の成否，③救済命令の適法性に分かれます。このうち③については，労働委員会の裁量権が広く認められますが（⇨292頁の第二鳩タクシー事件），①・②については，裁判所が労働委員会の判断に拘束されることなく，全く新たに事実を認定したり（①），不当労働行為の成否を判断すること（②）が認められています。このため，労働委員会の判断（救済命令・棄却命令）

が裁判所で覆されることも少なくありません。

17.6.5 不当労働行為の司法救済

以上のように，不当労働行為の救済については，労働委員会による行政救済とその審査（取消訴訟）が主役となりますが，同時に，労働者・労働組合が労働委員会ではなく，いきなり裁判所に救済（司法救済）を求めることもあります。これは，上述した労働委員会制度の構造的な問題点とも関係しています。

司法救済の一つの方法は，不当労働行為を私法上，憲法28条の労働基本権を侵害する行為として，公序（民90条）違反により無効・違法と評価することです（⇒228頁）。では，不当労働行為に関する行政救済の根拠規定である労組法7条は，こうした司法救済の根拠となるのでしょうか。

この点について，通説・判例は，労組法7条は行政救済規範であると同時に，私法上の強行規定でもあると解し，同条各号に私法的効果を肯定する立場を採用しています。7条を根拠規定として用いることのメリットは，憲法28条や民法90条に比べて要件がより明確で，使用者の行為の違法・無効を立証しやすいという点にあります。

〔case89〕　G社では，ワンマン社長が絶大な権力を握っており，サービス残業が多く，従業員を簡単に解雇する等の乱暴な人事がまかり通っていた。そこで，従業員B氏は，同僚とH労働組合を結成し，労働条件の改善を求めて団体交渉を求めたところ，G社は団体交渉を拒否したばかりか，中心人物であるB氏を解雇した。
　①　B氏の解雇の司法救済について，労組法7条1号はいかなる意味をもつか。
　②　同じく，G社による団交拒否の司法救済について，労組法7条2号はいかなる意味をもつか。

①については，労組法7条1号違反の解雇を無効と解し，同号に私法的効果を認める判例法が確立しており（医療法人新光会事件・最判昭和43・4・9民集22巻4号845頁），解雇以外の法律行為（配転等の人事異動，懲戒等）についても同様に解されています。したがって，B氏に対する解雇がH組

合結成や組合活動の故をもって行われたものであれば，解雇は7条1号違反として無効となり，B氏は，裁判所に対して，G社の従業員たる地位の確認を求めることができます。また，②については，労組法7条2号を根拠に，団体交渉を求めうる法的地位を労働組合に認め，司法救済を肯定する見解が有力です（⇨245頁）。②の団交拒否は，正当な理由のない拒否に該当するので，H組合は，裁判所に対し，団体交渉を求める地位にあることの確認を求めることができます。

　さらに，支配介入や団交拒否を理由とする損害賠償請求についても，それら行為を**不法行為**（民709条）と解して認める例が増えています（組合からの脱退強要につき，愛集学園事件・大阪高判平成16・3・12労判883号71頁，不誠実団交につき，太陽自動車事件・東京地判平成21・3・27労判986号68頁）。①の解雇や②の団交拒否は，H組合に対する支配介入にも該当するので，H組合は，G社の損害賠償責任を追及することもできます。

事項索引

あ行

安全配慮義務　45, 144

異議申出権　170～
育児・介護休業法（育介法）　105～, 117
育児休業　106～
意見聴取　48
一部スト　266
1週40時間・1日8時間制の原則　77
違法派遣　224

請負契約　15, 18
うつ病　143

営業の自由　167
営業秘密　44, 190

か行

解雇　165, 173, 177～, 199, 223, 272
　　——と賃金　185
　　——の自由　177
　　——の理由（事由）　180
　　——の効果　185
　　——の相当性　184
解雇回避努力義務　181, 187
介護休業　107～
戒告　40, 128
解雇権濫用規制　35, 174, 179～, 187, 209, 211, 237
解雇手続　184
解雇予告制度　178～
会社解散　167
会社分割　169～
解約自由の原則　174, 179
過失相殺　149
合併　167
過半数代表者　54

過労死　141, 145
間接雇用　220
間接差別　197, 200
管理監督者　70, 98～
管理職組合　232

企画業務型裁量労働制　96
期間の定めのある労働契約　208
　　——の中途解約　209
企業外の行動　132
企業秩序　125, 127, 130
企業内紛争処理システム　282
企業別組合　8, 24, 229, 246
危険負担　65, 265
偽装請負　21
期待可能性の原則　181, 188
規範的効力→労働協約の規範的効力
義務的団交事項　241～, 263
休業　105
休業手当　66, 266
休憩　78～, 90
休憩自由利用の原則　79
救済命令　292
休日　80
休日振替　80
吸収分割　169
休職　123～
協議義務（会社分割）　171
競業避止義務　43～, 73, 190
　　退職後の——　190～
行政救済　244, 269, 271, 292～
業務起因性　139
業務軽減措置　147, 148
業務災害　139～
業務遂行性　139
業務命令違反　131, 183
協約自治の限界　249
均衡の理念　213, 215

均等待遇原則　25, 216
勤務時間短縮措置　107
勤務地限定　114
勤労の権利　7

組合活動　255～, 277
　　　――の正当性　256
　　　――の法的保護　256
組合活動権　228, 255
組合規約　233
組合民主主義　233～

経営事項　243
経営障害　65, 66
計画年休　104～
経過措置　158
刑事免責　229, 256, 262, 269
経費援助　276
契約自由の原則　3
契約締結の自由　32
経歴詐称　131
結果債務　146
減給　128
兼職（兼業）　43
原職復帰　292
譴責　128

合意解約　173
合意原則　152, 155, 164
公益通報者保護法　134
降格　111～
黄犬契約　274
交渉力・情報力格差　16
公序　32, 107, 195, 215, 228, 241, 295
公正代表義務　163
公正な評価　67～, 160
合同労組　229
高年齢者雇用安定法　177
コース別雇用管理　200
コーポレート・ガバナンス　24, 240
国籍　25
個別労働紛争　281～, 285
個別労働紛争解決促進法　283～
雇用関係法　4
雇用機会均等法　193, 196～, 204

雇用継続確保措置　177
雇用契約　3
雇用契約申込義務　225
雇用対策法　31
雇用の多様化　8, 207
雇用平等　25, 66, 193
雇用保障法　6

さ　行

サービス残業　86
最後の手段の原則　181, 187
最低賃金法　4, 59～
裁判外紛争処理（ADR）　282
採用　29, 31～
　　　――の自由　31, 198
採用拒否　31, 33, 273
採用内定　33～
採用内内定　33
裁量労働制　70, 88, 94～
　　　企画業務型――　96
　　　専門業務型――　95
三六協定　82～
差別的解雇　178
産前産後休業　205～

時間外・休日労働　81～
時間外・休日労働義務　83～
時季指定権　102
時季変更権　102～
指揮命令権　40, 112
事業譲渡　167～
仕事と生活の調和　9, 75, 82, 93, 100, 117, 197
自主性の要件　230
自主性不備組合　231
施設管理権　259
支配介入　275～
　　　――意思　275
司法救済　245, 295
社会的身分　25, 215
社内 FA 制　69, 110
社内公募制　69, 110
自由意思　61, 64, 165
従業員代表制　238
就業規則　11～, 47～, 84, 112, 115, 125, 151,

214
　　──による労働条件の変更　151〜
　　──の契約内容補充効　12,52
　　──の合理性　50,154,156〜
　　──の最低基準効　12,49
　　──の作成・届出　12,47
　　──の周知　48,52,156
　　──の必要記載事項　47
　　──の法的性質　49
　　──の変更の手続　156
終身雇用制　8,33,176,178
自由設立主義　23,230
集団的労使自治　228
集団的労働紛争　281,289
集団的労働法　6,227
周知　48,52,156
就労請求権　46,186
主体性の要件　230
手段債務　146
出勤停止　129
出向　118〜,250
　　──復帰　122
出向命令権　119〜
　　──の濫用　121
出向労働関係　122
守秘義務　43,189〜
　　退職後の──　189〜
紹介予定派遣　225
昇格　110
試用期間　36
昇給・昇格差別　195,198,278,293
承継排除の不利益　168,171
使用者　20〜
　　──の意見表明　276〜
　　労基法上の──　20
　　労働契約法上の──　20〜
　　労組法上の──　21〜
使用者責任　204
使用従属関係　16,17
昇進　110
昇進差別　198
賞与　57,71〜
賞与支給日在籍要件　71
職業紹介　30
職業選択の自由　43,190,192

職種限定　114
職能資格制度　57,110,116
職場規律違反　131
職務懈怠　183
職務上の非違行為　131
職務専念義務　41
職務内容同一短時間労働者　216
所定労働時間　77
ジョブ・ローテーション　113
人員削減の必要性　187
人格権・人格的利益　45,112
信義誠実の原則　42,46,117,188
人事異動　109〜
人事権　109,112,113
人事考課　67〜
信条　25
新設分割　169

ストライキ　261〜,264

成果主義　58,66〜,159〜
　　──の導入　159〜
政治スト　263
誠実義務　42,132
誠実交渉義務　240,243〜
誠実労働義務　41
正社員転換措置　218
整理解雇　186〜
セクシュアル・ハラスメント　197,203〜
説明・協議義務　188
全額払の原則　5,62〜,235
専門業務型裁量労働制　95

争議権　228,255
争議行為　261〜
　　──と賃金　265
　　──の正当性　263〜
　　──の法的保護　261〜
相当因果関係　142,148
即時解雇　179

　　　　　た　行

代休　81
代償措置　157,191
退職　173〜

■　事項索引　　299

——の自由　174, 177
退職勧奨　176, 199
退職金　57, 72〜, 129, 154
　　——の不支給・減額　72〜, 191
大量観察方式　279
多数組合との合意　158〜
他人決定労働→労働の他人決定性
団結権　6, 228
　　消極的——　237
　　積極的——　237
団交応諾義務　22, 245
団交応諾命令　245, 292
短時間労働者　213
男女差別定年制　195
男女同一賃金の原則　193〜
団体交渉　19, 22, 227, 239〜, 274, 279
　　——の対象事項　241〜
　　——の当事者　240〜
　　——を求める法的地位　245
団体交渉拒否　244, 274
　　——の救済　244
団体交渉権　6, 228, 240
団体行動　255〜
団体行動権　6, 228, 255
団体性の要件　230

チェック・オフ　235〜
中間収入　186, 293
中立保持義務　278
懲戒　40, 125〜
　　——の適正手続　128, 135
懲戒解雇　73, 129
懲戒権　125
　　——の濫用　127, 134〜
懲戒事由　130〜
　　——該当性　127, 130〜
懲戒処分の相当性　127, 134〜
懲戒権濫用法理　128
長期雇用システム　8, 33, 176, 178
調停（雇用機会均等法）　202
調停（労働審判法）　287
直接払いの原則　62
賃金　55〜, 112, 116, 129, 154, 185, 193, 215, 265, 278
　　——の相殺　63〜

——の立替払い　74
——の変動（引上げ・引下げ）　60〜
賃金支払義務　14, 39, 55〜, 122
賃金支払の4原則　61〜
賃金請求権　58, 65, 185, 265
　　——の消滅　61
　　——の発生　58〜
賃金の支払の確保等に関する法律　74

通貨払の原則　62
通勤災害　143

定年制　176〜
手待時間　90
転勤　112, 117
転籍　118, 123

同一価値労働同一賃金の原則　215
動機の競合　273〜
特定承継　167〜
特別加入制度　138
特約優先規定　53, 115, 161

な　行

内定取消　33, 35〜
内部告発　133〜
名ばかり管理職　2, 98

二重処分の禁止　127

年休　100〜
　　——の利用目的　104
年休権　100〜, 218
　　——の内容　100
　　——の発生要件　101
年休取得と不利益取扱い　105
年功賃金　8, 57
年次有給休暇→年休
年棒制　70〜, 87

脳・心臓疾患　141
ノーワーク・ノーペイの原則　58, 63, 265

は　行

パートタイマー　212〜

——の賃金　215〜
　　　——の教育訓練　217
　　　——の労働時間・年次有給休暇　218
パートタイム労働法　213, 216〜
賠償予定の禁止　26
配転（配置転換）　112〜
配転条項　115
配転命令権　113
　　　——の濫用　116〜
派遣期間　222
派遣労働者　220〜
　　　——の雇用努力義務　224〜
　　　——の労働契約・紛争処理　223〜
バックペイ　292
パワー・ハラスメント　45

被解雇者選定の相当性　188
引抜き　192
ピケッティング　261, 265

複数組合代表制　164, 229, 241, 253, 278
付随義務　42
不正競争防止法　44, 189
不正行為　131, 183
不遡及の原則　127
不当労働行為　22, 230, 244, 256, 262, 269〜
　　　——の司法救済　295
　　　——の審査　290〜
不当労働行為制度　229, 269〜, 290
　　　——の独自性　270
　　　——の目的　270
部分スト　264, 266
部分的包括承継　169
プライバシー　45
不利益取扱い　105, 107, 271〜
　　　——の意思　273〜
フレックスタイム制　93〜
プロ野球選手　19, 262
分割計画　170
分割契約　170
紛争調整委員会　197, 202, 284

平和義務　251, 264
変形労働時間制　91〜
変更解約告知　115, 165〜

弁明の機会　135

法人格否認の法理　21
法定時間外・休日労働　81〜, 86, 92, 94
法定内時間外労働・法定外休日労働　85
法定労働時間　77
法適合組合　231, 240, 246, 272
法の支配　10
ポジティブ・アクション　201
ポスト・ノーティス　293

ま　行

毎月1回以上定期払の原則　64, 70

民事免責　229, 256, 262, 269
民主性の要件　231

目的の用件　230
目標管理制度　67

や　行

雇止め　199, 209〜

唯一交渉団体条項　240
有期労働契約→期間の定めのある労働契約
有利原則　162, 248
諭旨解雇　129
ユニオン・ショップ協定　236〜

ら　行

利益代表者　231
留学・研修費用返還制度　26
留保付承諾　166
両罰規定　27

労災保険制度　137〜
労使委員会　97, 238
労使協議制　238, 240
労使協定　54, 63, 81, 94, 96
労働委員会　229, 244, 269, 271, 289〜
　　　——によるあっせん・調停・仲裁　289
　　　——の救済命令　292〜
　　　——の救済命令に対する取消訴訟　294〜
　　　——の裁量権　292

——への申立て　290〜
労働基準監督署　28
労働基準法　4, 47, 54, 61〜, 76〜, 129, 156,
　　178, 193, 208, 223
労働基本権　23, 227
労働義務　14, 39〜, 83, 224, 258
労働協約　13, 48, 53, 152, 161, 227, 245〜
　　——による労働条件の変更　161〜
　　——の一般的拘束力　252
　　——の拡張適用　163〜, 252〜
　　——の期間　246
　　——の規範的効力　13, 53, 161, 246〜
　　——の規範的効力の限界　162〜, 248〜
　　——の債務的効力　250〜
　　——の終了　253〜
　　——の要式　251〜
　　——の余後効　254
労働組合　6, 23〜, 161, 227〜
　　——の統制権　234
　　——の要件　230
　　——への加入と脱退　233
　　企業別——　24
労働組合法　6, 23, 229
労働契約　1, 10, 14〜, 110, 223
　　——の継続的性格　16
　　——の合意解約　173
　　——の承継　167, 170〜
　　——の人格的性格　16, 145
　　黙示の——　21
労働契約承継法　169〜
労働契約法　5, 9, 15, 51〜, 121, 128, 146,
　　153, 155〜, 180, 209
労働憲章　26
労働災害　137
労働時間　75〜, 218

　　——の通算制　78
　　労基法上の——　88〜
労働時間制の適用除外　98〜
労働者　17〜, 207
　　——の損害賠償責任　46
　　労基法・労働契約法上の——　17〜
　　労組法上の——　18〜
労働者災害補償保険法（労災保険法）
　　137〜
労働者派遣　220〜
　　常用型——　221
　　登録型——　221
労働者派遣契約　222
　　——の中途解除　222
労働者派遣事業　221
労働者派遣法　221
労働受領義務→就労請求権
労働障害　65
労働条件　25, 37, 241
　　——の最低基準　4, 11
　　——の変更　151
　　——の明示　30, 37〜, 214
労働条件対等決定の原則　25, 166
労働審判委員会　286
労働審判法　9, 284〜
労働保護法　4
労務指揮権→指揮命令権
ロックアウト　261, 267〜

わ　行

ワーク・ライフ・バランス→仕事と生活
　の調和
和解　291
割増賃金　86〜

判例索引

最高裁判所

最大判昭和36・5・31（日本勧業経済会事件）
……………………………………63
最判昭和43・4・9（医療法人新光会事件）
………………………………… 295
最判昭和43・12・24（電電公社千代田丸事件）
……………………………………40
最大判昭和43・12・25（秋北バス事件）
……………………………… 50, 153, 155
最判昭和48・1・19（シンガー・ソーイング・メシーン事件）……………64
最判昭和48・3・2（林野庁白石営林署事件）
………………………………… 104
最大判昭和48・12・12（三菱樹脂事件）
………………………………… 31, 32, 36
最判昭和49・3・15（日本鋼管事件）… 132
最判昭和49・7・22（東芝柳町工場事件）
………………………………… 210
最判昭和50・2・25（陸上自衛隊八戸車輌整備工場事件）……………… 145, 149
最判昭和50・4・25（日本食塩製造事件）
………………………………… 180
最判昭和50・4・25（丸島水門事件）
……………………………… 263, 267, 268
最判昭和50・11・28（国労広島地本事件）
……………………………… 234, 257
最判昭和51・7・8（茨石事件）…………47
最判昭和52・1・31（高知放送事件）… 184
最大判昭和52・2・23（第二鳩タクシー事件）
……………………………… 270, 292, 293
最判昭和52・12・13（電電公社目黒電報電話局事件）……………………………41
最判昭和54・7・20（大日本印刷事件）
………………………………… 34, 35
最判昭和54・10・30（国鉄札幌運転区事件）
……………………………… 126, 259
最判昭和55・7・10（下関商業高校事件）
………………………………… 176
最判昭和56・3・24（日産自動車事件）
………………………………… 195

最判昭和57・3・18（電電公社此花電報電話局事件）…………………… 102
最判昭和57・4・13（大成観光事件）… 258
最判昭和57・5・27（東京都建設局事件）
……………………………………35
最判昭和57・9・10（プリマハム事件）
………………………………… 277
最判昭和57・10・7（大和銀行事件）……72
最判昭和58・6・13（日本原子力研究所事件）
………………………………… 268
最判昭和58・9・8（関西電力事件）… 125
最判昭和59・4・10（川義事件）……… 145
最判昭和60・4・23（日産自動車事件）
……………………………… 278, 280
最判昭和60・4・5（古河電気工業・原子燃料工業事件）…………………… 122
最判昭和61・1・24（紅屋商事事件）… 279
最判昭和61・7・14（東亜ペイント事件）
……………………………… 113, 116
最判昭和61・12・4（日立メディコ事件）
………………………………… 211
最判昭和62・4・2（あけぼのタクシー事件）
………………………………… 186
最判昭和62・5・8（日産自動車事件）
………………………………… 278
最判昭和62・7・10（電電公社弘前電報電話局事件）…………………… 103
最判昭和62・7・17（ノース・ウエスト航空〔第1〕事件）………… 66, 266, 267
最判昭和62・7・17（ノース・ウエスト航空〔第2〕事件）……………… 65, 266
最判昭和62・9・18（大隈鐵工所事件）
………………………………… 175
最判昭和63・2・16（大曲市農業協同組合事件）………………………………… 157
最判昭和63・3・15（宝運輸事件）………58
最判平成元・12・7（日産自動車事件）
………………………………… 115
最判平成元・12・11（済生会中央病院事件）
……………………………… 235, 277
最判平成元・12・14（三井倉庫港運事件）

303

……………………………… 237
最判平成元・12・21（日本鋼管事件）… 233
最判平成 2・4・20（林野庁高知営林署事件）
……………………………… 148
最判平成 2・11・16（日新製鋼事件）
……………………………… 62,64
最判平成 3・2・22（オリエンタルモーター事件）……………………… 293
最判平成 3・4・11（三菱重工業事件）
……………………………… 149
最判平成 3・4・23（国鉄事件）……… 245
最判平成 3・9・19（炭研精工事件）… 131
最判平成 3・11・28（日立製作所事件）
……………………………… 51,84
最判平成 4・2・14（池田電器事件）… 244
最判平成 4・6・23（時事通信社事件）
……………………………… 104
最判平成 4・9・25（三菱重工業事件）
……………………………… 264
最判平成 4・10・2（御國ハイヤー事件）
……………………………… 265
最判平成 5・3・25（エッソ石油事件）
……………………………… 235,236
最判平成 5・6・25（沼津交通事件）… 105
最判平成 6・6・13（高知県観光事件）
………………………………87
最判平成 6・9・8（敬愛学園事件）… 184
最判平成 7・2・28（朝日放送事件）
……………………………… 23,270
最判平成 8・3・26（朝日火災海上保険事件）
……………………… 164,249,252
最判平成 8・9・26（山口観光事件）… 128
最判平成 9・2・28（第四銀行事件）
……………………… 154,156,159
最判平成 9・3・27（朝日火災海上保険事件）
……………………………… 162,163
最判平成12・1・28（ケンウッド事件）
……………………………… 113,117
最判平成12・3・9（三菱重工業事件）…89
最判平成12・3・24（電通事件）… 145,147
最判平成12・7・17（横浜南労基署長事件）
……………………………… 143
最判平成12・9・7（みちのく銀行事件）
……………………………… 158
最判平成12・9・22（函館信用金庫事件）
……………………………… 158
最判平成13・3・13（都南自動車教習所事件）
……………………………… 252

最判平成14・1・22（崇徳学園事件）… 132
最判平成14・2・28（大星ビル管理事件）
……………………………… 90,92
最判平成15・4・18（新日本製鐵〔日鐵運輸第 2〕事件）…………… 118,120
最判平成15・10・10（フジ興産事件）
……………………… 52,126,156
最判平成15・12・4（東朋学園事件）… 107
最判平成18・4・18（安威川生コンクリート工業事件）……………… 268
最判平成18・10・6（ネスレ日本事件）
……………………………… 135
最判平成18・12・8（JR東海事件）… 276
最判平成19・2・2（東芝労働組合小向支部・東芝事件）………………… 233
最決平成21・3・27（伊予銀行・いよぎんスタッフサービス事件）……… 224
最判平成21・12・18（ことぶき事件）……98
最判平成21・12・18（パナソニックプラズマディスプレイ事件）………21
最判平成22・7・12（日本アイ・ビー・エム事件）…………………… 172

高等裁判所

東京高決昭和33・8・2（読売新聞社事件）
………………………………46
東京高判昭和34・12・23（栃木化成事件）
……………………………… 243
東京高判昭和54・10・29（東洋酸素事件）
……………………………… 187
福岡高判昭和58・6・7（サガテレビ事件）
………………………………21
東京高判昭和59・3・30（フォード自動車事件）………………………… 183
東京高判昭和62・1・27（国鉄事件）… 245
名古屋高判平成 2・8・31（中部日本広告社事件）……………………… 73,74
福岡高判平成 5・4・28（大分労基署長事件）……………………………… 140
東京高判平成 9・11・20（横浜 SH 事件）
……………………………… 203,204
大阪高判平成10・5・29（日本コンベンションサービス事件）………………44
東京高判平成11・2・24（JR東日本事件）
……………………………… 277
東京高判平成11・7・28（システムコンサルタント事件）………… 147,148
大阪高判平成12・6・28（大阪南労基署長事

304　■ 判例索引

件)·················· 143
東京高判平成12・7・26(中根製作所事件)
·················· 163
福岡高判平成12・11・28(新日本製鐵〔日鐵運輸〕事件)·················· 120
東京高判平成12・12・27(更生会社三井埠頭事件)·················· 61
東京高判平成14・2・27(青山会事件)
·················· 168
広島高判平成14・6・25(JR西日本事件)
·················· 92
東京高判平成14・7・11(新宿労基署長事件)
·················· 18
東京高判平成14・9・24(日本経済新聞社事件)·················· 134
大阪高判平成15・1・29(京都市交通局事件)
·················· 272
大阪高判平成15・5・29(榎並工務店事件)
·················· 147
名古屋高判平成15・7・8(豊田労基署長事件)·················· 143
東京高判平成15・12・11(小田急電鉄事件)
·················· 73,132
東京高判平成15・12・17(オリエンタルモーター事件)·················· 293
大阪高判平成16・3・12(愛集学園事件)
·················· 296
東京高判平成16・6・16(千代田学園事件)
·················· 135
東京高決平成16・9・8(日本プロフェッショナル野球組織事件)·················· 243
東京高判平成17・2・24(日本アイ・ビー・エム事件)·················· 275
東京高判平成17・4・20(A保険会社上司事件)·················· 45
東京高判平成17・7・13(東京日新学園事件)
·················· 168
名古屋高判平成18・1・17(山田紡績事件)
·················· 188
大阪高判平成18・4・14(ネスレ日本事件)
·················· 117
名古屋高金沢支判平成18・5・31(ホクエツ福井事件)·················· 187
東京高判平成18・6・22(ノイズ研究所事件)·················· 160
東京高判平成19・6・28(昭和シェル石油事件)·················· 201
東京高判平成19・7・31(根岸病院事件)
·················· 243
東京高判平成19・8・28(JR東海事件)
·················· 257
東京高判平成19・10・30(中部カラー事件)
·················· 52
東京高判平成19・11・7(国・磐田労基署長事件)·················· 138
東京高判平成20・3・25(東武スポーツ事件)
·················· 61
東京高判平成20・6・25(国・中央労基署長事件)·················· 144
広島高判平成20・11・28(鞆鉄道〔第2〕事件)·················· 163
東京高判平成21・3・25(新国立劇場運営財団事件)·················· 18
大阪高判平成21・7・16(京都市女性協会事件)·················· 216,219
東京高判平成21・9・16(INAXメンテナンス事件)·················· 18
東京高判平成21・9・24(JR北海道事件)
·················· 278
大阪高判平成21・11・27(NTT西日本事件)
·················· 177

地方裁判所

東京地判昭和41・3・31(日立電子事件)
·················· 120
横浜地判昭和55・3・28(三菱重工業事件)
·················· 81
東京地判昭和55・12・15(イースタン・エアポートモータース事件)·················· 51
東京地判昭和61・12・4(日本鉄鋼連盟事件)·················· 194
大阪地決昭和62・11・30(JR東海事件)
·················· 121
東京地判平成元・9・22(カール・ツアイス事件)·················· 244
東京地判平成2・7・4(社会保険診療報酬支払基金事件)·················· 195
東京地判平成3・2・25(ラクソン事件)
·················· 192
大阪地判平成3・10・22(三洋電機事件)
·················· 211
福岡地判平成4・4・16(福岡SH事件)
·················· 203
東京地判平成4・8・27(日ソ図書事件)
·················· 194
東京地判平成5・9・29(帝国臓器製薬事件)

………………………………………… 117
東京地判平成 6・6・16（三陽物産事件）
………………………………………… 194
東京地判平成 7・3・30（HIV 感染者解雇事件）……………………………………… 45
東京地決平成 7・4・13（スカンジナビア航空事件）……………………… 165, 166
東京地判平成 7・9・29（ベニス事件）… 73
東京地判平成 7・10・4（大輝交通事件）
………………………………………… 253
東京地判平成 7・12・4（バンク・オブ・アメリカ・イリノイ事件）…… 112
長野地上田支判平成 8・3・15（丸子警報器事件）…………………………… 216
盛岡地一関支判平成 8・4・17（岩手県交通事件）…………………………… 129
東京地判平成 8・7・26（中央林間病院事件）
………………………………………… 135
大阪地判平成10・1・28（ダイエー事件）
…………………………………… 122, 132
東京地決平成10・2・6（平和自動車交通事件）…………………………… 127
大阪地判平成10・12・22（岩城硝子ほか事件）
………………………………………… 191
東京地判平成11・2・15（全日本空輸事件）
………………………………………… 124
東京地判平成11・6・9（セメダイン事件）
………………………………………… 232
東京地決平成11・10・15（セガ・エンタープライゼス事件）……………… 182
大阪地判平成11・10・4（JR 東海事件）
………………………………………… 124
大阪地判平成11・12・8（タジマヤ事件）
………………………………………… 168
東京地決平成12・1・21（ナショナル・ウエストミンスター銀行事件）…… 187, 189
東京地判平成12・1・31（アーク証券事件）
………………………………………… 112
大阪地判平成12・4・28（大阪観光バス事件）
………………………………………… 131
広島地判平成12・5・18（オタフクソース事件）…………………………… 148
大阪地判平成12・6・23（シンガポール・デベロップメント銀行事件）
大阪地判平成12・7・13（アール・エフ・ラジオ日本事件）………………… 177
宮崎地判平成12・9・25（宮崎信用金庫事件）
………………………………………… 134

大阪地判平成12・12・1（ワキタ事件）
………………………………………… 187
岡山地判平成13・5・23（内山工業事件）
………………………………………… 194
大阪地判平成13・6・27（住友生命保険事件）
……………………………………… 67, 70
東京地判平成13・12・3（F社Z事業部事件）
………………………………………… 42
東京地判平成13・12・19（ヴァリグ事件）
………………………………………… 188
東京地判平成14・2・20（野村證券事件）
…………………………………… 199, 201
東京地判平成14・2・26（日経クイック情報事件）…………………………… 45
東京地判平成14・2・27（日本アイ・ビー・エム事件）…………………… 244
東京地判平成14・4・16（野村證券事件）
………………………………………… 26
東京地判平成14・4・22（日経ビーピー事件）
………………………………………… 131
岡山地判平成14・5・15（岡山SH事件）
………………………………………… 204
大阪地判平成14・5・22（日本郵便逓送事件）
………………………………………… 215
東京地決平成14・6・20（S社事件）… 184
東京地判平成14・8・30（ダイオーズサービシーズ事件）…………………… 190
東京地判平成15・4・25（エープライ事件）
………………………………………… 44
大阪地堺支判平成15・6・18（大阪いずみ市民生協事件）…………… 133
東京地判平成15・9・17（メリルリンチ・インベストメント・マネージャーズ事件）
………………………………………… 43
東京地判平成15・10・22（立川労基署長事件）
………………………………………… 143
東京地判平成15・12・12（イセキ開発工機事件）………………………… 69, 70
東京地決平成15・12・22（日水コン事件）
………………………………………… 182
東京地判平成16・3・31（エーシーニールセン事件）………………………… 69
東京地判平成17・3・31（アテスト・ニコン事件）…………………… 145, 149
東京地判平成17・5・26（CSFBセキュリティーズ・ジャパン事件）…… 188
東京地判平成17・11・22（伊藤忠テクノサイエンス事件）………………… 130

名古屋地判平成18・1・18（富士電機E&C事件） ………………………… 148
東京地判平成18・8・30（光輪モータース事件） ………………………… 112
東京地判平成19・4・24（ヤマダ電機事件） ………………………… 191
大阪地判平成19・4・26（松下プラズマディスプレイ事件） ………………………… 225
名古屋地判平成19・11・30（国・豊田労基署長事件） ………………………… 141
東京地判平成20・1・28（日本マクドナルド事件） ………………………… 99
東京地判平成20・12・8（JFEスチール・JFEシステムズ事件） ……………… 149
神戸地判平成21・1・30（三菱電機エンジニアリング事件） ……………… 183
東京地判平成21・2・18（医療法人光仁会事件） ………………………… 278
東京地判平成21・3・27（太陽自動車事件） ………………………… 296
宇都宮地栃木支決平成21・4・28（プレミアライン事件） ……………… 209, 223
東京地判平成21・6・12（骨髄移植推進財団事件） ………………………… 134
福岡地判平成22・6・2（コーセーアールイー事件） ………………………… 35

著者紹介

土田　道夫（つちだ　みちお）

1987年　東京大学大学院法学政治学研究科博士課程修了（法学博士）
現　在　同志社大学法学部・法学研究科教授

主要著書

『労務指揮権の現代的展開──労働契約における一方的決定と合意決定との相克』(信山社, 1999年)
講座21世紀の労働法1『21世紀労働法の展望』(共編著, 有斐閣, 2000年)
『成果主義人事と労働法』(共編著, 日本労働研究機構, 2003年)
『ブリッジブック先端法学入門』(共編著, 信山社, 2003年)
『労働法概説』(弘文堂, 2008年)
『労働契約法』(有斐閣, 2008年)
『ウォッチング労働法［第3版］』(共著, 有斐閣, 2009年)
『ケースブック労働法［第6版］』(共著, 弘文堂, 2010年)
『ケースブック労働法［第3版］』(共著, 有斐閣, 2011年)
『条文から学ぶ労働法』(共著, 有斐閣, 2011年)

ライブラリ 法学基本講義 = 15
基本講義 労働法

| 2010年10月10日 Ⓒ | 初版発行 |
| 2011年9月25日 | 初版第2刷発行 |

著　者　土　田　道　夫　　　発行者　木　下　敏　孝
　　　　　　　　　　　　　　印刷者　加　藤　純　男
　　　　　　　　　　　　　　製本者　米　良　孝　司

【発行】　　株式会社　新世社
〒151-0051 東京都渋谷区千駄ヶ谷1丁目3番25号
編集☎(03)5474-8818(代)　　サイエンスビル

【発売】　　株式会社　サイエンス社
〒151-0051 東京都渋谷区千駄ヶ谷1丁目3番25号
営業☎(03)5474-8500(代)　振替　00170-7-2387
FAX☎(03)5474-8900

印刷　加藤文明社　　製本　ブックアート
≪検印省略≫
本書の内容を無断で複写複製することは，著作者および
出版者の権利を侵害することがありますので，その場合
にはあらかじめ小社あて許諾をお求め下さい。

ISBN978-4-88384-151-6
PRINTED IN JAPAN

ライブラリ 法学基本講義

5. **基本講義 債権総論**
   角 紀代恵 著　A5判・240頁・本体 2300円

6-Ⅰ. **基本講義 債権各論Ⅰ**
   契約法・事務管理・不当利得 第2版
   潮見佳男 著　A5判・392頁・本体 2950円

6-Ⅱ. **基本講義 債権各論Ⅱ 不法行為法 第2版**
   潮見佳男 著　A5判・240頁・本体 2300円

9. **基本講義 商法総則・商行為法 第2版**
   片木晴彦 著　A5判・192頁・本体 2000円

10. **基本講義 会社法**
    布井千博 著　A5判・320頁・本体 2850円

11. **基本講義 手形・小切手法**
    早川 徹 著　A5判・256頁・本体 2600円

12. **基本講義 刑法総論**
    齋野彦弥 著　A5判・400頁・本体 3200円

15. **基本講義 労働法**
    土田道夫 著　A5判・328頁・本体 2850円

※表示価格はすべて税抜きです。

発行　新世社　　　　　発売　サイエンス社